書系緣起

早在二千多年前，中國的道家大師莊子已看穿知識的奧祕。莊子在《齊物論》中道出態度的大道理：莫若以明。

莫若以明是對知識的態度，而小小的態度往往成就天淵之別的結果。

「樞始得其環中，以應無窮。是亦一無窮，非亦一無窮也。故曰：莫若以明。」

是誰或是什麼誤導我們中國人的教育傳統成為閉塞一族。答案已不重要，現在，大家只需著眼未來。

共勉之。

憑空創造貨幣、操控利率、危機救世主
聯準會如何牽動世界經濟與你我的資產

透視聯準會

LIMITLESS

THE FEDERAL RESERVE TAKES ON A NEW AGE OF CRISIS

珍娜・斯米亞萊克JEANNA SMIALEK——著　吳國卿——譯

獻給 Pete

目次

推薦序

揭開金融界最有影響力的神祕殿堂

林建甫（中信金控首席經濟學家、臺灣大學經濟系名譽教授）

二〇一九年初我臺大退休後，轉往民間金控部門任職首席經濟學家。這些年來很多人都問我，首席經濟學家在幹嘛？我簡短的回答就是每天盯住世界的總體經濟情勢，判斷利率、匯率走勢。因此，聯準會的相關訊息對我而言就格外重要。聯準會就是美國的央行，是國際金融政策的領頭羊。聯準會主席及官員的一言一行，聯邦公開市場委員會（FOMC）議息會議前各界預測，會後的記者會，以及最後公開的會議紀錄，都是我研究利率、匯率最重要的素材。

美國聯準會的全名是聯邦儲備系統（Federal Reserve System），就是美國的中央銀行體系，負責制定和執行貨幣政策、監管金融體系，以及維護金融穩定。其起源可以追溯到二十世紀初，特別是在一九〇七年的金融恐慌後，人們開始意識到美國需要一個穩健和有效的金融體系來應對金融危機。因為該次危機暴露了當時美國金融體系的弱點，沒有統一的監管機構，銀行之間的聯繫也不足，導致金融體系的崩潰和經濟的衰退。作為對金融恐慌的回應，美國國會開始考慮建立一個中央銀行體系，來加以監管和穩定金融體系。

經過多年的辯論和立法過程，最終於一九一三年通過了《聯邦儲備法》（Federal Reserve Act），正式建立了美國聯邦儲備系統。根據這部法律，確立了美國聯邦儲備系統的組織架構和職能。該系統由一個聯邦儲備理事會（Federal Reserve Board）的中央機構和十二家地區聯邦儲備銀行（Federal Reserve Banks）組成。地區聯邦儲備銀行分佈在美國各地，代表了不同的地區經濟利益。一九一四年十一月十六日，美國聯邦儲備系統正式成立。根據《聯邦儲備法》的規定，地區聯邦儲備銀行開始營運，負責向商業銀行提供貨幣和信用支持，並受到聯邦儲備理事會的監管。

藉此，聯邦儲備系統也確立了主要負責三項職能：一是制定和執行貨幣政策，透過調整利率和貨幣供應來影響經濟活動；二是監管和監控金融體系，確保銀行和金融機構的穩健運作；三是維護金融穩定，防止金融危機的發生，並應對危機。

之後，聯邦儲備系統經歷了多次修改和擴張，以適應不斷變化的經濟和金融環境。例如，它在一九三〇年代的大蕭條期間推出了一系列政策和措施，以應對經濟衰退和金融危機。此外，後來的修改還包括了擴大聯邦儲備理事會的權力和功能，以及提高其對金融體系的監管能力。

然而，二〇〇八年美國發生次貸風暴，引發全球金融海嘯。時任聯準會主席的柏南克，之前剛好是研究一九二九年經濟大恐慌的傑出學者。他學以致用，領導聯準會，先將基礎政策利率（聯邦資金率）降到零，再使用量化寬鬆政策救經濟。也造成如本書所寫的「在不平等加劇、全球經濟前景疲軟和新冠疫情大流行的背景下，聯準會體系進入了一個透明和激進的新時代」。

柏南克主張聯準會要強力扮演「最後貸款人」的角色，但這任務遠超出經濟管理的範圍。當時在金融危機期間，要幫助在災難中救援大型銀行和各種金融公司，曾引起社會激烈的討論，有興趣的讀者可以參見柏南克自傳《行動的勇氣》（*The Courage to Act*）。可是聯準會的作為，誠如書中說的「以微妙但顯著的方式改變了其在現代社會中的角色」，甚至到二〇二〇年新冠疫情蔓延傷害經濟後，聯準會又把這些緊急權力發揮到新的極致。嚴重的副作用就是「助長了華爾街的過度擴張和日益惡化的財富不平等」。作者對此有精彩的分析，並加以譴責。可是畢竟她是一般美國人，並沒有看到這對其他國家的傷害，簡直是以鄰為壑。

我國前中央銀行總裁彭淮南在二〇一五年會晤美國聯準會前主席柏南克時，直接向柏南克抗議：「你的QE（量化寬鬆）帶來很多副作用，讓我們很煎熬（suffer）」，也把在《The Bank》期刊上撰寫關於QE政策的投書交給柏南克，坦言QE不利全球經濟。另外，記得美國尼克森主政時期的財政部長康納利，曾對歐洲央行官員說過一段名言：「美元是我們的貨幣，但可能是你們的問題。」如今，在美國暴力升息後，這段話依然管用，因為強勢美元正使很多國家面臨外匯流失、股市崩盤的金融危機。

我先前在讀《行動的勇氣》，就發現其中透露出不少聯準會有趣的事情，而本書是作者任聯準會記者期間的產物，也寫出不少近年聯準會決策的內幕及辛辣的評論。值得大家一讀。

又因為本書英文版出版在二〇二三年初，之後聯準會對抗通膨的經過及現在利率要降不降的窘境，就缺少了著墨。以作者敏銳的觀察力及妙筆生花的描寫，我們也期待她下一本書把這些也都寫進來。

一般人的安全受制於他所參與經濟體的穩定。

——**馬里納・埃克爾斯**（Marriner Eccles）

前言

二〇二〇年四月九日，網路節目主持人問了聯邦準備理事會（簡稱聯準會）主席一個簡單的問題：央行可以利用它的緊急權力向企業和家庭提供多少支持？當時新冠疫情席捲全美國和世界，導致市場動盪和許多人突然失業。美國正在向傑洛姆・鮑爾（Jerome Powell）尋求協助。

「我們能做的事情是無限的。」鮑爾堅決地解釋說，他的黑眉毛在銀髮下皺起來。「條件是，它必須在法律規範下經得起考驗。」

聯準會很少提供如此明確果斷的答覆，但這一次例外。鮑爾的這番談話是在疫情開始重創全球資產價格約一個半月後，也是在聯準會公布一項不同於以往的救援計畫後發表的，這項計畫將進一步擴大原已擴展到最大的央行權力。

聯準會過去曾受到明確的限制。一九一三年聯準會成立後，一些創始人甚至不想稱它為「中央銀行」。它原本的職權應該是監控商業銀行以避免它們從事風險業務，並保持金融體系中的現金流動，以便在蒙哥馬利（Montgomery）有需要時現金不會卡在孟菲斯（Memphis）。它的設立是為了幫助銀行在遭遇困難時還能順利運作，而且這種能力受到嚴格規範的限制。然而到了鮑爾上任時，數十年的危機和幾位關鍵人物，已從根本上改變了聯準會在美國經濟中的目標和功能。到了二〇二〇年，當我們都知道「社交距離」這個詞並成為mRNA的專家時，聯準會已經成為世界的央行、歷來最重要的經濟政策制訂機構，以及現代金融的推動者。到了次年，隨著政府對新冠疫情採取全面應對措施，通貨膨脹開始起飛，美國也把聯準會視為第一道防線。

在今日這個時代，央行最基本的工作一直是讓經濟以穩定且可持續的速度發展，過去幾十年來都是如此。它的目標是促進最大程度的就業，同時減緩和穩定通貨膨脹。聯準會試圖藉由引導資金成本（利率），進而鼓勵人們在經濟景氣時儲蓄、在經濟困難時消費來實現這些目標。這麼做可以幫助提振停滯不前的經濟（例如二〇〇八年大衰退〔Great Recession〕後的經濟），或者可以減緩過熱的經濟（例如疫情爆發後的情況）。

但聯準會在二十一世紀的角色遠超出經濟管理的範圍，尤其是在金融危機時期。世界各國央行長期以來扮演著「最後貸款人」（lender of last resort）的角色，在恐慌時期致力於保持信貸在金融市場管道中流動。聯準會開始擴大其救援角色，特別是在二〇〇八年金融危機期間，幫助在災難中救援大型銀行和各種金融公司。二〇二〇年，它把這些緊急權力發揮到新極致。由於新冠疫情引發整個社會對現金的爭奪，聯準會利用它創造貨幣的能力，承諾保持信貸流向大公司、各州和地方政府以及主街（Main Street）的中型企業。在這個過程中，聯準會重新把自己定義為整個經濟的潛在最終融資提供者，而不只是提供給華爾街。

聯準會的現代足跡也以其他方式擴大。也許最具爭議的是，聯準會為了因應二〇〇八年金融危機和二〇二〇年新冠疫情等事件而大量購買政府擔保的債券。每一次的目標都是藉由降低從商業貸款到抵押貸款等各種債務的利率來安撫市場，以協助挽救瀕臨崩潰邊緣的經濟，希望能刺激企業和消費者的借貸和消費。但這種政策的效果和副作用仍引發激烈爭議。雖然支持二〇〇八年紓困計畫的人認為，這種作法在國會未能通過立法來推動經濟成長之際，為需要刺激的經濟提供了支持，但批評者指責購買債券（通常稱為量化寬鬆〔quantitative easing〕或QE）助長了華爾街的過度擴張和日益惡化的財富不平等。即便如此，當二〇二〇年面臨一場可能重演的災難時，聯準會再次推出了更大規模的（就短期來說實際上是無限的）債券購買計畫。鮑爾領導下的聯準會成了不只是市場和社會中一股強大的力量，它的力量是無限的。

聯準會在現代美國的崇高地位得力於它最特殊的權力：可以憑空創造貨幣。雖然這種能力透過銀行體系發揮作用，並且自央行成立以來一直受到嚴格規範的限制，但一個多世紀以來的需要、發明和演變，帶我們進入了一個聯準會的限制是模糊的、其能力是巨大的時刻。

現在，國會、經濟學家和公眾已經開始面對聯準會巨大影響力的潛在後果。有些問題是診斷性的：聯準會購買債券真的拉大了貧富差距嗎？最近一輪的債券購買是否導致二〇二〇年後的通膨？其他問題則是根本性的：擁有如此強大的聯準會對我們的民主是否有益？

聯準會本身也在努力釐清自己的角色。隨著聯準會變得越來越重要，它也嘗試變得更透明和公開承擔責任，而這種開放性有助於把它納入整體社會針對公平、平等和機會的對話。在我為「彭博社」（Bloomberg）和《紐約時報》（*The New York Times*）報導聯準會新聞時，聯準會已經從堅稱社會議題不屬於其管轄範圍，轉變為自豪地透過研究和專家建議參與有關種族、性別和地區不平等的對話。現在央行官員們正大步邁向一個他們可以在監管氣候風險和數位交易方面發揮更關鍵作用的未來。聯準會官員經常說「守在自己的車道上」，但這條車道已擴大成一條大道。

《透視聯準會》是一本有關央行努力在不斷改變的世界中確定自己地位的書，它探討了二〇二〇年因為新冠疫情時期淬煉並呈現出來的聯準會所面臨的挑戰。聯準會是一個需要政治獨立才能良好運作的機構，但它卻是在高度黨派對立的背景下運作。它想協助主街的一般企業界，但它最適合支持華爾街。聯準會的官員越來越意識到服務多元化選民的必要性，但他們本身往往擁有精英背景。儘管聯準會不斷應對最新的問題，但它預測這些問題的能力，可能因為想避免過去的錯誤短視而受到阻礙。

截至本書出版的二〇二三年初，聯準會花了數個月時間與一九八〇年代初以來攀升速度最快的通膨鬥爭，並在這個過程裡造成經濟和就業市場放緩。從今天的角度來看，央行官員在二〇二〇年前後的作為看起來可能幾近古怪。儘管如此，他們還是為此時打下了基礎。疫情之前和初期出現的爭論，加上聯準會悠久的歷史，就是了解我們如何走到今日這一步的關鍵。儘管通膨已引起各國央行總裁和全世界的關注，但我們有必要在聯準會對二〇二〇年所採取的廣泛應對措施被遺忘之前重新審視它。央行的行動既凸顯了我們金融體系的弱點，也為不久的將來立下了可能的先例。

接下來的章節將按時間順序跳躍。它們將從二〇一九年底的一個事件開始，我將用它來解釋聯準會在進入始於二〇二〇年的動盪時期所面臨的經濟背景（從就業和通膨兩個面向）。然後焦點將轉移到二〇二〇年三月，細述聯準會的新冠疫情救援行動中特別重要的一天，以顯示聯準會在慌忙中因應疫情對金融和經濟所造成的影響時所面臨的風險有多大。

在為今日進行中的討論鋪路之後，本書的第三章將回顧過去，概述美國央行走到今日這一步的歷史。它將一部分透過馬里納・埃克爾斯（Marriner Eccles）的視角來解釋聯準會的早期歲月，埃克爾斯可能是聯準會早期發展中最重要的、也幾可確定是最有趣的人物。隨著章節敘述到二〇一九年、二〇二〇年和二〇二一年，它們將追蹤各色各樣的人物，但重點將聚焦在幾個關鍵角色，包括事件發生時擔任聯準會主席的鮑爾、後來出任副主席的聯準會理事莉奧・布蘭納德（Lael Brainard）、本書不斷提到的負責監管的副主席蘭德・夸利斯（Randal Quarles），以及明尼亞波利斯聯邦準備銀行總裁尼爾・卡什卡里（Neel Kashkari）。卡什卡里在二〇二〇年的主要事件中地位不那麼重要，但他提供了一個有趣的觀點，部分原因是他在二〇〇八年危機中任職於財政部以及危機對他造成的陰影，部分原因則是新冠疫情和隨之而來的通膨，使他對金融危機的思考發生了重大轉變。

本書的現代部分嘗試回答一個看似簡單的問題：二十一世紀的聯準會應該是什麼樣貌？它也將帶你到曼哈頓西村的一家燕麥奶咖啡館、後工業時期康乃狄克州的一所小學、奧蘭多的一家夜總會、匹茲堡的廣播電台，以及國會山莊的辦公室。聯準會故事的核心其實是一個關於整個美國的故事。

雖然《透視聯準會》主要是基於政治、經濟和公眾人物的事實描述，以呈現美國中央銀行在二十一世紀的運作方式，但它也訴說一個重要的觀點。書中的論述很直接明瞭，但我認為卻很重要：聯準會從創立以來已發生根本性的改變：一個先是緩慢、在二〇〇八年開始加速，到了二〇二〇年變得影響極其重大的演變。現在，讓公眾了解聯準會的權力已擴展到什麼程度，已經成為攸關我們民主的一件事。

美國已經把巨大的權力交給中央銀行的少數人。總部位於華盛頓的聯準會理事會有許多最重要的緊急工具是不需要該機構其他部門同意就可以行使的，這賦予了總統任命的七位聯準會官員巨大的特許權。二〇二〇年在少數聯準會理事會成員與財政部部長的合作下，為哪些企業可以獲得可能決定生死的財務救援做了重大的抉擇。聯準會主席一人就擁有巨大的權力，例如在二〇〇八年金融危機期間，主席柏南克（Ben Bernanke）一個人就批准了一項六千億美元的債券購買計畫，用以支撐搖搖欲墜的市場[1]。在此同時，制衡機制卻很少。

聯準會對國會負責，但國會只有在國會議員達成政治妥協時才能影響聯準會，而這往往是一個緩慢且不確定的過程。總統不能輕易撤換聯準會主席。

聯準會被刻意與政治隔絕，以便它有做艱難決定的空間。最重要的是，有時候聯準會必須傷害經濟來遏制通貨膨脹，而這是一個艱難的短期決定，但長遠來看社會將變得更好。這種操作的自由對於聯準會的使命至關重要，值得保護。但由於聯準會只對選民負有間接的責任，而且它在經濟中的角色已如此擴展，所以社會必須關注聯準會的能力，而專家、媒體、

[1] 柏南克在他二〇二二年出版的書《二十一世紀貨幣政策》（*21st Century Monetary Policy*）中說，他先是根據一項規範來授權債券購買計畫，這項規範允許聯準會主席根據兩次會議之間的經濟或金融發展情勢來下令購買證券，目的是增加銀行體系的準備金和調整聯準會的主要政策利率。理事會最後在採購開始前對該政策進行了投票。

利益集團和廣大公眾也必須保持壓力，以確保國會議員不會任命和認可具有政治傾向的央行官員。聯準會的獨立性一直很重要，但現在它不只關係到物價穩定。如果民選官員把忠於黨派的人帶進聯準會理事會，那麼央行在二〇二〇年用來協助穩定市場和經濟的非常規和緊急工具，就可能會被用於暗中規避民主程序。受到偏袒的少數選民與企業，可能透過聯準會取得廉價信貸，特別是在國會難以為這些實體輸送資金的情況下。聯準會的大規模債券購買也可能被用於政治目的，例如推動美元升值，使美國在貿易戰中獲得優勢。就像最高法院擁有可以在黨派鬥爭中發揮作用的絕對多數權力一樣，聯準會對資金的控制，可以用來暗中達成分歧太大、無法透過立法來實現的政治目標。正如本書將呈現的（包括藉由披露沒有被報導過的聯準會二〇二〇年因應計畫背後的政治鬥爭內幕），這種風險並非純粹出於假設。

至少從一九八〇年代起，聯準會官員就已經普遍認為央行運作不應該受到政治影響。近幾十年來的民選政治人物大部分也尊重這種獨立性，並任命具有專業知識的官員，用技術官僚而非黨派的觀點看待世界。但這種情況可能改變。川普總統在二〇一九年對聯準會發起一場施壓行動，並在二〇二〇年幾乎成功提名一位在其著作和採訪中對川普大肆讚揚的聯準會理事候選人。同樣的，二〇二〇年民主黨的知名人士考慮直接採用一項聯準會制訂的市場救援計畫，向各州和地方政府輸送廉價資金，而不透過立法程序。

這些問題不太可能消失。儘管聯準會在二〇二〇年採取的行動是為了應對前所未有的全球疫情，但接下來的章節將清楚呈現，需要聯準會採取大規模行動的金融弱點已有一觸即發之勢。它們是眾所周知的弱點，而且其中有許多至今仍然存在。未來聯準會可能再次需要像疫情期間那樣進行市場干預。對聯準會能力的廣泛了解——尤其是讓它的緊急行動接受公眾監督——可能是確保這個機構永遠不會變成黨派工具的最好方法。

《透視聯準會》是多年報導和數百次採訪的產物。為了保護我的消息來源並採用敘述的格式，我通常不會直接引用他人的談話，除非我引用的是未經過我獨立證實的其他記者的報導。書末註解提供的是可公開取得的資訊細節。引述自會議的內容並不一定來自發言者，但它們確實來自擁有第一手資訊的人。我對事件的描述是來自我自己的現場紀錄、第一手資訊、公共資訊，或根據《資訊自由法》提出的紀錄申請。

在你開始閱讀前我應該提出一個警告。許多撰寫有關聯準會文章的人：（一）認為聯準會官員拯救了世界；或者（二）認為他們毀了世界；或者（三）認為他們是一個嘗試接管世界的祕密邪教。如果這就是你想尋找的內容，那麼這本書不適合你。本書談論的是一個有強大力量、但容易犯錯的機構正處於深刻自省時刻的故事。

央行是一項大型實驗，那些聲稱已經了解一切的人只是過度簡化它。另一方面，撰述者有時候把聯準會的政策制訂者視為現代神諭，他們知道我們其他人不知道的事。這也會造成問題，因為聯準會的存在就是一篇有關過度自信帶來災難的長篇寓言。

如果本書的章節確實說服你一些事，我希望那是：聯準會官員只是控制了越來越強大工具的普通人。這麼大的權力並不一定會讓擁有者變好或變壞，而且肯定不會讓他們成為祭司或先知。但它確實讓他們變得非比尋常的有趣。

第一章　之前的時代

「常態」可能經常改變。

——丹尼爾・塔魯羅（Daniel Tarullo），前聯準會理事，
二〇一四年十二月聯邦公開市場委員會會議紀錄

康乃狄克州東哈特福德（East Hartford）的學校體育館，與鮑爾在出任聯準會主席之前經常光顧的華盛頓特區豪華餐廳沒有太多共同點。

過去他常到華盛頓特區的大都會俱樂部吃工作日午餐，在那裡紳士們被要求打領帶。真正的領帶，蝶形領結、領巾和高領毛衣是「不可接受」的，會遭到這家僅限會員的俱樂部的規章所鄙視。如果某位紳士在抵達時因為沒有戴合適的領帶而失禮，他們會借給他合適的領帶。

二〇一九年十一月下旬的一個早上鮑爾造訪銀巷小學時，很明顯的許多穿夾克的與會者都是為了主席而穿的。學生們穿著紫色Polo衫，至少有一個人穿藍色牛仔褲。賓客名單也大不相同。鮑爾過去常在俱樂部舉行一對一會談，一面與高階政府官員（通常是白人）一起在枝形吊燈下享用美國美食[1]，鄰近的用餐者往往是來自尊貴背景的知名人士。在俱樂部一百五十年歷史的大部分時期中，女性被禁止入內，至今女性仍然相對少見。

在康乃狄克州那個灰暗的秋日，一群形形色色的製造業工人、教師和社區倡議者圍坐在覆蓋著黑色桌布的馬蹄形自助餐廳桌子旁。他們從自助式鋁製蒸籠舀出購自當地雜貨店的墨西哥米飯和烤雞。有幾秒鐘時間鮑爾陷入回憶中。

這位聯準會主席是華盛頓特區律師的兒子，中年時曾是私募股權業的重要人物，到了六十六歲時成了也許是世界上權力最大的經濟政策制訂者。他捨棄華盛頓更豪華的大廳，選擇來到一座地板吱吱作響的健身房，那裡的空氣瀰漫著蠟筆的蠟味，工業燈泡在過程中散射著冷白光，似乎訴說著他在央行悄悄重新籌劃的優先要務的重要性。

到了二十一世紀初，聯準會已成為美國最重要的經濟機構。它藉由設定利率（也就是貨幣的價格）來引導經濟，當經濟疲軟時，降低利率以鼓勵放款和支出；在消費和僱用過熱時，提高利率以減緩經濟成長。這是一項技術官僚的工作，但也是一項對美國民眾產生重大影響的重要工作。聯準會利用它的政策來達成國會指定的兩個主要目標：維持低通貨膨脹和促進充分就業。繁榮與否就取決於它是否成功。

聯準會在社會中扮演的角色不只如此。截至二〇一九年，聯準會也規範和監督全國的大型銀行控股公司、監控金融穩定、管理國家的現金供應與核心支付系統，以及進行廣泛的經濟研究。它的官員經常就國家債務或持續發展的勞動力趨勢的重要性，向國會提供通常是模糊且超越黨派的建議。事實上它是政府最大的經濟和金融智庫，也充當華爾街的保險單。央行有權力在極端壓力時期，透過貸款和活絡難以出售的金融資產交易來支持陷於困境的市場，這是在二〇〇八年震驚世界的金融危機期間央行所扮演的最顯著角色。

這是一項艱鉅的工作，但聯準會是一個大機構。它由分散在全國各地的十二家地區聯邦準備銀行，以及位於華盛頓特區的理事會組成。聯準會的地區分行向其所在地區的商業銀行提供現金、監督這些銀行，並僱用經濟研究人員。地區聯準銀行總裁輪流就貨幣政策進行投票，並在每次聯準會的政策制訂會議佔有席次，在任何特定時候有五位聯準銀行總裁有投票權，其中一位固定是紐約聯準銀行總裁。聯準銀行的總裁由其董事會選出，董事會成員包括地方商人和非營利組織代表，並由華盛頓特區的官員確認。他們的任期沒有限制，有些人任職了幾十年。聯準銀行雖然是以公眾利益為目標，但其運作與私人公司並沒有什麼不同。

如果說半私人的地區聯準銀行是聯準會的四肢，那麼總部位於華盛頓的理事會就是整個系統的心臟。它是完全公開的，七名理事由總統任命並經過參議院確認。聯準會的主席、副主席和監管副主席都是理事，理事會成員擁有總統所沒有的權力。他們定期對貨幣政策進行投票，而且他們監管全國最大的銀行，並在危機時期投票制訂金融救援計畫。他們的任期也很長：整個任期如果做滿為十四年，雖然很少有人能做滿。由於這些職位的權力如此大和能持續這麼久，白宮通常會嚴肅看待聯準會理事會的任命，仔細審查候選人並在媒體上公布姓名，以確保他們不會引發太多爭議①。

鮑爾在二〇一二年首次進入聯準會理事會，當時的美國總統歐巴馬任命他為聯準會七名理事之一。有趣的是，他被選中的部分原因是他的共和黨政治立場。總統提名的上一個候選人未能通過參議院銀行委員會，因為遭到一位共和黨參議員的阻撓，民主黨政府認為有必要向參議院提出跨黨派的人選以獲得提名確認。當歐巴馬的官員尋找合格的候選人來任命聯準會理事的兩個空缺時，他們找到金融監管專家兼哈佛大學學者傑里米・施泰因（Jeremy Stein），希望他為理事會帶來所需的專業知識。其他經濟學家堅稱施泰因是共和黨人，但當事實證明他實際上是一名登記的民主黨人時，政府決定還是需要他。官員們一度考慮讓施泰因與理查德・克拉里達（Richard Clarida）配對，後者是一位真正的共和黨人，曾任哥倫比亞大學教授，也是資產管理巨頭太平洋投資管理公司（Pimco）的顧問。遺憾的是，克拉里達不想辭去他的工作，於是他們看上了鮑爾。

在此之前，身兼律師和金融家的鮑爾在華盛頓政界一直保持低調，但他是這場政治交易中很有吸引力的人選。他是一位溫和的共和黨人，當政府找上他時，他正在一家稱作兩黨政策中心（Bipartisan Policy Center）的智庫工作，每年薪資只有一美元，這在該機構是前所未見的。他想在華盛頓的政策討論中佔有一席之地，而且他已經在私人部門的職涯賺到了數千萬美元。二〇一一年的債務上限危機帶給他一項重大計畫。那一年國會保守派揚言不提高國家的舉債上限，使美國無法繼續支付帳單。身為前財政部官員和公開演講者的鮑爾，展現出他有能力發動一場冷靜的資訊運動，詳細解釋何時會突破債務上限和它將造成什麼影響。

鮑爾編制出試算表，預測政府將無法再支付款項的「X日」。由於政府沒有發布自己的預測，記者開始定期參考鮑爾的估算。在看似沒完沒了的會議中，始終穿著整齊西裝、頭髮側梳、身材修長的鮑爾，毫不誇張或妄作批判地向參議員們解釋時間表，他的語氣與他多年來在私募股權行業中一直讓他有出色表現的嚴謹態度一致。他認為國家債務正走在一條不可持續的道路上，而且沒有明確的選項。債務違約將對市場、經濟和美國在世界秩序中的地位構成巨大風險[2]。

共和黨人終於了解了這個訊息，儘管它來得很晚，但債務上限及時被提高了。鮑爾只是

---

① 對想弄清楚具體數字的人來說：總共有十九位聯準會官員（十二位聯邦準備銀行總裁和七位理事），但在任何特定時間只有十二位有投票權（五位總裁和所有七位理事）。

許多敦促議員根據證據做選擇的聲音之一，但這件事讓他看起來很聰明，而且與他的一些黨內同僚比較起來顯得理智得多。

白宮經濟官員在給歐巴馬總統的備忘錄中寫道：「提摩西・蓋納（Timothy Geithner）和財政部的幕僚在債務上限辯論期間對鮑爾有了充分的了解，因為他是當時對他們的觀點最有幫助的共和黨人之一。」儘管如此，鮑爾並不是一位有資歷的學院派經濟學家，也不是傳奇的貨幣思想家。

備忘錄繼續寫道：「也許鮑爾最大的缺點是，他可以為聯準會帶來的思想領導力和創造力可能比其他一些候選人少……儘管如此，他可以帶來許多其他優點……而且這些優點『與過去的聯準會理事相比，遠高於平均水平』。」

人們出於不同的原因追求政府的重要職位，而鮑爾似乎在行善的心態和真正的好奇心共同驅策下，進入了美國官僚機構的高層。世界遭遇的重大問題總是引起他的興趣。一九七五年，還是普林斯頓大學大學部學生的鮑爾寫了一篇論文，主題是如何刺激南非的社會變革，然後強制實施一套歧視黑人的可怕種族隔離制度。長期以來他一直把擔任公職視為崇高的使命和目標，這是受到年輕時天主教學校修女的教誨和家庭榜樣的啟發。他的父親是華盛頓的律師，由於經濟拮据而無法在尼克森政府中找到工作。從任何合理的標準來看，鮑爾家族很富有，但一家八口覺得他們難以忍受薪資縮減[3]。

年輕的鮑爾一開始就已賺到足夠的財富，允許他在私人部門和政府間做抉擇，因為他已經成功了。

鮑爾進入喬治城大學法學院，並在Davis Polk & Wardwell和Werbel & McMillen事務所展開他的華爾街律師職涯，然後在一九八四年成為頂尖的迪倫里德公司（Dillon, Read & Co.）投資銀行家，專注於融資和併購與收購業務[4]。第二年他與來自馬里蘭州羅克維爾的哈佛大學畢業生伊莉莎・倫納德（Elissa Leonard）結婚，當時她正為「公共電視網」（PBS）編製科學節目[5]。和鮑爾一樣，倫納德的父母也熱中於社會活動：她的父親是一位公共衛生管理員和科幻小說作家，曾在一九六五年與馬丁・路德・金恩（Martin Luther King, Jr.）一起在塞爾瑪（Selma）遊行；她母親是公立學校圖書館員，後來成為藝術博物館志工講解員[6]。鮑爾和倫納德被朋友和熟識者形容為可愛、迷人、活躍於周圍的世界。他們是那種似乎注定要從事更高事業的人。

老布希（George H. W. Bush）當選總統後，鮑爾在迪倫里德公司的老闆尼古拉斯・布雷迪（Nicholas Brady）出任財政部長。當時三十多歲的鮑爾在一九九〇年決定追隨布雷迪前往華盛頓，出任財政部助理部長，並於三十九歲時晉升為財政部副部長。鮑爾擔任的各項職位使他處在發行政府債券的核心，能夠綜覽全球債券市場的中樞，它們也為他贏得了共識打造大師的聲譽。

一九九一年時，鮑爾擔任負責國內金融事務的助理部長，當所羅門兄弟銀行（Salomon Brothers）涉及操縱部分國債市場的情事曝光後，鮑爾協助擬訂了解決方案。所羅門兄弟當時是初級交易商，是少數可以直接從政府購買債券的機構之一，也是當時最大的金融公司之一。如果政府藉由撤銷其初級交易商的地位來懲罰所羅門兄弟的不當行為，就可能迫使該公司倒閉並導致它匆忙在市場上拋售資產，進而對更廣泛的體系帶來危險。經過一個慌亂的週末後，官員們採取了保全所羅門兄弟的措施，但做了一些限制，同時以當時是公司主要股東之一的著名投資人華倫・巴菲特（Warren Buffett）取代其領導階層。帶進巴菲特的棘手決定，迫使官員執行了鮑爾後來擔任政策制訂者時的原則之一：堅定不移的務實主義。如果財政部藉嚴懲所羅門兄弟來殺雞儆猴，可能引發更廣泛的經濟損失。讓它活命似乎很不恰當，但可以減少許多痛苦。

四分之一個世紀後，鮑爾在談到這件事時說：「這件事仍然是我的夢魘[7]。」災難發生後鮑爾立即發表一份政府報告，呼籲對公債的銷售方式進行重大改革，以矯正導致問題發生的漏洞。《紐約時報》引述與鮑爾共同推動這項改變的財政部官員說，鮑爾在領導財政部、美國證券交易委員會和聯準會官員組成的委員會時，達成了「遠比想像中更多的共識」[8]。

鮑爾早期在政府的任職為他在華盛頓贏得敬重，此後他在銀行業短暫工作過一段時間，然後在一九九七年跳槽到總部位於華盛頓的私募股權巨頭凱雷投資集團（Carlyle Group）。雖然鮑爾在政府的經驗已開始蓄積他的聲譽，但他在私募股權業的閱歷卻讓這一切變得更加複雜。由於接近華盛頓特區的政府權力所在地和錯綜複雜的關係網絡，凱雷經常招來華盛頓與金融界旋轉門的批評[9]。鮑爾在那裡工作了大約八年，完成或協助完成了價值數億美元的交易[10]。他在凱雷的時光以及他離開後留下許多負債累累的公司，為他的批評者提供了數十年的材料[11]。

離開凱雷後，鮑爾繼續涉足私募股權業，然後踏入華盛頓智庫界，然後進入聯準會。在獲得央行理事的任命確認後，他開始擔任一連串委員會的主席，並且在一連串複雜的議題上保持低調。二〇〇八年金融危機後的經濟低迷期間，制訂貨幣政策絕非一件簡單的事。在開始發表演講或公開露面前，鮑爾花了幾個月的時間學習，要求聯準會的經濟學家向他做簡報，對當時的問題做了徹底研究，並因此在幕僚間贏得虛心求教和一絲不苟的美譽。鮑爾也許不是一位訓練有素的經濟學博士，但他決心想成為經濟專家。

這個工作很有趣，而且多年下來，鮑爾贏得了當時擔任主席的葉倫（Janet Yellen）和其他同事的尊重，因為不管是重大艱鉅或微小平凡的各種任務他都願意承擔。他會深思熟慮地權衡政策決定、他會協助監督聯邦準備銀行的事務、他在聯準會華盛頓總部參與一些小型營建專案和預算問題。鮑爾發現聯準會理事的生活非常忙碌，但他是那種越動越成長的人。他仍然設法在馬里蘭州切維蔡斯（Chevy Chase）的家中與妻子和十幾歲的孩子共度時光，他和他的家人都是活躍的社區成員②，並騎著他心愛的公路自行車上下班和穿梭於華盛頓都會區縱橫交錯的腳踏車道。他也打高爾夫球和讀書（約翰・勒卡雷〔John le Carre〕的間諜小說是他的最愛）[12]。

然後川普（Donald Trump）在二〇一六年底贏得選舉，成為第四十五任總統，令大多數美國人大感驚訝。身為聯準會理事會唯一的共和黨人，鮑爾突然變成經濟界最有權勢職位的第一接班人，雖然當時他並不知道。

川普上任時，葉倫已接掌聯準會，並從二〇一四年起成為該機構百年歷史中第一位女性領導者。葉倫是一位著名的勞工經濟學家，給人彬彬有禮和教授般的印象。但在友善的布魯克林口音和帶著酒窩的微笑下，她擁有一種沉穩的力量。葉倫繼承了為鼓勵支出和刺激經濟而制訂的極低利率，她在上任初期致力於保持利率在低水準，並傾向於反對制訂政策的公開市場委員會中主張提高利率以冷卻經濟的派別。二〇〇七到二〇〇九年的經濟衰退結束五年後，勞動市場仍在從深淵中緩慢恢復，通膨仍未達到聯準會想要的緩慢但穩定上漲的目標。儘管如此，一些政策制訂者調查了情勢，發現經濟回升可能過熱的跡象。他們的邏輯是，一旦通貨膨脹開始起飛，可能會變得難以控制。

聖路易聯準銀行總裁吉姆・布拉德（Jim Bullard）在二〇一四年十二月的央行會議上說：「委員會無法再證明其持續的零利率政策是合理的。」當時失業率為五・六%，遠高於上一次經濟擴張期間四・四%的低谷[13]。「這些數據太熱，無法合理解釋為是因應極嚴重危機而採取的史無前例緊急政策[14]。」

葉倫知道如果採取減緩經濟的措施，過早削弱就業市場回升會導致嚴重的後果。求職者將爭奪變少的職位空缺，並可能找不到工作，進而永久削弱他們的就業經驗，使他們更難找到工作，並造成他們的家庭收入更低、資源更有限。她同意聯準會應該在通膨上升到央行目標之前升息。在布拉德表達採取行動的意願後不久，她告訴同事：「我認為我們的決定必須基於我們認為通膨和實際經濟活動的趨向，而不是它們目前的情況。」儘管如此，她希望先看到勞動市場的情況出現真正升溫的跡象。

她在聯準會二〇一五年九月的會議上表示：「在通膨壓力出現前，勞動市場還有更大的改善空間[15]。」葉倫掌舵的聯準會終於在二〇一五年十二月提高聯邦資金利率，但相較於歷史來說提高的步伐卻極其緩慢：在二〇一六年又升息一次，二〇一七年再升息三次。

葉倫絕非聯準會政策制訂委員會中最強烈主張保持耐心的人，不過身為主席的她既是最有力的聲音，也是最必須對最終決定負責的人。她的漸進主義作法經常受到國會山莊中主張

② 事實上，伊莉莎如此積極參與社區治理，為二〇一九年的財經媒體帶來一陣熱鬧。據報導，一個喧鬧的狗公園讓切維蔡斯村的菁英們鬧分裂，擔任地方委員會主席的伊莉莎不得不居中調解那些希望自己的小狗有地方玩耍的人，和那些想恢復安靜的人之間的爭議。《華盛頓郵報》的潔西卡・孔特雷拉（Jessica Contrera）報導：「這一切的中心是伊莉莎，她是村委會主席，也是同樣擔任主席的鮑爾的妻子。」

提高利率的保守派的批評，但時間證明她的耐心是正確的。經濟持續成長，失業率降至意料之外的低點，通貨膨脹也未出現。儘管不斷有人警告聯準會行動太慢、太晚，但事後的分析最終是批評二〇一五年聯準會升息太早了。經濟學家在接下來的幾年中認為，葉倫和她的同事過於專注在防止通膨升溫，以至於他們開始打壓就業市場，過早抑制物價上漲的壓力。

這是個相當小的爭議。到了二〇一七年底接近葉倫第一個任期結束時，經濟正以可觀的速度向前發展，人們普遍肯定葉倫的治績。儘管如此，川普還是決定撤換她，他打破了長期以來的慣例，也就是不同政黨的總統也可以再任命有意願連任的聯準會主席，以表示對聯準會獨立於黨派政治的尊重。當川普與葉倫進行續任面試時，坐在他對面的是一位身材矮小的女士，有著一張精靈般的臉孔，留著銀白色的鮑伯頭。《華盛頓郵報》（*The Washington Post*）後來報導，她的外表不像總統認為的聯準會主席應有的樣子。鮑爾穿著完美的灰色西裝，比她高八、九英吋，顯然是更適合的形像。

葉倫的外表是不是對川普的決定有重大影響還很難說，可以確定的是川普喜歡葉倫，但從一開始就覺得他自己來擔任這個工作會更好。另一方面，川普喜歡低利率：畢竟他是房地產開發商，而房地產是廉價資金的最大受益者之一。很難找到一個有保守派資歷的人能符合葉倫的貨幣政策立場。鮑爾或多或少符合這個要求，雖然他並沒有堅定支持對經濟提供廣泛協助，但到了二〇一七年他的立場基本上與主席一致。在擔任聯準會理事的早期，他曾在內部質疑聯準會購買大量債券的政策，理由是擔心這可能加劇金融不穩定。在鮑爾身上，川普和他的團隊看到了一種既保留葉倫基本政策方針、又能不留任葉倫的出路。

再加上，財政部長史蒂芬．梅努欽（Steven Mnuchin）面談了該職位的所有候選人，而雖然還有其他共和黨候選人，但他喜歡鮑爾。梅努欽一直與這位聯準會理事密切合作，他發現鮑爾很親切，也很容易共事，這是大多數人的看法。鮑爾是個社交變色龍，擁有善於解除心防的能力，可以讓與他交談的人覺得他個人喜歡並理解他們的觀點。當別人說話時，他從不打斷，他會禮貌地回答不誠實或措辭不佳的問題，他會記住有關人的小細節，然後在談話中適時表達出來。鮑爾經常讓會談持續很久，就好像與他談話的人是他當天最重要的貴賓。《紐約時報》後來開闢一個特約專欄，由他的一位前聯準會經濟學家撰寫，並稱許他是「華盛頓最受喜愛的人」。

梅努欽的推薦、鮑爾的商業背景和魅力，以及總統想在聯準會留下自己印記的願望獲得勝利。在二〇一七年萬聖節，當華盛頓準備「不給糖就搗蛋」之夜時，總統打電話給鮑爾，告知他將獲得這份工作。[16] 鮑爾在二〇一八年二月宣誓就任美國經濟最高階的新職位。

大約兩年後的感恩節前夕，這個職位帶他來到後工業化的康乃狄克州的學校體育館。出任主席後的鮑爾發起一項雙管齊下的倡議，第一部分是檢討聯準會制訂貨幣政策的整體方法。他是一個綜觀大局的人，而他接掌主席時繼承的大局讓鮑爾和他尊敬的經濟學家們感到擔憂。與過去幾十年相比，經濟成長速度已經放緩，部分原因是人口老化。當這種情況發生時，對貨幣的需求就會下降。對現金的需求減少意味利率也會跟著下降，因為利率基本上就是人們使用貨幣所需支付的費用。其結果是聯準會設定的利率將開始穩定下降，這種改變削弱了央行藉由降低借貸成本來抵消經濟衰退和穩定商業周期的能力。在二〇〇七到二〇〇九年的經濟衰退期間，柏南克領導的聯準會降低利率直到零，然後購買了空前數量的政府債券，試圖透過降低長期利率和把資金從安全的債券驅趕到較高風險和較積極的用途來為經濟提供更多協助。截至二〇一八年，這些所謂的量化寬鬆計畫的效果如何尚無定論。經濟成長大體上相當緩慢，帶來了出乎意料的後果。

聯準會決策者在一九七〇年代和一九八〇年代一直嘗試降低通膨率，但隨著經濟成長乏力，物價開始以極緩慢的速度攀升，低於聯準會每年成長二%的目標。物價溫和上漲聽起來似乎是好事，但在通膨較低的情況下，利率可能在還沒有對成長帶來壓力前就攀升得更緩慢[3]，這進一步縮小了政策制訂者在困難時期刺激經濟成長的空間。疲軟的通膨也增加經濟嚴重下滑時價格下跌的風險，從而引發一輪可能破壞穩定的通貨緊縮[4]。此外，如果企業無法提高價格，也可能難以提高薪資，進而削弱曾經充滿活力的勞動市場。一點點通貨膨脹可能就像經濟齒輪上的潤滑油一樣，但太少就像生鏽。

鮑爾認為，謹慎的作法是弄清楚政策在新的低成長、低利率、低通膨時代應該如何運作。看起來很可能聯準會會再度需要債券購買之類的政策工具，而新主席認為這類計畫應該提前檢驗和討論。在不斷變化的世界中，重新檢討官員是否正確思考「充分就業」也有其必要，包括加拿大在內的其他經濟體已對政策制訂框架進行正式檢討，鮑爾認為現在是仿效的好時機。

除了框架檢討外，聯準會還舉辦了一系列跨界活動。這個道理很簡單，根據公眾的意見重訂聯準會的經濟方針，似乎比只諮詢銀行家和經濟政策內部人士，以及從高層下達獨裁的新計畫要好得多。東哈特福德的會議是一系列會議最近的一次，聯準會描述它為「聯準會傾聽」，唯恐世界不知道它的用意。

聯準會的高階官員長途跋涉前往費城附近的各個特許學校、達拉斯的食物銀行與芝加哥的座談會，聽取「普通」民眾的意見：只有高中文憑而沒有受太多正規教育的工人、老年人、少數群體和社區發展組織。聯準會官員嘗試用基本術語解釋他們在做什麼，以及他們的政策在現實世界中的效果如何。重點是要向國會議員、媒體和最終的美國公眾表明，現代聯

---

③ 聯邦資金利率是經濟學家所說的「名目」利率，意味它包括經濟中發生的任何價格水準變化。如果價格上漲二%，理論上這表示聯準會在開始限制經濟之前還有額外二%的升息空間。

④ 此處的邏輯是價格下跌可能促使人們延遲購買，因為他們會等待他們想買的東西（汽車、電視等）變得更便宜。如果不靠佔經濟七〇%的消費者支出，美國經濟成長可能難以復甦，使美國陷入螺旋式下降的泥淖。

準會不再是過去幾十年的央行。

舊時代的聯準會向來高深莫測。在繁榮的一九九〇年代和二〇〇〇年代初期擔任主席的艾倫・葛林斯班（Alan Greenspan）曾宣稱，他的角色使他成為「語無倫次、含糊其詞」的專家。貨幣政策的諱莫如深曾經是一種成就的標記，美國人對那個時代的經濟感到很滿意，並滿足於讓聯準會傾向華爾街。葛林斯班是華盛頓上流社會的常客，他與電視記者約會，最後還結婚；他年輕時曾與自由主義偶像艾茵・蘭德（Ayn Rand）交往，被視為像是某種貨幣神諭；調查記者鮑勃・伍德華（Bob Woodward）稱他為「大師」；他的無數傳記之一的書名是《知情者》（*The Man Who Knew*）[5]。

葛林斯班的個人崇拜部分歸因於他主持聯準會的時代。歷史給了他一手經濟好牌，在一個由相對年輕的勞動人口和電腦技術大幅進步所推動的全球化時代，自由放任（laissez-faire）經濟學和動物精神（animal spirits）被視為繁榮的引擎。三十年後，鮑爾拿的是一手洗過的牌。他接手的美國經濟面臨了人口老化的問題，而全球環境則因為民族主義崛起、嚴重的不平等現象和明顯的金融脆弱性而變得危疑不定。美國人不再慶祝現代資本主義的勝利，反而是質疑它的根基，包括從自由貿易到不加節制的追求利潤。

鮑爾原本可以嘗試成為現代的葛林斯班，參加華盛頓社會活動並在幕後運籌帷幄。他甚至有可能成功，因為他確實有這種資歷。鮑爾是半個多世紀以來最富有的聯準會主席，在獲得提名時擁有多達五千五百萬美元的財富（很難精確估計，因為政府只規定揭露金額範圍）。他的成年生活是在一群對擁有這麼多財富司空見慣的人中度過的，巴菲特仍然是他保持友好聯繫的人。在黨派之爭盛行的時代，他贏得兩黨的讚揚。華盛頓特區內部人士仍然不經意地談論有關「傑伊」（Jay）或「珍妮特」（Janet）的對話（指的是鮑爾和葉倫），就像人們過去談到「艾倫」（葛林斯班）一樣。聯準會主席的角色已經失去一些神祕感，但並沒有失去其威望。

但葛林斯班高調的工作態度並不是鮑爾的風格。鮑爾曾對一位商學院的學生說，他的職業建議是努力工作並保持低調，因為有能力的人經常會自毀前程⑥。他刻意保持低調，在這個歷史時刻，冷漠也不合適。菁英大學的畢業生和非民選的官員在聯準會的大理石大廳裡漫步注定會引人猜忌，因為美國經歷了跨兩黨的民粹主義復興，先是讓一批直言不諱的茶黨共和黨人進入國會，後來又把川普送進白宮，最終將促使一批年輕的進步主義派民主黨人在國會的權力大增。美國央行的地位無法贏得任何民粹競賽，因為人民質疑該機構的價值，並且擔

⑤ 葛林斯班從保羅・伏克爾（Paul Volcker）繼承了一個神祕的聯準會，他在擔任聯準會主席的早期就擁抱高深莫測的作法，但在他任期晚期聯準會確實變得更加透明。我們稍後會談到整個故事。

⑥ 尼克・提米羅斯（Nick Timiraos）二〇一七年在《華爾街日報》上報導了這件軼事。這位學生是西恩・吉萊斯比（Sean Gillespie），後來從事軟體工作。

心經濟決策對窮人和勞工階級不利。

二〇〇八年的金融危機加劇了這個現實。多年來它所製造的震撼在社會上引起軒然大波，既影響了人們對聯準會的看法，也影響聯準會看待自身角色的方式，其深刻的程度已到無以復加的程度。

部分原因在於危機是如何發展的。二〇〇〇年代初期，商業銀行和投資銀行在房地產市場和房宅相關證券上進行高風險的押注，向次級貸款人提供貸款，並透過在銀行和保險系統的分割、切塊和包裝，把這些不良貸款轉變成複雜且風險極高的金融證券。聯準會用來解決日增的脆弱性的工具已相對減少，其中有些還屬於其他監管機構的職權範圍，而且聯準會在使用自己擁有的工具上步調遲緩。聯準會不想不必要地扼殺商業，並且一直到為時已晚才意識到問題的嚴重性。

然而，隨著堆積如山的抵押貸款債務開始崩潰，聯準會迅速與民選政府合作，推出救援貝爾斯登（Bear Stearns）和保險業者美國國際集團（AIG）的計畫以挽救體系。在柏南克的領導下，聯準會重新啟動它的緊急貸款權力以支持一系列市場，並在二〇〇八至二〇一四年間實施了三項大規模債券購買計畫。這些政策支撐了資產價格並維繫信貸創造巨輪的運轉，先是安撫市場，進而防止經濟陷於停滯。

許多研究人員稱許聯準會強力的應對措施扭轉了一場嚴重的災難，避免一九三〇年代大蕭條的歷史重演，但干預措施也拯救了不負責任的銀行家。不久之後，聯準會的政策就導致股價飆升，儘管失業率仍然很高，同時房屋擁有者繼續面臨讓生活陷於困頓的房屋法拍。隨著深度經濟衰退讓位給停滯不前的復甦，人們指責央行扭曲了市場並加劇不平等。自由放任派議員榮・保羅（Ron Paul）二〇〇九年出版一本名為《終結聯準會》（*End the Fed*）的書，二〇一一年紐約市開始的「佔領華爾街」（Occupy Wall Street）抗議運動更是明確地批評聯準會，德州州長瑞克・裴利（Rick Perry）指控聯準會的政策是「叛國」的政策。蓋洛普調查的數據顯示，公眾對聯準會的評價在整個二〇〇〇年代大幅下滑，直到經濟衰退多年後才開始緩慢回升[17]。

大衰退的後果是真實而痛苦的。類鴉片藥物成癮席捲美國帶來一場公共衛生悲劇，後來被認為部分原因是經濟，因為缺乏機會滋生了絕望。經濟學家記錄了「絕望死亡」案例的激增，因為人們吸毒過量、自殺或酗酒致死⑦。曾經充滿活力的製造業中心在經濟衰退之前就已陷於困境，在經濟衰退之後幾乎變成鬼城。全國大部分地區都瀰漫一種茫然若失的感覺。

鮑爾目睹了經濟衰退後十年間懷疑心態的蔓延，我們不難理解為什麼大部分美國人對經

⑦ 這項研究主要由安妮・凱斯（Anne Case）和安格斯・迪頓（Angus Deaton）主持，最後他們寫成一本名為《絕望之死與資本主義的未來》（*Deaths of Despair and the Future of Capitalism*）的書。

濟秩序和聯準會在其中扮演的角色抱持懷疑態度。鮑爾預期，隨著美國經濟成長持續處於歷史低水準，人們將對聯準會的政策提出質疑，而他和他的同事決定以透明度來回應公眾的憂慮。

鮑爾發現自己處於一個奇怪的處境。他從出生以來就享有特權，在公司法和高級金融領域嶄露頭角，並且蓄積和享受了巨額財富。但他把自己定位為聯準會裡的無產階級捍衛者，因為這是此時所需要的。鮑爾始終是個務實者。

幸運的是，歷史賦予這位主席的一項禮物，讓他有機會為公眾帶來一線希望。危機後的復甦雖然緩慢，但漸進的好轉包括長期穩定的就業成長，這種成長逐月持續，並把潛在的勞工帶回受薪就業崗位。令經濟學家同感驚訝的是，二〇一九年失業率已降至半世紀以來的最低點，而且並未引發無法支撐的薪資成長或物價上漲。這種改善至少要部分歸功於葉倫的聯準會耐心的方法，而鮑爾基本上延續了這種方法⑧。

低通膨時代促成了聯準會的漸進主義。一九七〇年售價二十美元的一組商品和服務，到一九八〇年價格已經上漲一倍多到四十一美元，需要聯準會採取積極應對措施；但是，到了二十一世紀通貨膨脹已大幅減緩，以至於二〇一〇年二十美元的商品和服務到了二〇二〇年只賣二十四美元[18]。消費者和企業都預期價格會穩步上漲，而不是急劇上漲到會影響他們購買什麼和何時購買的決定。也許部分是因為家庭和企業調整了自己的行為，接受了薪資成長減緩和物價上漲速度放慢，所以低失業率不再像一九七〇年代那樣伴隨著高通膨，追求極低的失業率不會明顯地帶來物價大幅上漲的風險。

過去幾十年聯準會一直把重點放在控制通膨這個不受歡迎的任務上，鮑爾的聯準會則可以大聲且頻繁地宣稱，它的政策正在藉由降低失業率來幫助小市民，而不必太擔心今日用一美元買到的東西一年後將會變少。對鮑爾來說，這是一個他樂於在國會山莊的許多會議和央行對外活動中散播的愉快訊息。

宣揚勞動市場的好消息是東哈特福德活動的目標之一，鮑爾因此與社區團體成員、波士頓聯準銀行幕僚和記者一起乘坐一輛擁擠的旅遊巴士。這次旅行帶他參觀了廢棄電影院外破舊的停車場，並經過一家荒廢的必勝客空屋，每次轉彎就有腐朽的景象等著他。儘管如此，也有跡象顯示僱主已開始進入這個被遺忘的社區尋找有生產力的工人。汽車擠滿當地食品市場的停車場，其中有些是新車。參觀結束後，主席在小學體育館遇到一位名叫潔思敏・阿亞拉（Jasmine Ayala）的十八歲女孩，她最近找到一份時薪二十九美元的製造業工作⑨。她說服普惠公司（Pratt & Whitney）的經理讓她當天請假，以便有機會見到聯準會主席。

⑧ 除了一些例外。我們將在第六章中更詳細討論這個問題。
⑨ 美聯社（Associated Press）記者克里斯・魯加伯（Chris Rugaber）最先報導阿亞拉出席這項活動的情況。

「繼續去上學。」在他們簡短的談話中，他愉悅地指導她，一如他自己是三個孩子的父親。

他也與年輕學生聊天，當攝影師為他們拍照時，他傾身靠近他們。這些故事和景像將在全國各地的刊物和網路上發布。如果葛林斯班是策略性地語無倫次，那麼鮑爾則是策略性地融入人群。

當天晚上，在羅德島州普洛威頓斯（Providence）附近一家燈光昏暗的飯店會議廳裡，鮑爾對一群聚集在他面前喝著餐後咖啡的商業領袖宣稱：「這些成果還有很大的發展空間。」樂觀的演講為他贏得了全場起立鼓掌，這種情況很少出現在有關貨幣政策的演講上。來自美國經濟領袖的這則令人振奮的消息吸引很多人注意，第二天起就不斷出現在全國各地報紙的頭條報導。

在十一月那個清爽的晚上，鮑爾並不知道幾個月後十年來的就業成長將很快變成回憶。和他一起心滿意足地品嚐甜點的商界人士，將發現自己必須為維持公司生存而奮鬥，而兩年之後穩定通膨的時代將突然逆轉。隨著世界發生劇變，擁有眾多經濟學家和金融工具的聯準會，願意傾聽曼哈頓中城和華爾街以外的選民意見並為他們服務的這個想法，將面臨病毒的考驗。

第二章 市場崩潰的那個月

經濟學是一個極度複雜的思想領域，它很適合用來向政策制訂者精確地解釋為什麼他們過去所做的選擇是錯的。至於預測未來，就沒有那麼管用了。

——班・柏南克（Ben Bernanke），前聯準會主席，二〇一三年普林斯頓大學畢業典禮演講

二〇二〇年三月中旬時全球金融秩序幾近崩潰。當曼哈頓中城道明證券（TD Securities）的一位金融分析師，與一位憂心忡忡、為該銀行買賣債券的交易員會面時，這場災難正悄悄浮現。對這位可憐的分析師來說，這是一個令人暈頭轉向的月份。一週前他因為在亞特蘭大機場感染了嚴重的流感而沒有上班，仍然感到鼻塞和睡眼惺忪的他回到工作崗位後，卻發現自己成了賤民。一種似乎源自中國的新型冠狀病毒已開始席捲紐約市，雖然大多數辦公室仍

然開放，但人們感到緊張不安。一位年長的同事在他進入一個房間時刻意迅速遠離他。

更奇怪的是，他的辦公桌被搬到遠離上司的地方，放在辦公大樓另一部分半空的交易大廳。他在那裡與來自不同團隊的二十名同事一起工作。他認為這是防禦病毒的「諾亞方舟法」：即使辦公室有一些人染患這種神祕的疾病，也不會導致整個團隊的運作癱瘓。儘管如此，在股票價格暴跌和債券市場（政府和企業都從債券市場籌集資金）劇烈波動的時期，遠離他的團隊仍然帶來很大的不方便。

與交易員的會面消除了這位分析師逐漸形成的不祥感覺，讓他得以專注精神。確切地說，是讓他不至於驚嚇不安。像他這樣的人通常得在幾毫秒內交易數千萬美元，而且還必須鎮定自若。但他解釋說，公債市場正發生一些奇怪的事，要賣出一些舊公債已變得很困難，它們不是政府最近發行的債券，而是距離到期日和向債券持有人支付本金還有幾個月或幾年時間的公債。

債券交易員全天在電腦上監控一系列證券銷售數據，因此他們知道買得到的債券以及銷售價格。一般來說只有大筆的交易才能「推動市場」，因為在任何特定時刻都有如此多的人買賣美國公債，所以任何新交易都只是大海中的一滴水。正如人們喜歡說，美國公債市場是世界上最深、最流動的市場。但這種進行小交易不會引發波動的能力（也就是為人稱道的流動性），似乎在一夜間消失了。這位交易員報告說，突然間即使是最小的交易也會導致價格上升，顯然是幾乎沒有其他人在進行買賣。市場枯竭的原因也越來越明顯，想要拋售債券的賣出價遠高於潛在買家願意支付的價格，買進報價（以債券術語來說就是買入價）低得離譜。

交易員描述的情況就像一桶冰水澆在這位分析師身上。沒有人願意購買美國公債。很難形容那是多麼離譜的事。在這之前美國公債市場一直被認為是零風險的，這意味持有美國公債基本上與持有現金一樣安全。它支付利息是因為你把錢凍結一段特定的時間，而不是因為你可能再也拿不回老本。如果你需要出售公債，隨時都會有買家以可預測的價格從你手中買走。

如果在你需要時卻難以變賣公債，那就無法保證它的安全性。當其他債券觀察家也得出同樣的結論時，華爾街開始瀰漫憂慮和困惑。由於投資人對新冠病毒感到恐慌並爭相變賣成現金，加上外國持有者紛紛放棄公債和受歡迎的債務交易變得無利可圖，導致避險基金和其他持有美國公債的投資人試圖拋售它們，使美國公債市場瀕臨崩潰邊緣。

這位分析師想知道，如果公債無法交易，還有什麼是可以交易的？

答案是幾乎沒有什麼是可交易的。美國公債崩潰既是整個市場正在上演一場更大戲碼的徵兆，也是助長它的因素。投資人似乎嘗試拋售整個投資組合，但他們很難做到。公司用來融資短期債務的商業票據已很難展期，投資等級的公司債很難交易，垃圾債券幾乎不可能成交。貨幣市場共同基金（公司和投資人往往把現金存放在貨幣市場共同基金以獲得微薄的回報）正出現大規模資金外流。金融報導稱，包括卡普拉（Capula）和橋水（Bridgewater）在內的多家避險基金出現嚴重虧損[1]。紐約聯準銀行的一些員工得到消息，有幾檔基金可能處於崩潰邊緣；另一個傳聞說，一些大投資公司即將清算大量抵押貸款相關債務組合。如果它們這麼做，市場將充斥無法消化的證券，現代資本主義的架構正在分崩離析。如果這種影響持續並加深，可能會讓二〇〇八年那場曾導致數百萬人失業，並使世界陷入多年的動盪的金融危機，變成只是一道開胃菜。

市場的大屠殺似乎與實體經濟沒有直接關聯，但這是二〇二〇年，華爾街與日常生活已經緊密交織。股市的痛苦已耗盡美國家庭儲蓄的很大一部分：二〇二〇年頭三個月的資產淨值將下跌五・五%，影響遍及每一個財富和收入階層[2]。如果公債市場出現嚴重問題，抵押貸款、汽車貸款和企業薪資背後更廣大的債務體系可能迅速瓦解。問題還不只如此。全球投資人可能質疑美國債務的神聖地位。儘管他們可能會得出美國公債很安全的結論，因為美國政府可以提高稅收來償還其債務。但一個簡單的現實是，只要出現壓力就可能導致公債市場交易停止，這無疑會降低持有這些債券的吸引力。如果沒有真正無風險的支柱，債務最終可能會變得更昂貴，而市場向需要藉債券募資的人提供資金的效率也會降低。公債市場的安全性和流動性開啟了全球金融化時代，而它的崩潰則可能終結這個時代。

聯準會扭轉了一場很可能就此改變世界的危機。

當這位道明證券的分析師召開會議時，央行已經採取行動。紐約聯準銀行官員蘿莉・羅根（Lorie Logan）在三月初的一片混亂中與她的團隊一起從交易大廳的消息來源收集訊息。羅根從一九九九年[3]以來一直在紐約聯準銀行工作，並在二〇〇八年全球金融危機期間擔任重要職位，在銀行和金融機構瀕臨崩潰之際，她休完產假回來幫助設計和執行聯準會的全面救援計畫。到了二〇二〇年，她領導聯準系統的整個買賣債券的交易帳，這些交易對貨幣政策和促進市場平穩運行極為重要①。對她來說，這是一項相對較新的工作，而且使她成為央行最接近市場的直接管道。有時候她被業內人士稱為「貨幣政策技術長」[4]。

羅根很適合這份工作。表面上她並不特別顯眼：她的聲音年輕，談吐友善而直接，喜歡簡單的深色服裝。她在戴維森學院（Davidson College）學習政治學，在哥倫比亞大學學習公共管理，但在一個由學者支配的機構中欠缺經濟學或金融博士學位。然而她低調的舉止掩蓋了敏銳的學識，她的謙遜使她能以冷靜的頭腦完成工作。這很重要。當市場和經濟出現問題時，聯準會是政府的第一道防線，而聯準會內部的第一道防線，則是紐約聯準銀行的市場

① 關於市場操作和利率設定的一個技術問題是：二〇〇八年金融危機之前，購買資產被聯準會用來向系統注入或抽出更多央行現金，藉以設定聯準會的主要政策利率。在經濟轉趨低迷後，聯準會的債券購買使體系始終充斥大量央行現金，以至於這類購買無法再順利地引導利率。反而聯邦資金利率是透過支付一定的利率給銀行存放在聯準會的資金來設定的。聯準會的市場交易部門仍然購買證券作為量化寬鬆計畫和其他操作的一部分。

交易部門和羅根管理的投資組合，前聯準會主席伏克爾在自傳中稱之為「至聖所」（the holy of holies）[5]。

隨著疫情使整個城市關閉並導致市場秩序大亂，羅根的紐約團隊已經嘗試了職權內所有可以採取和與華盛頓的理事會協商的政策，他們已向金融體系核心的公司提供大量隔夜和短期資金。在鮑爾的指示下，團隊加快了計畫購買債券的速度，但似乎怎麼做都不夠。驚慌失措的投資人想要紮紮實實的現金，但他們拋售資產的速度太快使系統無法消化。作為整個市場中間人的銀行和經紀—交易商深陷大量的證券和存款庫存，過去十年為防範危機而頒布的銀行業法規，似乎限制了他們願意持有的證券數量[6]。聯準會購買債券的規模太小，無法吸收突然被拋售的大量資產。

有一個明顯的解決方案。聯準會必須成為大規模的備援買家。

三月十三日週五的股票指數以慘跌收盤。當時聯準會官員已做出看似別無他途的決定。他們將在週末開會，這樣就可以在亞洲市場週一開盤（華盛頓週日晚上）之前採取行動以遏制危機。這是二〇〇八年金融危機時熟悉的劇本，當時聯準會定期在亞洲股市週一上午開始交易前召開會議並做出重大決定（危機期間的聯準會主席柏南克曾開玩笑說，他將為自己的回憶錄取名為《亞洲開盤前》〔*Before Asia Opens*〕）。整個情況給人一種似曾相識的反胃感覺。從二〇〇七年開始席捲世界的全球金融危機原本應該是百年一遇的災難，但現在主要市場的狀況至少與當時最嚴重的時期一樣糟。而且這一次它們的惡化是在數天和數小時內形成的，而非經過數月和數年。

羅根在上午十時開始的會議中發表了第一次意義重大的談話，由於事件的突然和認識到該病毒構成的新威脅，這次會議採取的是遠端視訊的形式。她開始講話時，她的同僚一一排列呈現在她的螢幕上。聯準會駐華盛頓的五位理事和央行高階幕僚中的三位，聚集在位於憲法大道的央行總部的理事會會議室，他們坐在桃花心木會議桌旁，彼此隔著一段空間以遵守保持適當社交距離的原則，這在當時還是一個新概念。他們的十二位地區同僚都透過視訊會議參與，聯準會負責銀行監管的副主席夸利斯當時在猶他州的家中，但也透過地區聯準銀行的一間辦公室參加會議。

羅根和她的紐約聯準銀行官員同事擠在曼哈頓梅登巷（Maiden Lane）有如堡壘般的辦公室裡，還有當天早上從他位於康乃狄克州的家中趕來與會的副主席克拉里達。這座宮殿式的建築處處可見鍛鐵裝飾，在陽光明媚的時候散發出近乎中世紀的氛圍。在當時的情況下，看起來格外陰森。

在視訊會議中，羅根發現自己說出幾週前她還無法了解的話。她解釋說，部分公債市場已經停止運作，企業債務融資幾近停擺，她和她的團隊在職權內採取的應急措施似乎都沒有幫上忙。情況正在惡化中，除非聯準會介入，否則情況還會變更糟。她告訴聚集在她螢幕裡的政策制訂者，如果他們授權購買大量美國公債和抵押擔保證券，即重新搬出過去曾用來安撫市場的政策並擴大其規模，她的辦公室就可以馬上開始積極買進那些證券。

這是一項建議，聯準會主席鮑爾立即呼應這個直截了當的構想，重點是這項政策必須擴大規模。央行的高階官員在會議前就制訂了該計畫，而它聽起來就像醫生對重病患者下達的命令。他們列出這些公開市場委員會的投票成員必須採取哪些措施來避免金融世界崩潰。

截至二〇二〇年三月，聯準會的主席和聯準銀行總裁的總數為十七位，他們都是能說善辯的人。一如往常那樣，他們當天就對應該降低利率多少展開辯論。大多數投票成員希望降低整整一個百分點，把短期借貸成本一口氣歸零，以便在疫情破壞商業的情況下盡可能降低借貸成本。一些成員傾向較小的降幅，希望為以後節省彈藥，但沒有人質疑他們需要竭盡其所能來挽救政府公債市場。

因此在三月的這個週日，央行投票決定開始採取十多年來第二次救援華爾街和經濟的行動。

二〇二〇年危機的根本原因是全球疫情，而不是銀行和投資人不負責任的冒險行為。同樣的，解決方案也不是重複二〇〇八年針對銀行的紓困計畫。這次聯準會將大量購買政府擔保債券，直到市場交易恢復相對正常。這是十多年前首次執行的債券購買計畫的升級版[7]。當然，一些投資人無疑會受益，其中包括蓄積了大量美國公債的避險基金。它們交易公債通常很安全，但在二〇二〇年三月的市場崩潰中卻變成災難，聯準會的大規模市場行動幾乎總是讓那些冒險的人受益。但聯準會的目標不是拯救一些世界上最富有的投資人，而是拯救整個體系。如果美國公債市場陷於動盪，崩潰的不只是一檔基金或一個市場玩家。如果金融骨幹傾倒，主街經濟將隨之崩潰。

鮑爾週日在決策宣布後臨時舉行的遠距新聞記者會上解釋說：「當公債市場壓力上升時，它們可能對整個金融體系和經濟產生影響。」記者們在那個寒冷、陰沉的下午紛紛打電話到那場倉促舉辦的會議，但電話不暢通，感覺雜亂無章。鮑爾說：「我們認為我們必須做更多，而且我們知道必須怎麼做。」

聯準會那個週末的舉動將無法立即止血。三月十六日標普五百（S&P 500）指數下跌一二%，是一九八七年金融危機以來最大跌幅，那場惡名昭彰的金融危機被稱為「黑色星期一」。油價將跌至每桶三十美元，創下四年來新低。接下來一週美國公債市場仍將繼續亂成一團，例如，分析師把三月十七日描述為一場「災難」。截至三月的第三週，新冠疫情已造成近六千人死亡，約二十萬人染病[8]，但與最後造成的破壞比較起來，這個數字還微不足道。經濟開始癱瘓，美國正要面對即將到來的痛苦，人們開始驚慌失措。

二〇二〇年三月十五日，標記了接下來兩個月一場更廣泛的救援行動的開端。大規模的債券市場干預加上一連串新信貸計畫，最終將使投資人平靜下來，避免了整個系統的崩潰，還將迫使聯準會跨入它從未涉足的領域。

由於美元在全球經濟和市場中扮演關鍵角色，這場疫情導致的崩潰，將使聯準會充分展現它扮演世界經濟領導者的角色。美國的經濟和金融前途、以及在較小程度上國際體系的未來，將取決於坐在華盛頓憲法大道上莊嚴建築和全國十幾家分支聯準銀行裡頭、或因為疫情而坐在他們東海岸各地家裡的技術官僚所做的決定。

二〇二〇年聯準會的紓困行動，將與二〇〇八年金融危機期間大不相同。這一次聯準會嘗試把救援的範圍擴大到遠超出華爾街。十幾年前針對銀行的解決方案激起人們對聯準會的廣泛不滿，引發國會對央行獨立性的挑戰，並使前主席柏南克的名字在自由放任派和自由主義者圈中成為一個髒詞。當世界面臨長達數月的封鎖時，聯準會官員希望確保他們不但能支持信貸流向金融機構，而且能流向任何因無法借貸而可能面臨裁員風險的企業。

問題在於聯準會是否有足夠的能力使更廣泛的政策方案發揮作用，以及更廣泛的政府能不能跟進採取適當的經濟救援行動。在週日上午的會議上，明尼亞波利斯聯準銀行主席卡什卡里表達了他的憂慮。

四十六歲的卡什卡里是一位印度移民之子，他是上次危機的老兵，比任何其他現任聯準會官員都更明顯地對上次的危機記憶深刻。上一次市場崩潰時，他是一個三十多歲的理想主義者，剛進入財政部任職，而且認為那是他職涯中一個幸運的意外。在高盛執行長漢克・寶森（Hank Paulson）被任命為財政部長時，卡什卡里正好在高盛工作。厭倦了私人部門和渴望新經歷的年輕卡什卡里給寶森打電話，請求跟隨他前往華盛頓。令他難以置信的是，寶森答應了。

第二年次級房貸市場爆破導致美國陷入金融危機，卡什卡里發現自己正協助政府擬訂對華爾街銀行和大型汽車製造商的紓困計畫。他是問題資產救助計畫（TARP）的初始設計者之一，該計畫總值七千億美元，目的是透過購買和擔保出問題的證券來穩定金融體系[②]。美國人對抵押貸款危機的意見完全未被納入計畫中，由於計畫受到太多限制、執行得太遲，而且政治性太強。問題資產救助計畫本身是一枚公關地雷，卡什卡里身為該計畫的管理者（他也理所當然的被稱為「問題資產救助計畫沙皇」〔TARP czar〕），在國會聽證會上因為計畫的失誤而備受批評。他一連幾個月在財政部辦公室吃玉米薯片當晚餐，體重增加了二十磅，並睡在辦公室。華盛頓或者大多數美國人似乎都厭惡他的努力。

危機後卡什卡里搬到加州東北部內華達山脈松樹林中的一間小屋休養，他砍柴並重新檢討每一件出差錯的事。回到文明世界後他在二〇〇九年進入太平洋投資管理公司，然後因為

②總值後來降至四千七百五十億美元。由於購買問題資產太過複雜，它最後被用來直接向銀行和金融機構挹注資金。

感覺不適合這份工作而在二〇一三年辭職。他以具有社會正義傾向的共和黨人身份參與了加州州長的競選，有一次，他以有限的預算花了幾天時間露宿街頭，並拍攝一段競選影片以凸顯加州無家可歸者的困境。這個非傳統的努力並不足以讓他贏得勝利，有些人可能還稱之為噱頭，但競選公職展現出卡什卡里難以滿足的雄心。在進入華爾街和華盛頓之前，還很年輕的卡什卡里以火箭科學家的身份展開他的職涯，他始終渴望嘗試下一件有趣的事③。

但他在荒野和州政治的冒險經歷不足以讓他忘記二〇〇八年。二〇一六年當明尼亞波利斯聯準銀行董事會推舉他擔任總裁時，卡什卡里仍然對自己擔任「問題資產救助計畫沙皇」的經歷耿耿於懷。他在上任之初就召開一系列研究會議，檢討所謂的「大到不能倒」（Too Big to Fail）的銀行問題是否得到真正的解決。此舉惹惱了聯準會內部的許多人，因為他重新提出整個系統多年來一直致力解決的問題。分析和會議的結論也許並不令人意外，那就是變革還不夠徹底。身為聯準銀行總裁，卡什卡里採取了支持勞工的立場，認為即使在二〇〇八年危機爆發十年後，就業市場仍有很大的復甦空間。當聯準會升息時，他在內部會議和各地的市政廳中主張應該維持利率在較低水準更久，並指出工資成長疲軟和沒有通貨膨脹是必須保持耐心的理由。

現在，隨著華爾街再次面臨壓力，經濟幾可確定會陷入衰退，卡什卡里保持著密切的警戒。他生命中那個決定性的、從很多方面來看也是最惡劣的時代，似乎至少會部分重演。

這一次身在明尼蘇達州的他遠離了行動的核心。他曾經在政府辦公室淒慘度過的夜晚已經換成在家工作，身邊圍繞著妻子克里斯汀、他們的小女兒和幾隻毛茸的紐芬蘭狗。他開始為家裡採購雜貨，並慫恿克里斯汀吃起司漢堡通心粉 Hamburger Helper（她還算喜歡）和 Manwich（她討厭碎肉和番茄醬的組合）。這是一個較愉快的環境，但情勢仍然令人忐忑不安。鮑爾和他的理事會隨時與地區聯準銀行總裁保持連絡，定期讓他們了解正在發生的事，而卡什卡里也每天與當地商界領袖和他的研究人員交談以了解經濟情況。

卡什卡里聽到的消息讓他憂心忡忡：員工紛紛被要求回家、資本支出計畫遭到取消、工資被暫時停發或削減。如果沒有大規模的政策因應（房地產市場崩盤後未能徹底執行的那種因應）來減緩這種惡化，可能會產生嚴重和危險的後果。卡什卡里知道，聯準會將發現自己缺乏把經濟成長從深淵拉回的工具。它的大部分政策都是透過利率發揮作用，而此時利率已經非常低。至於央行可以在危機時期採用以保持主要市場運作的緊急貸款政策，卡什卡里沒有正式發言權，華盛頓的理事會負責掌管這些工具。但他希望、並認為他的同事會盡其所能來緩和局勢。

如果說卡什卡里在二〇〇八年有學到一件事，那就是謹慎與危機無法相容。他決定該是

③ 卡什卡里從伊利諾大學厄巴納—香檳分校畢業後擔任航空工程師。

向國會和聯準會推銷一個訊息的時候了：要擴大規模。

三月十五日週日下午的降息後幾天，哥倫比亞廣播公司（CBS）新聞節目《六十分鐘》（60 Minutes）想找一位聯準會官員來談剛開始的經濟危機，製作人找上卡什卡里，因為二〇〇八年的經驗使他成為這個問題的知名人物。他只是聯準會十七位現任官員之一，而且身為地區總裁的他並不是每次都對貨幣政策的進行有投票權，也沒有對央行的決定擁有特殊影響力，但他可以提供他歷經征戰的觀點。訪談在三月十九日錄製，並在三月二十二日播出。哥倫比亞廣播公司的斯科特・佩利（Scott Pelley）在那個危疑不定的週四，提出了讓各地聯準銀行總裁憂心的問題，而此時正值華爾街的投資人紛紛拋售證券，新聞媒體則報導曼哈頓的一些銀行因為被迅速提款而導致大面額鈔票短缺[10]。

「對一個急匆匆想奔往自動提款機提領三千美元的人，你會說什麼？」

卡什卡里思考過人們聽到他的回答會有什麼反應。如果他驚慌地說「不要去提款」，人們可能認為這是一個訊號，表示從銀行提款是他們最好的選擇。他已經知道在這種時刻官員能做的事就是再三安撫。

「你不需要去提款、你的自動提款機很安全、你的銀行很安全，金融體系中有足夠的現金。」他回答道，然後又補充說：「聯準會有無限的現金。」這已成為二〇二〇年金融危機具標誌性的一句話。

在這次訪談中他傳達的其他訊息則是針對美國的政策制訂者。

卡什卡里告訴佩利，二〇〇八年以後，「美國花了十多年時間才完全恢復正常運作，才恢復到危機前的情況。花了十多年。所以我們必須極力避免發生像這種大規模裁員，我們不能再陷入花了十年才復甦的情況。」

然而，「我們不能」並等於「我們不會」。為了讓美國勞工和企業度過災難時期而不造成持久的損害，我們必須做出積極且往往令人不舒服的選擇。聯準會可以藉由保持市場運作和降低利率來協助經濟復甦。不過短期來看，降低借貸成本可能對協助經濟沒有多大幫助，因為各州和地方的官員正迅速採取封鎖措施以阻止新冠病毒的散播。

儘管近年來聯準會不斷重新導向對主街經濟的重視，但它能採取什麼措施來支撐數百萬家即將急劇惡化的美國企業還不得而知。儘管如此，央行官員們顯然即將試著盡一切可能來提供協助。

「我們應對危機的速度總是太慢、太膽怯。」卡什卡里在談到過去的金融危機時告訴《六十分鐘》[11]。「現在不管是醫療保健政策制訂者、財政政策制訂者，也就是國會，或是聯準會，為了避免最惡劣的經濟結果，我們所有人都應該寧可犯過度反應的錯。」

聯準會在未來幾個月內將會這麼做。二〇二〇年春季和隨後的兩年裡，全球疫情先是危及社會最重要的金融市場，接著又與巨額政府支出共同刺激了一連串意想不到的事件，使得長期休眠的通貨膨脹開始甦醒，美國央行將更完全地擁抱它扮演現代世界歷來最強大經濟機構的角色。

這個角色的蘊釀實際上已歷經超過一個世紀。

第三章 一個信奉銀行的國家

歷史不會重複，但它常押韻。

——馬克・吐溫（Mark Twain），鮑爾經常引用的名言

在馬里納・埃克爾斯四十歲生日前後，他開始懷疑已故父親的經濟思想存在一些根本缺陷。他不是第一個對父母感到遲來懷疑的子女，也不會是最後一個。但就他而言，這個醒悟發生在約一九三二年，正好趕上塑造美國經濟史的進程。

埃克爾斯一八九〇年出生於猶他州羅根（Logan），母親是一個摩門教商業巨頭的第二任妻子；父親是來自蘇格蘭的移民，從經濟階梯的最底層爬升。埃克爾斯的祖先靠生產自製木製廚房用具勉強度日，正如馬里納在他日後的自傳中說的：「離赤身裸體只差一縷絲，離挨餓只隔一層皮[1]。」在皈依摩門教後，這個家庭於一八六三年啟程前往美國，來到埃克爾斯（以

及當時的其他後期聖徒教會（Latter-day Saints）信徒）所說的「猶他的應許之地」。對他們來說這是夢想成真，馬里納的父親大衛・埃克爾斯（David Eccles）勤奮不懈地工作以便在這個新國家站穩腳跟。在年輕時，他沿著一條著名的小徑來到俄勒岡州，然後又回到猶他州從事伐木業和其他事業，最終成為一名創業家，建立了一個從鐵路到銀行的新商業帝國。他蓄積了財富，同時保持節儉的個人生活和避免任何形式的債務。馬里納是大衛第二任妻子所生的九個孩子中最年長的一個①，他出生時家裡已經非常富有。

儘管埃克爾斯家族家財萬貫，馬里納八歲時就開始在暑假工作，因為他父母認為無所事事對男孩不好。他十八歲時離開學校以便為父親工作，然後開始了為期兩年兩個月的蘇格蘭傳教之旅，在這段期間他沒有說服多少人信教，但是「儘管如此」，他度過「一段有趣且具有啟發性的時光」[2]。

然後，埃克爾斯回到猶他州和家族企業，他是一個留著側梳黑髮、目光銳利、渴望讓父母感到驕傲的年輕人。一九一二年十二月初，他正在羅根東南十英里的一個峽谷監督一項水力發電廠計畫時接到令人震驚的消息：他父親因為心臟病去世[3]。老埃克爾斯留下價值七百萬美元的遺產（超過今日的二億美元）、二十一名兒女，和一個由木材廠、糖廠、煤礦、營建業和銀行業組成的網絡。年僅二十二歲的馬里納繼承了這個龐大企業網的少數股份，而他父親第一任妻子所生的兄長則繼承了其他部分。

家族最後因為控制事業的問題而爭吵，馬里納最終接管了幾家企業的管理權（他後來毫不謙虛地把這件事歸功於他的聰明才智和謹慎的操作）。他花了近二十年來發展這些業務並取得巨大的成功。他過著節儉的生活，這種生活方式會讓他的父親和他所屬的教會感到自豪，而且他珍視大衛・埃克爾斯奉為圭臬的另一個信條：自由放任的資本主義。

「他的職業生涯中最有魔力的詞是『節約』和『努力工作』。」埃克爾斯在他的回憶錄寫道：「他們在那個時代讓利益倍增，我認為他們總是能做到這一點[4]。」

然後來到一九三〇年代。大蕭條對埃克爾斯來說是一個轉捩點，對美國和世界來說也是如此，而他在其中扮演了一部分角色。

要了解聯準會起源的故事，必須把時鐘倒回埃克爾斯走在羅根和奧格登（Ogden）的街道之前幾千年，遠早於「大蕭條」一詞進入人類的詞典。中央銀行的故事肇始於貨幣誕生的時候。

「貨幣是什麼？」這個問題既簡單又複雜。貨幣是你錢包裡的五美元鈔票或口袋裡的一歐元硬幣。但從根本來說它也是虛構的東西。從有文字記載的歷史之前，人類社會就已經使用具有象徵價值的東西，例如貝殼或壓花金屬，來交換其他具有有形價值的東西，例如食物或

① 這個家族是一夫多妻制。

住所。以穀物為擔保的貨幣體系在古代美索不達米亞盛行，而貝殼曾被大洋洲、亞洲和美洲接受為貨幣。土耳其西部的利底亞人（Lydians）二千五百年前就開始使用金幣[5]，貨幣的形式隨著時間推移而變化，但有一個基本事實把不同的系統串連在一起。有形物質的價值，寄託於使用者用來象徵交易、儲存價值和記帳單位的媒介。貨幣是我們眾人認同的概念，而共同的信念則讓它發揮作用。

許多世紀以來在各個人類文明中，人們使用現金和債務（承諾在未來的某個日期交出現金或其他有價值的東西）的某種組合來支付商品和服務。根據人類學家的紀錄，信用系統至少可以追溯到公元前三千五百年，當時蘇美人的神廟管理人發展出一套系統，允許人們預先購買產品並在收穫季節以穀物支付，不需要透過實體現金交易[6]。

這種債務、信貸和貨幣體系往往得到我們現在所說的「部分」（fractional）銀行系統的支持。歷史學家認為，這類系統存在於古羅馬[7]，到十五世紀的歐洲已很常見[8]，到了十八世紀更是普及於世界許多地方。它們的運作方式很簡單，擁有公認為貨幣（通常是黃金）的家庭和公司並不會把它們全放在床墊下，理由是安全的顧慮，而且攜帶起來很重。他們會把它交給金匠或交給銀行，以換取證明其存金的紙條。很多時候他們甚至不需要拿出黃金來交易，他們只要交換以黃金擔保的紙本債權作為支付手段。

但隨著貨幣體系的發展，銀行家發現他們不需要儲存足夠的黃金來擔保所有流通中的債權，每個人同時贖回他們票據的可能性微乎其微。於是他們開始借出黃金或發行更多以黃金為擔保的紙幣，並因此使他們的未償債務超過金庫中儲備的黃金[9]。整體經濟中的貨幣因而呈倍數增加，可以進行更多商業活動。價值十張鈔票的存金可以創造更多鈔票，也許是十五張、二十張或三十張，而這取決於銀行家的風險承受能力，在某些情況下也取決於銀行家與存戶的協議。

不幸的是，部分準備金（fractional reserve）的作法有一個不穩定的缺陷：沒有保險的部分準備金銀行很容易遭到擠兌。如果人們擔心銀行無法履行義務，就會在存款耗盡前爭相領出存款，如果銀行無法滿足提款的需求就會破產。隨著金融體系變得越大、越相互連結，破產的銀行可能損害整個經濟。隨著金融市場的發展並變得更加複雜，遇到麻煩時的擠兌行為將是一個始終存在的特性和威脅。

到了十八世紀後期美國從英國贏得獨立時，銀行擠兌還不是困擾金融體系的唯一問題[10]。北美銀行體系在殖民時期賴以運轉的外幣和貴金屬往往數量有限，在美國剛形成的商業體系中扮演一個僵硬的上層結構[11]。在戰爭、豐收或經濟繁榮的時期，貨幣供應可能難以跟上不斷增加的現金需求。如果有關當局在沒有某種貨幣錨定的情況下印鈔票，它們可能做得過頭，因而降低貨幣的價值，導致價格上漲，讓有現金儲蓄的人所能購買的商品和服務變少。當新生的美國政府倉促地為獨立戰爭提供資金時，這種情況更是變本加厲。新生的美國雖然取得勝利，但它的貨幣管理卻陷於混亂，貨幣隨之貶值[12]。

亞歷山大・漢密爾頓（Alexander Hamilton）設計了一個解決方案，在一七九〇年向國會提出建議報告，並於一七九一年通過。他建議創立一家中央銀行以便印製可用於納稅的現金，和當作儲存公共資金的安全地方，並可作為政府執行交易的機構[13]。這個構想借鑒於英格蘭銀行首創的模式，而英格蘭銀行成立於一六九四年，目的是協助政府籌募戰爭資金，但到了十八世紀中葉開始享有發行紙幣的部分獨佔權[14]。

同年十二月，美國首次嘗試建立的中央銀行在當時的美國首都費城開業。它發行最終以貴金屬為擔保的紙幣，並獲得廣泛使用，為美國商業提供了一些穩定性。除了為私人公民提供銀行服務外，該銀行還向政府提供貸款，並管理財政部向外國投資人支付的利息。雖然它沒有正式確定有多少資金流入經濟（主要以白銀的供應來決定），但該銀行可以透過調整其貸款政策來改變貨幣和信貸的規模[15]。國會議員仍然對把金融權力集中在聯邦當局保持戒慎，不過這家銀行的存在時間很短。一八一一年國會投票反對延長給它的特許，在兩院都以一票之差為其畫下句點。

一八一二年的戰爭後，通貨膨脹來襲，政府發現自己負債累累，但沒有中央機構來協助管理其財政事務，人們對結束美國第一銀行（First Bank of the United States）的決定提出質疑[16]。在著名金融家和企業人士的敦促下美國第二銀行（Second Bank of the United States）成立。它於一八一七年在費城開業，地點和其前身距離不遠，擁有二十年的特許執照，可以從事商業銀行業務以及作為政府的代理機構[17]。

尼古拉斯・畢多（Nicholas Biddle）出身費城的著名商人家族，從一八二三年起擔任該銀行的領導人，並成為其權力背後的推動者。畢多十五歲畢業於普林斯頓大學，是一位神童，成年後被譽為才子。在擔任律師和金融專家前他曾擔任美國駐倫敦特使祕書，後來根據路易斯與克拉克（Lewis and Clark）的筆記寫了這兩位探險家著名的探險歷史[18]。他把他的強勢個性和頑強帶進第二銀行，領導它監管商業銀行，並在金融恐慌時期救援它們，甚至開始嚴厲地設定利率。

然而，這家銀行日益擴大的權力引起總統安德魯・傑克森（Andrew Jackson）惱怒，使他成為畢多近乎完美的死敵。傑克森出生於南卡羅來納州的偏遠地區，在田納西州擔任律師和以戰爭英雄成名前只接受過零星的教育，他生性對金融抱持懷疑態度。他曾因為投資一名土地投機者而損失大筆金錢，因此不信任信貸和紙幣。如果說畢多是有組織的銀行和金融的最重要倡導者，那麼傑克森就是去中央化的擁護者[19]。

畢多在贏得傑克森的支持上沒有為他的機構做任何貢獻。他敦促政府提早延長第二銀行的特許執照，並押注如果傑克森忽視延長執照將因為投票失利而下台。傑克森則押注另一邊，在一八三二年否決續約，並使該銀行成為那一年總統選舉的中心議題。傑克森告訴他的副總統和不久後的接班人馬丁・范布倫（Martin Van Buren）：「這家銀行想幹掉我，但我會幹掉它！[20]」當傑克森擊敗亨利・克萊（Henry Clay）並保住職位時，他把這場勝利解釋為他結束美國第二度嘗試設立中央銀行的使命[21]。一八三三年他下令把政府存款轉移到州銀行，剝奪了第二銀行的權力，該銀行的特許執照於一八三六年正式到期。

美國早期建立貨幣主管機構的嘗試偶爾會成功，但對於一個才剛擺脫君權枷鎖的國家來說，這些嘗試帶著太多威權主義的味道。它們被視為紐約金融業的僕人，而不是為分散在全國各地的農民和生產者提供服務的公共機構。這些實驗凸顯出一種美國貨幣政策特有的緊張性質。強化對貨幣的控制顯然更有效率，但把這種權力集中在少數幾個未經選舉的人手中感覺起來很不民主。這麼做似乎注定會讓天秤向有利於菁英利益的方向傾斜。

儘管如此，不穩定仍然困擾這個十九世紀形成的去中央化的系統。各州的銀行規則不盡相同，而所謂的州銀行也發行各不相同的紙幣。理論上這些紙幣是由黃金和白銀擔保的，但實際上這種擔保並不紮實，這套系統很容易導致擠兌[22]。

傑克森關閉第二銀行後的弱點很快就開始浮現。銀行為了滿足需求而存在金庫裡的現金並未有效率地分散在全國各地，一些不需要的地方存放了大量現金，另一方面美國各州的銀行開始冒著風險積極發放貸款[23]。風險升高加上遇到緊急需要時無法很快獲得現金，為一八三七年蔓延的金融危機鋪路，最終導致經濟陷於蕭條，大量銀行倒閉與農作物歉收造成美國勞工挨餓[24]。後來的歷史學家把這場災難歸咎於傑克森的政策，但在政治上付出代價的是他的繼任者范布倫。在他入主白宮之前的幾週，經濟恐慌開始升高，這是他後來只擔任一屆總統的主因之一[25]。國會嘗試在一八四一年設立第三中央銀行，但遭到狂熱主張州權利的美國第十任總統約翰・泰勒（John Tyler）否決[26]。

到十九世紀下半葉，美國的貨幣體系改革時機已經成熟，而一八六一年內戰的爆發則觸發了行動。為了向這場成本高昂的衝突提供資金，林肯總統的政府在一八六二到一八六五年大量舉債並發行紙幣，即所謂的綠背紙幣（Greenback），但未立即以黃金為擔保[27]。由於政府無法保證可以兌換現有的黃金儲備，使這些紙幣很像法定貨幣（fiat currency），即一種依賴對政府的信心和政府的信用而非有貴金屬擔保的貨幣。法定貨幣的存在使美國的貨幣供應變得較不僵化。

在需要的驅動下，標準化在內戰期間也開始擴散到美國的貨幣供應。一八六三年通過的立法為國家銀行體系奠定了基礎，在這個新體系中銀行可以申請聯邦特許，交換條件是銀行必須把政府債券存放在新成立的美國貨幣總稽核辦公室（Comptroller of the Currency）[28]。這種安排對政府來說是很好的籌資方法，為政府債券創造了天然的需求來源。對銀行來說也是不錯的交易，銀行可以透過存入債券賺取利息。這項立法為更統一的貨幣鋪平了道路，因為新的國家銀行被允許以其存款作為抵押發行所謂的國家銀行紙幣。在聯邦政府對各州銀行的貨幣徵收關稅以阻礙它們的使用後，國家銀行紙幣便開始取代紛雜的州銀行貨幣。

美國在更靈活和更整合的貨幣體系中結束了內戰，但一些保守派很快就開始激烈地要求終結綠背紙幣並全面回歸金本位，通常是那些想要遏制戰時通貨膨脹的放款人，因為通貨膨脹正在侵蝕他們未償放款的價值。他們堅稱回歸金本位將為經濟提供更健全的基礎，這個理由在一八七三年金融恐慌後得到了認可。一八七四年十二月九日《紐約時報》轉載了《尤蒂卡先驅報》（*Utica Herald*）的一段文章，指出商業已經衰退，現金需求降低，該是換回金屬擔保貨幣（或稱硬幣〔specie〕）的時候了。《尤蒂卡先驅報》主張，「基礎薄弱的廉價貨幣帶來了恐慌，並使國家經濟一直無力復甦，而以硬幣作為基礎的貨幣則可以恢復經濟」[29]（這場危機是歐洲股市崩盤觸發的，導致海外投資人紛紛拋售美國鐵路債券。鐵路公司由於無法籌集資金而倒閉，造成一家大量投資鐵路的費城主要銀行破產，引發銀行體系更廣泛的擠兌）[30]。

中西部地區的農民不相信擴大貨幣供應量會產生沿海銀行家宣稱的破壞穩定的影響，許多人認為更容易取得的美元將有助於他們避免毀滅性的高利率，所以他們支持要有充裕的綠背紙幣。在全國辯論期間，一封寄給《紐約時報》編輯的信主張繼續使用綠背紙幣，理由是「除了高利貸者和放款者外」，這種貨幣體系將符合「人們」的利益。為了強調這項主張的動機和世界觀，這篇文章的作者署名為「勞動改革者」（Labor Reformer）[31]。

保守派在一八七五年取得勝利。那一年國會決定收回流通的綠背紙幣，直到它兌換黃金的匯率回到原來的水準，這導致貨幣供應持續收縮，直到一八七九年達成平價[32]。做出這個決定的時機正值美國進行工業化、各地擴展鐵路，生產力蓬勃發展，這導致一八六七年後開始出現的通貨緊縮加劇。農產品價格暴跌，農民的借款負擔日益沉重，無法從農作物銷售中獲得足夠的現金來償還貸款[33]。

這種痛苦造就出美國早期的民粹主義。貨幣改革是一八七〇年代一項始於德州蘭帕瑟斯郡（Lampasas）的運動的主要議題，該運動後來被稱為農民聯盟（Farmers' Alliance）②。這也是所謂綠背黨（Greenback Party）的核心目標，是有組織的工人和農民聯合奮起挑戰當時工業家的努力。綠背黨最後被併入人民黨（People's Party），而人民黨又與民主黨合併。隨著這些運動的發展，他們最初對法定綠背紙幣的支持轉變為效忠於一種納入白銀擔保貨幣的雙金屬體系，雙金屬體系因政治家威廉・詹寧斯・布萊恩（William Jennings Bryan）著名的「黃金十字」（Cross of Gold）演說而聞名[34]。不過他們的努力有一個共同信念是，更多的資金流入經濟體系、甚至是一點通貨膨脹，對勞動農場和工業階級來說是有益的。

寬鬆的貨幣政策已成為美國工人階級偏好的政策，這項先例將在二十一世紀帶來重要的

② 你可以在威廉・格萊德（William Greider）寫的《聖殿的祕密：聯準會如何治理國家》（*Secrets of the Temple: How the Federal Reserve Runs the Country*）中找到有關這項運動的討論。

迴響。

儘管現代讀者往往覺得美國的貨幣體系高深莫測，但在即將進入二十世紀時，貨幣體系卻是大眾討論和不滿的一個話題。由於貨幣供應量不容易擴大以滿足現金需求的季節性波動，因此在收穫季節經常出現問題。每年秋天，農民在出售農作物之前都必須支付工人工資，導致短期借款激增。結算所可以協助把現金從大型銀行轉移到需要的農村地區，但這套系統並不一定能快速且有效地發揮作用[35]。美元往往集中在不需要的地方，導致一些需求高、但供應不足的地方爭搶現金，引發了連鎖銀行擠兌。金融恐慌不只在一八七三年衝擊搖搖欲墜的體系，也發生在一八八四年、一八九〇年和一八九三年[36]。

發展不完全的銀行和貨幣體係也阻礙美國的貨幣市場，使它無法擴張到能與英國抗衡的程度。金融記者沃爾特・白芝浩（Walter Bagehot）在一八七三年出版影響深遠的著作《倫巴德街：貨幣市場描述》（*Lombard Street: A Description of the Money Market*），談到在該書出版時倫敦銀行持有一億二千萬英鎊存款，而紐約只有四千萬英鎊[37]。白芝浩詳細解釋為什麼這很重要：如果一名商人用五萬英鎊自有資金一年賺取五千英鎊，他將獲得一〇%的回報。但如果同一名商人可以用自己的一萬英鎊以五%的利率借入四萬英鎊來賺取同樣的五千英鎊，那麼在支付利息後他將獲得三千英鎊，也就是三〇%的回報。他可以藉由槓桿操作他的資金來降低收費，增加貿易量，賺取更大的利潤，不但有助於擴大自己的生意，也有助於擴大國家的經濟。為了強化經濟機器，一個國家需要穩定的銀行體系，能以相對較低的利率提供大量資金。

美國的金融效率低下和經常發生金融危機相結合，刺激了再一次創立中央銀行的嘗試。催化劑出現在一九〇六年一場大地震撕裂了舊金山，造成三千人死亡，該市部分地區成為廢墟，並引發全球貨幣市場不穩定，因為外國保險公司爭搶現金以便支付加州的保險理賠。黃金大量流向這個破壞嚴重的城市，導致紐約的銀行準備金所剩無幾，無法發放新貸款[38]。全球的貨幣政策加劇了困境。黃金往往流向能獲得最高回報的地方，因此英國央行那年秋天升息的決定促使投資人把儲蓄轉移到倫敦，進一步耗盡美國銀行持有的資金。另一方面，英國央行指示英國的銀行切斷對美國公司的短期信貸，因為擔心這個年輕的國家已經經濟過熱。

在美國，資金突然變得難以取得，進而減緩了一直持續推動經濟成長和華爾街繁榮的借貸和支出[39]。當次年的關鍵轉折點到來時，這雙重的打擊使美國資本主義在不穩定的基礎上搖搖欲墜，這就是我們現在所知的一九〇七年恐慌。

恐慌在那一年十月拉開序幕。礦業商人兼投資人奧古斯都・海因茨（Augustus Heinze）、他的兄弟歐托（Otto）和商業夥伴查爾斯・莫斯（Charles Morse）嘗試壟斷海因茨的聯合銅業公司（United Copper）的股票。這個計畫是購買大量聯合銅業的流通股票，迫使賣空該公司股票的投資人以高價回補股票。這或許是個聰明的計謀，但還不夠聰明：合作者錯誤計算了他們需要多少股票才能掌握控制權。當其他投資人發現到所謂的軋空③失敗後，股價隨即暴跌。由於損失如此巨大，緊張的投資人開始從與融資者有關的所有銀行機構撤資。

紐約結算所藉由接管陷入困境的銀行並向它們提供貸款，阻止了最初的擠兌。但一連串受到影響的信託公司沒有資格獲得此類幫助，這類非銀行機構不屬於結算所系統的一部分。當焦急的存款人找上門時，它們只能向別處求救。

他們向後來創立摩根大通銀行（JP Morgan Chase）的約翰・皮爾龐特・摩根（John Pierpont Morgan）求助。摩根留著小鬍子、一頭白髮和球狀鼻子，被視為華爾街的道德領袖和元老政治家。一八九五年他為美國財政部籌劃了一次私人銀行救援計畫，並在新危機浮現時幫助協調對多家華爾街公司的紓困行動。救援行動有時候充滿戲劇性。有一次在金融危機特別危險的時刻，摩根把華爾街的主要銀行家鎖在他的私人圖書館裡，進行一場持續到凌晨的商議。在掛著佛蘭芒繪畫大師作品的深紅色錦緞壁紙背景下，他們擬出一項計畫，為了拯救更廣泛的金融體系而救援遭受重創的同行[40]。

但即使實施了銀行主導的救援計畫，企業還是倒閉，勞工失業，而且隨著融資條件惡化，經濟也受到影響。儘管包括約翰・洛克菲勒（John Rockefeller）在內的其他金融家在一九〇七年扮演了重要角色，但美國政界人士和政策思想家都看到摩根在救援行動中的核心地位，這個人挽救了銀行體系免於陷入更深的災難④。

恐慌及其後果刺激了變革的呼聲，並引起參議院金融委員會影響力強大的共和黨主席參議員尼爾森・奧爾德里奇（Nelson Aldrich）的關注。

六十六歲的奧爾德里奇一直是內戰後出現的國家紙幣系統的長期支持者。但一九〇七年後，一些貨幣改革的立法在政治上已無可避免，因此他決定把這個任務當作他畢生的職志。一九〇八年，他率領代表團前往歐洲考察歐洲大陸和英國的央行業務，在那裡中央銀行已經存在了幾百年。為皇室服務的瑞典中央銀行成立於一六六八年[41]，幾十年後英格蘭銀行成立。雖然英格蘭銀行仍然是私人銀行，但到了二十世紀初它已發展成為貨幣發行機構、政府的銀行和隱性的最終貸款人。這意味英格蘭銀行是一家在恐慌時期會保持現金流向商業銀行的實體，目的是確保短期擠兌不會扼殺體質良好的機構。十九世紀的金融記者白芝浩以解釋這項機能而聞名：央行必須在危機中向任何需要貸款的人提供貸款，以防止局勢失控。「目標是保持警惕。」白芝浩寫道：「如果人們知道英格蘭銀行正在積極推廣一種在承平時期被認為優質的證券，即在當時普遍獲得擔保且易於兌換，有償付能力的商人和銀行家的警報就不會響

③ 讀者可能熟悉這個術語。一百一十四年後，羅賓漢公司（Robinhood）的交易員也使用類似的策略來對抗作空遊戲驛站（GameStop）公司的機構投資人。

④ 在場的一位銀行家托馬斯・拉蒙特（Thomas Lamont）在他後來寫的書中回憶，摩根當晚扮演的角色是「現代麥地奇」（Medici），指的是憑金融力量主宰文藝復興時期佛羅倫斯的麥地奇家族。

起。但如果優質且通常可兌換的證券遭到英格蘭銀行拒絕，那麼警報就會響聲不止，其他已發放的貸款將無法回收，恐慌將越來越嚴重[42]。」

這顯示中央銀行可以做摩根大通在美國所做的事：藉由明確表示銀行可以獲得需要的資金以滿足提款和保持信貸流動，來避免銀行在恐慌中崩潰。

奧爾德里奇的考察之旅從歐洲系統性的方法中發現許多令人稱羨的地方，這些方法提振了人們對貨幣體系的信心，並使銀行能以少很多的資金運作。這位長期對央行的優點抱持懷疑態度的參議員，在倫敦、柏林和巴黎的參訪中找到了對央行的信任[43]。數十年來沒有央行的美國，終於要踏上貨幣體系中央化的道路了。

一九一〇年，趁著奧爾德里奇參議員對歐洲的理想典範仍然記憶猶新時，他在喬治亞州海岸附近的哲基爾島俱樂部（Jekyll Island Club）召開一次祕密會議，希望把考察小組的研究變成實際計畫。與會者——包括重量級銀行家保羅・沃伯格（Paul Warburg）和弗蘭克・范德利普（Frank Vanderlip）；一位名叫亨利・戴維森（Henry Davison）的財政部資深官員；哈佛大學經濟學教授皮亞特・安德魯（Piatt Andrew）；奧爾德里奇的私人祕書亞瑟・謝爾頓（Arthur Shelton）以及奧爾德里奇本人——宣誓保守祕密，並假借獵鴨子的名義離開紐約，乘坐奧爾德里奇的私人火車向南行駛。由於他們只用名字稱呼彼此，甚至對工作人員也未透露真實身份，因此在後來幾十年他們一直被稱為「名字俱樂部」（First Name Club）⑤。

這種祕密行為是出於冷靜的考量。當時奧爾德里奇要求金融業內部人士找出解決國家貨幣問題的方法，因為他們在這方面有既得利益[44]。大眾的反應很糟，他擔心這可能扼殺他剛萌芽的計畫。這預告了一個永遠會困擾央行的問題即將浮現。在一方面，眼前的問題很複雜，而且銀行家幾乎是唯一知道如何解決問題的人。在另一方面，允許銀行家或同情他們的人設計政策，將產生一個有利於金融業的體系，卻可能傷害更廣大的公眾。

等住進哲基爾島俱樂部的主樓一個由摩根本人確認沒有其他客人的地方後[45]，這六個人就開始為後來的聯準體系擘劃一份藍圖。他們構想出一個擁有十五個分支機構的中央銀行，擁有印鈔和銀行監管的權力，並可以在危機中為陷入困境的銀行提供救援[46]。每個分支機構將由其所在地區的成員銀行選出的董事會管理；規模較大的銀行將擁有較多選票，擁有更大的代表性。這些分支機構將持有貨幣準備、發行貨幣、支持短期商業債券市場、結算支票並保持資金在全國流動的權力。這些銀行家設計的不是政府的一個部門，而更像是一個由政府資助的私人機構，可以用來化解恐慌，並確保經常滯留在偏遠地區而在恐慌中卻遭到凍結的保證金中央化。

⑤ 美國信孚銀行（Bankers Trust Company）副總裁、也是摩根大通銀行親近的合夥人本傑明・史壯（Benjamin Strong）曾與這群人合作，也是該「俱樂部」的成員，雖然歷史學家對他是否參加哲基爾島祕密會議仍有爭議。

計畫完成後，哲基爾島的這群人返回家鄉，開始分頭與紐約的金融家、商業集團和西方銀行家接觸，說服他們在這個祕密構想的中央銀行中擔任職務[47]。哲基爾島會議的全部細節直到一九三〇年代才被公布，但人們隱約知道一些事情正在發生。利益團體開始推動他們的觀點：投資銀行高盛（Goldman Sachs）的創始人遊說像高盛這樣的機構能與中央銀行合作，因為當時新的中央銀行被設想為一家商業銀行合作社（接受存款），但把投資銀行（幫助企業融資和交易證券）排除在外[48]。

但哲基爾島的藍圖遇到了阻礙。到了一九一二年一月中旬正式宣布籌設綱要時，奧爾德里奇的政治支持率正在下降，原因是他持續支持不受歡迎的關稅帶來的拖累。更糟的是，他領導的共和黨不久後就失去對參議院的控制權。

權力轉移使得把粗糙的草案轉變成法律的工作落在卡特・格拉斯（Carter Glass）身上。格拉斯是維吉尼亞州民主黨人，曾任新聞記者，一九一三年成為眾議院銀行和貨幣委員會主席[49]。格拉斯與當選總統的政治學者、並曾任普林斯頓大學校長的伍德羅・威爾遜（Woodrow Wilson）共同支持和倡導《聯邦準備法案》（Federal Reserve Act）[50]。

從一開始新獲得權力的民主黨人就大肆批評奧爾德里奇的計畫。格拉斯在他最終的回憶錄中，把這個提議比喻為「一個為銀行服務、由銀行管理的中央銀行」，並抱怨奧爾德里奇的研究工作迫使美國納稅人為一家銀行和貨幣的圖書館買單，花費財政部超過十萬美元的公咎，「加上其他極其可觀的支出」[51]。但即使民主黨譴責由私人控制中央銀行的想法並抱怨共和黨的浪費，他們還是大量借鑑了奧爾德里奇的草案。哲基爾島的想法提供了一個深思熟慮的架構。一些歷史學家指出，這個架構也相對地去除了中央化，因此符合格拉斯更廣泛的政治哲學。這位維吉尼亞人長期以來致力於分散政府權力，以便保護南方的白人至上主義[52]。

即便如此，要民主黨人士承認最終的聯準會法案在主要方面類似共和黨的綱領是無法想像的。這是一個由銀行家擬訂的計畫，設想的是一套實際上由他們管理的系統，而且當時的公眾輿論正迅速轉向反對美國金融界的領導人。

等到一九一三年威爾遜上任時，國會和選民已開始把銀行業視為寡頭壟斷行業，權力集中在極少數人手中，且顧客因此而受苦。國會議員一直在公開調查所謂的貨幣信託（Money Trust），這是一個引起媒體關注的事件，並以一九一二年在一次聽證會上對摩根本人的質詢達到頂峰（這位年事已高的銀行家認為這個信譽汙點讓他感到無比痛苦，以至於他的家人把幾週後他的去逝歸咎於這件事）[53]。

在外界質疑金融業的氛圍中，格拉斯和威爾遜著手制訂貨幣改革計畫，總統堅持新央行必須由國家控制。他不希望地區準備分支機構自行運作並且主要為私人利益服務。「你們之中有哪位先生認為，應該由鐵路部門來挑選州際商業委員會的成員？」威爾遜在橢圓形辦公室與格拉斯和銀行家舉行的一次會議上嘲弄地說。他認為允許銀行監管美國的金融基礎設施同樣說不通[54]。聯準會法案的最終版本達成一個中間立場，把奧爾德里奇的銀行業控制和去中央化架構，混合了威爾遜偏好的國家控制實體。總統在同年耶誕節前夕（十二月二十三日）簽署了格拉斯策劃制訂的法案。

一九一三年創建的結構是當今聯準會的原型。該法案創造了一種新的國家貨幣，即聯邦準備紙幣，並要求屬於該體系的銀行持有當地聯邦準備銀行分行的準備餘額[55]。這些地區性聯邦準備銀行的家數將在八到十二家之間（法律規定細節將在不久後決定），並由持股的商業銀行擁有。金融區域劃分將由華盛頓的公共監督機構聯邦準備理事會進行協調，該理事會成員則包括五名總統任命的官員，並與貨幣審計長和財政部長合作[56]⑥。這套系統的目標是平穩貨幣流動的季節性中斷，藉由集中準備金和允許聯準銀行支持供應商和生產商協議擔保的短期貸款（稱為「真實票據」〔real bills〕）[57]，以確保在高需求時有足夠的資金。

新創立的聯邦準備系統初期的權力並不特別大，也沒有明確規範其穩定價格或鼓勵就業的職責，雖然它們後來成為其最為人所知的宗旨[58]。這個機構應該保護系統免於痛苦的恐慌，並在會員銀行需要現金以避免危機時，在有優質抵押品的條件下向會員銀行提供貸款，以保持信貸流動。它的目標還包括提升在全球貿易中很少被使用的美元的重要性[59]。大體上它的雄心抱負就到此為止。貨幣的發行必須與黃金和實際經濟活動掛鉤，其隱而未宣的職責則是藉由限制貨幣供應來防範通貨膨脹，支持投機性的股票或債券投資是不被允許的[60]。格拉斯在他的回憶錄中始終認為聯準會和歐洲那些央行不同，而是美國貨幣改革和組織的手段[61]。

這項立法的細節引起廣泛而激烈的爭議，以至於《紐約時報》在一九一三年耶誕節發表的一篇社論抱怨說，公眾的意見在聯準會架構設計上未受到足夠的重視。「在我們看來，這項措施以得到總統同意的形式頒布，是近代歷史上代議機構效率最驚人的明證之一。」該報以惋嘆、生氣、半嘲弄半認真的語氣說，格拉斯和威爾遜攫取了所有光環。支持改革的這位作者表示，新聞媒體、私人銀行家和商會「用武力、耐心、不斷嘗試和成功」推動了改革[62]。《紐約時報》的作者不是唯一對沒有搶到功勞感到憤怒的人，隨後的幾十年將有許多人聲稱聯準會的構想是源自他們寫的東西，並出版說法不一的著作來探尋聯準會制度起源的歷史。在一位耶魯大學歷史學家把中央銀行的創立歸功於某一位離譜的人物後，刺激格拉斯出於怨恨寫了一整本書。格拉斯的敘述對那位歷史學家和有關的書充滿了嘲弄，包括：「沒有什麼比得上它更適合用來裝飾立法發明的編年史。」關於聯準會起源的小爭論最終可以歸結為，美國央行是一個複雜的妥協方案，建立在各類人和群體的構想和利益上。聯準會從成立之初就是實踐一種可能性，而不是出於理念。

⑥ 附帶一提，該法案規定理事會成員每年的收入為一萬二千美元，以今日的美元計算約為三十四萬五千美元。今日的聯邦準備銀行總裁實際收入約為二十萬美元，他們的薪水沒有跟上通貨膨脹。

牽涉的利害關係方可能有很多，但它們並不分歧。這是一個為銀行和有權使用銀行的人服務的系統，而這在成立之初主要是指美國的白人、男性和有錢的公民。

聯準會的計畫通過立法後，被要求加入這個系統的國家特許銀行紛紛加入。據《紐約時報》報導，華盛頓國家準備銀行（National Reserve Bank of Washington）在威爾遜總統簽署法案之前十一分鐘，就已傳電報給威爾遜總統請求加入系統[63]。公眾的注意力轉向尚未解決的問題：哪些城市將設立準備銀行？

華盛頓無法避開的現實是，哪裡有利益，哪裡就有遊說，而在設立地區聯準銀行的立法尚未完成前，各城市就已開始爭奪設立地區性聯準銀行的榮譽和想像中的經濟優勢。

該法案要求財政部長威廉・麥卡杜（William McAdoo）、農業部長和貨幣審計長（三位民主黨人）指定八到十二個幸運贏家。早期的揣測認為他們會選擇紐約、芝加哥、波士頓、聖路易和匹茲堡，但從一開始顯然就有超過一打想成為聯準會的分行城市。總共有三十七個城市爭取設立地區聯準銀行[64]。一九一四年四月確定出線的十二個城市都是有政治重要性的銀行中心，此後一個多世紀儘管美國的人口和商業中心已經轉移，但這些地點未曾改變。奇怪的是，密蘇里州擁有兩家聯準會分支銀行，一家位於堪薩斯城、一家位於聖路易。另一方面，舊金山監管落磯山脈以西的所有七個州，加上夏威夷和阿拉斯加州（其他被選中的準備銀行地點是：紐約、波士頓、費城、克利夫蘭、里奇蒙、亞特蘭大、明尼亞波利斯和達拉斯，與現在相同）。

這些獲選的城市似乎達成了三個目標：把貨幣和信貸分散到銀行密集的東北部之外，滿足了銀行家和商界的要求，附帶獎賞了進步派的盟友。密蘇里州的意外賞賜就是一個好例子。聖路易是歷史上重要的準備城市，幾乎注定會設立一家聯準銀行，但能否讓資金流向更遠的西部很難確定。雖然奧馬哈（Omaha）和丹佛等地也在考慮之列，但尋找委員會的民意調查顯示，銀行家們更喜歡堪薩斯城，那裡是一個熱鬧的商業中心，夜生活場所欣欣向榮[65]。民主黨眾議院議長查普・克拉克（Champ Clark）和負責挑選城市的農業部長與密蘇里州關係密切，似乎也有幫助[66]。民主黨當家和位於南方的里奇蒙擊敗了巴爾的摩，後者因為左傾而較不可靠，通常左傾的州與北方關係較緊密。匹茲堡位於費城和克利夫蘭之間，它沒有獲選是因為區域利益的平衡，以及當時一些批評者所說的相對缺乏政治關係[67]。

麥卡杜和他的同僚深思熟慮地設計了他們的地圖，但也無法避免人們對結果的強烈抗議。紐奧良、奧馬哈、丹佛和巴爾的摩被剝奪設立準備銀行的機會引發的強烈反彈如此直接和嚴重，以至於挑選委員會必須為它的決定發表辯護聲明，責怪銀行家小題大作，聲稱設立準備銀行不會帶來多大的財務優勢。

該委員會在四月十日發表的聲明中抗議：「每一個擁有繁榮和進步基礎的城市都將繼續發展和擴張，無論是否有像這樣的準備銀行，而特別是熟知這件事的銀行家都知道這一點[68]。」

儘管爭議不斷，結果仍維持不變，聯準會隨即展開組織的程序。財政部長在初期經常主導聯準會理事會，自動承擔領導職權，並把該機構設置在華盛頓的財政部大樓。聯準會本身的領導人肩負建置機構的任務[69]。威爾遜向查爾斯・哈姆林（Charles Sumner Hamlin）推薦了聯準會的第一位正式領導人（當時就只是被稱為「總督」〔governor〕）。哈姆林是一位高效率的幕後政治操盤手，也是一位鮮為人知的律師和前財政部官員，想了解他有多少知名度可以從他一九三八年在《紐約時報》訃文版的欄位大小，比一位曾經出名的海軍少將的兒子還小窺見一二[70]。他和他的繼任者威廉・哈丁（William Harding）領導建立的聯準會積極參與向席捲歐洲的戰爭提供資金，作法是行銷戰爭債券和以低利率貸款給會員銀行，條件是銀行用孳息來購買政府債券[71]。當聯準會在一九二〇年開始行使一些自己的控制權和做決策時，它透過提高利率吸引黃金從國外回流以確保美元的準備，導致經濟突然深陷衰退和通貨緊縮[72]。

然而當時聯準會作為一個有組織的實體只是服務民選政府的目標和捍衛金本位，這種有限的角色將無法持續太久。隨著一九二〇年代到來，本傑明・史壯（Benjamin Strong, Jr.）崛起成為美國最有權勢的央行領導人，並開始改變他所掌控的機構的架構。

史壯曾是一九〇七年金融危機華爾街一位年輕的明星，也曾親自幫助摩根分析破產的信託公司的財務狀況。後來他成為名字俱樂部的成員，協助奧爾德里奇草擬聯準會的綱要。一九一四年他成為紐約聯準銀行的第一任總裁，當時他對擔任這個職位態度有點保留，因為薪資只有三萬美元（他八千平方英呎的曼哈頓公寓一年租金要一萬五千美元）[73]。儘管如此，最後他還是接受了這個職位，並且充滿幹勁。在他的領導下，紐約這個反華爾街倡議者原本希望透過去中央化的聯準會來削弱其影響力的城市，變成了新體系的核心⑦。

史壯是一位天生的領導人，他的祕書後來回憶說他是個「能一眼看穿你」的人[74]。他提出一個鬆散地協調各地區銀行所購買資產的系統，最終形成了公開市場投資委員會（Open Market Investment Committee），並由他擔任主席[75]。購買政府債券最初並不是地區銀行的重要機能：聯準會當時被期待協助在美國建立一個極短期借貸市場。但在一戰期間地區準備銀行小心地涉入長期政府債券的買賣，因為財政部需要為其債務尋找買家，而地區準備銀行後來發現它們可以利用購買政府債券為自己賺取報酬[76]。事實證明這種購買也為更廣泛的經濟帶來紅利。當地區準備銀行購買證券時，就增加了銀行資產負債表上的準備金（央行現金）。然後這些銀行用這些準備金來放款，因此當聯準會購買更多債券和短期票據時，就會有更多貸款流向消費者，經濟往往因而加速成長[77]。

當時在紐約聯準銀行擔任統計學家的蘭多夫・伯吉斯（W. Randolph Burgess）日後寫道：

⑦事實上，初始的目標有很多部分在這段期間被推翻了。中央銀行歷史學家艾倫・梅爾策（Allan Meltzer）在談到一九二三到一九二九年的章節中寫道：「聯準會制訂了比《聯邦準備法》草擬者所想到的、或比之前的作法更激進的程序，政策行動因此變得更中央化。」

「中央銀行的這種新冒險並沒有確實的歷史先例。這是歷史上首度有發行銀行可以針對整體經濟形勢來制訂政策。」

在史壯的領導下，聯準會開始進行總體經濟管理。它引導借貸成本的方式是以保持商業周期穩定，同時支持國際金本位為目標。

隨著聯準會在這段初始期間站穩腳跟，成為一個比威爾遜和格拉斯想像的更強大、由私人利益控制、以紐約為中心的機構，它也偶爾會招致批評。一位前貨幣審計長在《紐約時報》上發表一篇嚴厲的評論，譴責聯準會斥資二千五百六十四萬六千四百零九美元在紐約興建一座「富麗堂皇」的建築，並發誓這座建築將「讓古代的所羅門聖殿顯得相當廉價」[78]。事實上，紐約聯準銀行的預算面臨如此嚴格的審查，以至於它開始把五十個人的統計學家團隊稱為「報告部門」[79]。統計學家在當時聽起來很時髦。

儘管如此，聯準會整體上被認為是成功的。它最初的特許期限為二十年，但在一九二七年的《麥克法登法案》（McFadden Act）被永久化，逃過美國第一和第二銀行的命運[80]。「對聯邦準備系統效率的最佳讚頌是，自從該機構成立以來就沒有再發生恐慌。」當時該機構的擁護者之一馬里納・埃克爾斯在一九二八這樣告訴奧格登扶輪社（Rotary Club of Ogden）[81]。

儘管聯準會可能已贏得一些早期支持者，但美國第三次把貨幣體系中央化的努力即將遇上一些麻煩。一九二八年在聯準會政策的助力下，華爾街的投機活動十分猖獗，這一年年僅五十五歲的史壯去世。他的去世在一個錯誤的時刻製造了領導真空。官員們擔心他們的信貸政策正在助長蓬勃發展的股市，因而在那一年開始收緊政策以限制資金流動，儘管經濟並不是特別強勁。一九二九年初，聯準會理事會發布指導方針，禁止對股市放貸的銀行向其地區聯準銀行借款[82]。

聯準會先是寬鬆的貨幣政策、然後突然改變這種耐心的決定，在多大程度上為大蕭條舖路是長期以來歷史爭論的議題。被普遍接受的看法是，危機爆發後聯準會在控制危機上做得太少。

股市因而崩盤，地區銀行的恐慌開始蔓延，金融體系在一九三三年底幾近崩潰[83]。聯準會沒有協助經濟度過災難，而是專注於維持金本位[84]。政府需要以黃金擔保百分之四十的美元，通常這不會限制聯準會操作的能力，因為央行的黃金準備經常超過需要。不過全球利率差距可能改變這種狀況，進而吸引美國金庫中的黃金外流。其他國家較高的利率可能促使（或迫使）央行採取提高國內利率的政策，希望從海外吸引黃金回流。這正是大蕭條開始時發生的情況⑧。聯準會官員保持緊縮政策，壓抑貸款和支出，最初是為了阻止黃金流向法國[85]。

⑧ 前聯準會主席柏南克在一九九五年與人合寫的一篇論文中，記錄了針對兩次世界大戰期間二十四個主要國家的研究發現，「堅持金本位制與通貨緊縮和蕭條的嚴重程度之間存在密切關聯」。

道德理由也影響當時的政策。一些地區央行總裁認為，危機會淘汰脆弱的機構和魯莽的投機者，而由於聯準會發現自身對該如何因應危機陷於分歧，以至於未能協助陷入困境的銀行。隨著金融體系搖搖欲墜和經濟萎縮，貨幣變得十分稀缺而推升其價值，導致物價下跌。通貨緊縮壓垮了債務人，因為他們的欠款金額變得比他們透過企業或勞動力能賺取的收入高出許多。老羅斯福（Franklin Delano Roosevelt）總統推出一系列政策來阻止經濟崩潰，包括打破美元與黃金的掛勾、銀行放假，以及啟動聯邦存款保險。這些政策奏效了。但即便如此，長期的大規模破產和普遍的貧窮已經形成，導致失業率升高到約二五％。一直到第二次世界大戰動員後，這場危機才完全結束。

在此之前，聯準會將迎來變革，其中大部分是馬里納・埃克爾斯一手促成的。當時埃克爾斯已三十多歲，仍然臉色蒼白、身材苗條，並充滿熱情，他在進入一九二〇年末時正位於商業世界的顛峰。

他已經在這個資本主義世紀造就的王朝之一佔據了領導地位，而這個世紀的基石是建立在財富和創業之上，而非世系血統。他相信聯準會已經成功地穩定了金融體系，而且正如那個時代的經濟思想家所普遍接受的，商業周期已成為過去的現象。這是一個繁華榮景的新時代。

然後是一九二九年的股市崩盤，帶來了兒童餓死，無數家庭住在紙板棚屋裡的慘況[86]。埃克爾斯親眼目睹大量企業倒閉，面對裁員的艱難決定和自己必須勒緊褲帶，他發現懷疑已悄悄滲入自己的心智。

一九三一年，埃克爾斯在猶他州奧格登擁有的一家銀行驚險地逃過一場慘重的擠兌，而這個事件也為他接下來的故事定了調。這場災難始於八月的一個週末，當時埃克爾斯得知附近一家信譽卓著的銀行因為持續的全國通貨緊縮和經濟不景氣而陷於困境，他預料到了週一它將無法開門營業。這個消息似乎可能引發地方性的恐慌，因為投資人爭相撤出資金，這對埃克爾斯的商業帝國來說是個壞兆頭。奧格登是他經營的第一安全公司（First Security Corporation）[9]銀行網絡的中心，因此他知道如果災難襲擊此處，很可能波及他的其他銀行。

在危機開始前遏阻災難極其重要。他在週日召集幹部，要他們先打電話給在那家倒閉的銀行有戶頭的所有業務聯絡人，並向他們保證埃克爾斯的銀行隨時準備與他們做生意。他認為這應該能提振顧客信心，並在這種提款一定會發生的時候讓存款流入他的銀行。

這個計畫的第二部分聚焦在緊張的客戶。週一早上，埃克爾斯透過電報向外部帳戶發表一份聲明，解釋說第一安全公司已經知道即將發生的銀行倒閉，已經做好準備，並且「已做好滿足任何以及所有要求的充分準備」。

---

⑨第一安全公司最後被併入富國銀行（Well Fargo）。

然後是這齣戲的關鍵表演。埃克爾斯向他的員工發出明確指示，告訴他們如何在這個關鍵的週一採取行動：「繼續處理你的業務，就好像沒有發生任何異常情況。微笑，保持愉快，談論天氣，不要表現出恐慌的跡象。重擔將落在你們儲蓄部門的人。今天我們將使用所有四個窗口，而不是平常使用的三個窗口。他們必須隨時有人當班，因為如果這家銀行的任何出納員或職員的窗口關閉，即使是很短的時間，也會引起更多的恐慌。我們會把三明治送進來，所有人不能外出吃午餐。」

他說，人們會成群結隊進來提領現金。出納員將付給他們每一筆錢。但他們處理的速度將很慢、很慢、很慢。目的是避免耗盡銀行的資金，因為銀行的資金太少而無法滿足所有客戶的需求。

正如埃克爾斯的預料，擠兌發生了。銀行門外大排長龍，出納員以蝸牛般的速度遞出錢，並熟練地數著鈔票。埃克爾斯可以看到顧客等待時臉上僵硬的皺紋，他可以感覺到他們聲音中的緊張。當銀行的現金從地區聯準銀行分行送來時，埃克爾斯把帶來現金的聯準銀行員工拉到銀行櫃檯。

「等一下！」他一邊說，一邊等待大廳裡安靜下來。他發表一篇簡短的演講，解釋為什麼屋子裡瀰漫著恐懼是不必要的。

「有些存戶的興奮或明顯的恐慌態度是毫無道理的。正如你們大家看到的，我們剛從鹽湖城運來大量的錢，可以滿足你們所有的需求。鹽湖城那裡還有更多錢。」

他沒有提到聯準會的現金既不屬於他的銀行，而且他的銀行也要不到。這是小細節。他向他的客戶指出這位聯準銀行員工，甚至請他說幾句話。

這種表演技巧以及他承諾銀行當天會營業到很晚，以便每個想要錢的人都有時間提取，終於讓群眾放心了。許多人仍然排著隊，但氣氛改變了。

第二天一早埃克爾斯就打開銀行大門。他沒有告訴出納員慢慢支付現金，反而要他們比平常更快地支付現金。沒有人需要排隊，完全不需要。那天顧客看到的是幾乎空蕩蕩的銀行，裡面的員工平靜地處理自己的事情。儘管銀行支付的金額遠高於週一，但沒有任何異常跡象。

埃克爾斯後來回憶道：「週二顧客們走進銀行門口，偷偷環視大廳，看到一切都很平靜就走開了。」他沾沾自喜地補充道：「那次擠兌就這樣結束了。」

這件事是銀行業恐慌的教科書案例：信心。透過安撫存款戶，就像摩根大通曾經透過支持陷入混亂的銀行所做的那樣，埃克爾斯得以維持他的金融機構的營運。雖然這個事件的戲劇性很難證實，但埃克爾斯在大蕭條期間的壯舉為他贏得了全國的注意。

埃克爾斯是西部最富有的人之一，到一九三〇年代，他藉由從銀行業到甜菜糖等各式各樣的事業積累了為數不明的巨額財富。在大蕭條最黑暗的日子壓垮他大部分同行後，他仍然屹立不搖。基於這種聲譽，華盛頓的政治人物紛紛針對美國經濟遭受的災難尋求埃克爾斯的專家意見。

當他們求教於他時，他們發現這個人的觀點竟然與人們對一位頂尖資本家的期待截然不同；事實上，甚至不同於他本人幾年前所擁護的觀點。大蕭條刺激埃克爾斯的深切自省，而這是他的傳教工作從未激發過的。歷經巨大的壓力和長時間的憂慮後，他得出的結論是他父親經濟學的核心原則在這個時代不管用。如果他作為一個企業主在面對壓力時埋頭苦幹、停止支出、停止放款、審慎經營，那只會讓每個人的情況變得更糟，製造出一個資金換手減少、經濟活動趨緩的惡性循環。這是任何牟求自利的私人公司無法扭轉的局面，埃克爾斯開始相信現在經濟學教科書所教導的「節儉悖論」（paradox of thrift）。

「一場全面的經濟崩潰顯示出，在過去所實踐的『節儉』可能相當正確，但在今日這個時代，如果過度的節儉可能對整個國家造成巨大危險。」埃克爾斯回憶道。他已經相信，只有一種力量可以把經濟從這種危險拯救出來，那就是政府。

當埃克爾斯前往國會山莊為當前的危機作證時，他是表達這種觀點的幾位商人之一，而且是直言不諱的。他主張自己新發現的信念，很類似於後來人們習知的凱因斯學派理論；當時已經出名的經濟學家約翰・梅納德・凱因斯（John Maynard Keynes）幾年後以書面發表了他的觀點[87]。埃克爾斯在一九三三年的國會作證時問：「是否有必要維護政府的信用到讓數以百萬計的人在這片極其富饒土地上過著飢餓生活的程度？」[88]。

埃克爾斯在作證時提出的一項五點支出計畫建議，將為小羅斯福（Franklin D. Roosevelt）擬訂新政（New Deal）所需的資訊奠定基礎。他對聯邦政府應該採取強力應對措施的主張引起總統的注意，當時幾乎所有人都呼籲平衡預算，包括小羅斯福本人，埃克爾斯因而獲得財政部的一項短期任命。

但羅斯福對這位猶他州人有不同的打算。八月的某個大熱天在華盛頓的一次白宮會議上，財政部長低聲向埃克爾斯提出的一個想法讓埃克爾斯大吃一驚。總統正在考慮任命埃克爾斯為聯準會主席。「我生平第一次說不出話來。」埃克爾斯後來回憶道。這可不是那種震驚的沉默。埃克爾斯對聯準會在大蕭條之前在穩定金融體系上扮演的角色十分讚賞，但大蕭條大大損害了聯準會的聲譽。對埃克爾斯來說更重要的是，與地區聯準銀行比較，位於華盛頓特區的理事會權力很小。為了表明這已是明確的決定，這個職位已經空出來，現任的主席尤金・布萊克（Eugene Black）已經辭職，將轉而領導亞特蘭大聯準銀行。一九三三年通過的立法賦予理事會批准貨幣政策計畫的權力[89]，但理事會無權自行擬訂計畫。地區準備銀行的高層官員可以擬訂計畫，然後把計畫提交給理事會批准，因此這是一套笨重且功能不彰的系統。

埃克爾斯認為，權力分散使紐約金融利益集團得以透過紐約聯準銀行對國家經濟政策施加巨大影響力。

他的興致不高。

「私人利益透過聯準銀行發揮影響力，使這套體系變成只為私人利益服務的有效工具。」埃克爾斯回憶。一個月後，羅斯福親自要求他接受這個職位時，他對總統說：只有能從根本上改革聯準會，他才會接受。

總統要埃克爾斯擬出一套計畫。

就這樣，在協助激發美國有史以來最雄心勃勃的一項公共工程項目（贏得財政政策、政府稅收和支出工具的勝利）的幾年後，埃克爾斯又協助改寫了美國中央銀行的規則。

埃克爾斯協助制訂的《一九三五年銀行法》，有時候被稱為聯準會的「第二次創立」[90]。這次改革把權力從私人準備銀行手中拿走，集中到由總統任命、設於華盛頓的理事會，即現在正式稱呼的聯邦準備系統理事會。過去被稱為總督的地區領導人名稱被降級為總裁，理事會領導人被改稱為「主席」，所有七位理事都將在制訂利率的聯邦公開市場委員會投票。當時年邁的參議員卡特・格拉斯設法為他心愛的地區準備銀行保留了五個投票席位，其中包括紐約固定的一席，但公共任命的席位現在已佔多數[91]。

美國對中央銀行的實驗長期以來就是如何在政府的集中控制和銀行家的分散控制之間求取平衡，而一九三五年的改革則使天秤大幅向公眾傾斜。

另一方面，這次改革開始確立央行獨立於更多政治機構外的地位。會議地點從財政部轉移到華盛頓特區憲法大道上的一座新建築，該建築與被稱為國家廣場的一片草地和紀念碑平行。審計長和財政部長失去了聯準會決策桌的席位。

一九三六年，埃克爾斯在華盛頓入主聯準會，成為第一位取得「聯準會主席」職銜的人。但美國仍然問題重重，分析師估計失業率可能高達一七%，嚴酷的情況使得經濟政策領域的改變備受人們注意。

《時代》雜誌在當年的封面報導中說：「許多人相信馬里納・埃克爾斯是美國免於災難的唯一希望[92]。」

第四章 聯準會的第二幕

在聯準會創立時，支持者和反對者都知道有一個首要問題：聯準會是被自利的銀行家所把持，還是被自利的政客所控制？

——艾倫・梅爾策（Allan H. Meltzer），《聯準會歷史》（*A History of the Federal Reserve*），第二卷第一冊，一九五一至一九六九年

在《時代》一九五一年宣稱馬里納・埃克爾斯是美國避免災難的唯一希望很久後，他開始相信自己可能真的可以在拯救國家上扮演關鍵角色。當時的情況與十五年前幾乎相反。埃克爾斯引導美國經濟度過大蕭條後痛苦的歲月，並協助金融體系度過第二次世界大戰，使經濟成長完全擺脫長期低迷的狀態。即便如此，在進入一九五〇年代時，他還是一位自負的傳奇公務員。

一九四八年一月下旬，哈瑞・杜魯門（Harry Truman）總統拒絕再度任命埃克爾斯為主席，這讓埃克爾斯和華盛頓的其他人大感驚訝。這個決定似乎是倉促決定的，其動機在經濟政策圈中仍然是一個長期未解的謎團。被罷黜的埃克爾斯選擇繼續留在聯準會，因為主席也擁有聯準會七個理事席位之一，理事的任期比領導職位長得多。埃克爾斯在回憶錄中引用了一首古老的蘇格蘭民謠來表達他決定留下來的感受：

「我受了一點傷，但沒有被殺死；
我只會躺下來流血一會兒，
然後我會站起來再次戰鬥。」

杜魯門的白宮並沒有意識到接下來會發生什麼事。

埃克爾斯職涯的下一步將開啟聯準會歷史上的關鍵時代。在從一九五〇到二〇〇〇年的半個世紀裡，聯準會將變得更獨立於白宮、更專注於對抗通貨膨脹，並且越來越由經濟學家和經濟理論主導，而不是抱持特定信念的工業界人士。在這幾十年裡，央行也將變得更強大。

在埃克爾斯還擔任主席時，變革的種子就已播下。那是一場關於通貨膨脹的辯論，本質上它是與聯準會在戰後秩序中扮演什麼角色有關的鬥爭，其結果將鞏固他的政治遺緒。

到了二十世紀中葉，戰後和平協議和歐洲遭受的破壞，都使美國穩坐全球地緣政治的領導地位。在升高的生育率、崛起的中產階級、女性進入勞動市場以及美國黑人移民到北方工業城市的推動下，美國經濟強勁成長。從底特律到匹茲堡各地，工廠源源不絕地生產美國生活的新必需品：汽車和收音機、鋼鐵和洗衣機。

聯準會藉由促進借貸和支出來助長經濟的飆升，但這是在公眾目光之外悄悄進行的，貨幣供應量不再像二十世紀初那樣成為議論的中心。當一般大眾想到聯準會時，通常把它視為一個技術官僚實體[1]。

在大蕭條後的大部分時間裡，聯準會一直致力於協助維持低利率，以便政府能為第二次世界大戰提供資金。但到了一九四〇年代末期，埃克爾斯和他的同事們開始渴望利用聯準會的貨幣權力，來遏阻一場高通貨膨脹的突然爆發。不過，聯準會不受民選政府干預而獨立引導經濟情況的權力仍然不明確，事實證明，提高利率不受政府歡迎。

杜魯門的白宮口口聲聲說要控制物價上漲，但真正算數的是它的行動。政府做出會加劇通貨膨脹的政策改變，即提高工資和實施價格上限，並停止對超額利潤徵稅。埃克爾斯後來寫道，在有關聯準會政策上，杜魯門的財政部「長期在任何季節都偏好廉價的資金」[2]。政府不希望聯準會因為提高利率而使政府舉債變得更加昂貴，而在讓埃克爾斯從主席的職位下台並任命他的繼任者托馬斯・麥凱布（Thomas McCabe）①前，聯準會一直抱持提高利率的立場。

杜魯門總統和財政部長約翰・斯奈德（John Snyder）希望聯準會繼續戰時的作法，把政府債券利率維持在較低水準，就是所謂的緊釘（pegging）政策。

在戰爭期間擔任聯準會主席的埃克爾斯，願意透過購買政府證券來控制利率②。他向來認為在危機時期與財政當局合作是聯準會的職責，儘管這種作法限制了聯準會控制物價的能力。不過，他認為這種作法不應該是永久的狀態。埃克爾斯認為，刺激經濟的貨幣和政府支出政策應該保留到緊急需要的時候。

到了一九五〇年初，埃克爾斯和他在聯準會的同事開始堅信，在相對繁榮時期（正如美國當時正在進入的時期），經濟政策應該變得更嚴格。大蕭條已成為遙遠的記憶，經濟正在強勁成長。隨著韓戰的爆發和加劇，聯準會發現自己面臨可能被迫展開新一波購買政府債務，持續進行今日熟知的貨幣性融通（monetary financing），即使物價正在上漲。

根據埃克爾斯的說法和當時的紀錄，聯準會向立法者和白宮提供了一連串選項，可以讓央行以漸進的方式控制通膨，避免面對痛苦的崩潰風險。這種友好的姿態並沒有打動白宮，或是正迅速變成埃克爾斯死對頭的國務卿斯奈德。根據大部分時間在場的一位聯準會幕僚經濟學家所寫的報告，杜魯門和斯奈德是「民粹主義者，他們相信利率是由銀行而不是供需的市場力量決定的」[3]。政府的拖延導致價格繼續上漲。基於德國和義大利在兩次世界大戰期間的經驗，在失控的通貨膨脹被認為可能引發動亂的時代，這是一個令人擔憂的發展。伊利諾州民主黨參議員兼經濟學家保羅・道格拉斯（Paul Douglas）一九五一年在參議院說，通貨膨脹「已藉由消滅中產階級為歐洲大陸的法西斯主義和共產主義鋪平道路」[4]。

該年一月情況已演變成危機。財政部長斯奈德在十八日的午餐會上公開宣布，政府的長期利率將保持在二・五%，並暗示聯準會已同意此一計畫[5]。但聯準會並未這麼做。新上任的聯準會主席麥凱布認為，他要是公開違背這項宣布就不得不辭職。結果是埃克爾斯——諷刺的是他因為被降級而獲得自由——回答了國會議員有關斯奈德的宣布的問題。他公開反對這項宣布[6]。

一月三十一日，杜魯門加大賭注，把整個聯邦聯邦公開市場委員會召集到白宮，並向他們施壓要求按照他的命令制訂政策，這是第一次、也是最後一次發生這種訓斥事件。會議結束後，杜魯門和他的財政部向媒體宣布，央行官員已同意維持財政部的融資安排[7]。總統甚至給聯準會主席麥凱布發了一封信並很快向媒體公布，杜魯門在信中要求麥凱布「向你們所有

---

① 埃克爾斯最初以為他丟掉職位是因為他在監管銀行業者泛美公司（Transamerica）時過於激進，而且該銀行曾遊說解僱他，後來他又猜想可能是他的貨幣政策立場。儘管《紐約時報》在他的訃聞中把他與白宮的分歧歸咎於通貨膨脹問題，但真正的原因一直不清楚。

② 這類購買不是直接的。當聯準會購買債券時，它是從專門指定的銀行購買，這些銀行以獲得「準備金」、即存放在央行的存款作為交換。

成員轉達我對他們合作態度的熱烈讚賞」[8]。問題是，聯準會再次不同意這種合作。杜魯門政府只是虛張聲勢，嘗試脅迫央行就範。

臉色鐵青的埃克爾斯決定該是時候以更戲劇性的方式來主導這件事了。這不是《時代》預見他將面臨的惡戰，但仍然是一場災難。他召見了理事會的祕書，要求提供一份委員會內部會議紀錄的副本。然後他把一位最喜歡的記者叫到他住的酒店，安排讓他在《紐約時報》上發表一篇文章，同時也分發給《華盛頓郵報》和《華盛頓晚星報》（*Evening Star*）[9]。美國最著名報紙的報導都揭穿政府的這個謊言。

埃克爾斯的聯準會同事對他公布這份文件感到驚訝，但他後來回憶道，他們只能決定要保持沉默或表示支持。聯準會已開始接受把對抗物價不穩定作為其職責的重要部分，而白宮卻百般阻撓。

埃克爾斯在第二天的緊急會議上對他的同事說：「如果我們在這項任務上失敗，歷史很可能會記錄我們在很大程度上幫助摧毀了我們為了保護這套體系的努力。」接著他提到就在幾年前的一九四六年《就業法》規定的一系列職責，包括規定聯邦政府不只應該促進就業最大化，也應保護購買力[10]。「如果國會反對我們的行動，它可以改變法律；但在此之前，我們有明確的責任來抑制通貨膨脹。」

即將領導聯準會的財政部助理部長小威廉・麥克切斯尼・馬丁（William McChesney

Martin, Jr.）意識到自己失敗了，他與聯準會理事會的幾位成員協商達成妥協，聯準會同意只會逐步撤回對政府債券市場的協助。一九五一年三月四日，這兩個機構發布了現在所謂的財政部—聯準會協議（Treasury-Fed Accord），宣布聯準會將停止支持政府債券發行。該份文件奠定了貨幣政策獨立的基礎，使聯準會得以擺脫政治支配。

在埃克爾斯任職期間發生了另一個重大變化：美國和世界已經從金本位制轉向一個新的貨幣體系。

美國幾乎在整個歷史中都使用黃金作為其貨幣的至少部分基礎，偶爾會暫停使用，並且在一九〇〇年正式採用金本位制。這套制度一九一三年通過《聯邦準備法》後仍然保持不變，只是要求央行維持相當於其發行貨幣四〇％的黃金持有量[11]。然而在大蕭條和隨後動盪的幾十年中，這個比率變得難以維持。在一九三三年的金融崩潰期間，隨著驚慌失措的消費者紛紛囤積相對安全的黃金，以及外國持有者把資金撤出陷入危機的美國，許多黃金從金庫中流出。小羅斯福政府首先終止債權人要求以黃金償還的權利，然後採取一系列行動把黃金庫存國有化[12]。一九三三年和一九三四年的立法賦予總統決定黃金價格的權力：一九三三年的黃金價格為每盎司二〇・六七美元，到一九三四年提高為每盎司三十五美元，以促使美元貶值和對抗大蕭條時期的通貨緊縮。

其他國家也在一九三〇年代暫停金本位制，並且在一九四四年有四十四個國家的代表聚集在新罕布夏州的布列敦森林（Bretton Woods），制訂了一項全球貨幣治理的新計畫，以促進二戰後的合作和成長。當時仍擔任聯準會主席的埃克爾斯代表美國出席，凱因斯則代表英國出席。儘管對政府在遏制危機方面的角色有相似的理念，但他們卻互相憎恨。據說凱因斯曾說：「難怪這個人是摩門教徒。沒有一個單身女子能忍受他。」（值得注意的是，埃克爾斯雖然自稱不是一個好丈夫，但他並不是一夫多妻制者，而且摩門教會也禁止這種作法[13]）

從布列敦森林會議產生的是一套各國貨幣可以按設定價格兌換美元、而美元可以按設定價格兌換黃金的體系，因此美國必須調節美元的全球供應量以維持理想的價值[14]。這套體系把美元與黃金的掛勾維持在三十五美元兌換一盎司黃金，但在這套體系完全運作後，有時候它會限制聯準會操作的能力[15]。

當埃克爾斯於一九五一年辭職時，他已經在幾項事蹟上發揮了關鍵性的作用，包括鞏固聯準會在華盛頓的權力、建立獨立於白宮和財政部的貨幣獨立性，以及建立正式把美元置於位居全球金融體系中心地位的新貨幣標準。

維持布列敦森林體系的黃金可兌換性，並非聯準會在二十世紀中葉美國制訂貨幣政策時唯一關心的問題。一九四六年，國會宣布政府有責任「使用一切可行的手段」，促進「就業、生產和購買力的最大化」。埃克爾斯在與白宮的鬥爭中引用這項法律，為聯準會作為一個獨立機構並承擔其兩大職責的早期版本。威廉・麥克切斯尼・馬丁一九五一年從財政部轉任聯準會主席，他的央行在一九五〇年代一直把這項法律視為一項平衡低失業率以及緩和物價上漲兩大目標的指令。

馬丁本人認為聯準會應該在社會中只佔有一個小地位。聯準會在他任職期間停止購買長期債券，以減少在市場中的角色。它轉向一項只強調購買短期債券的政策，而這個政策基本上一直持續到二〇〇八年。[16]

不過，馬丁的同事不盡然同意他對聯準會的社會地位的卑微看法。大蕭條時期失業率居高不下的痛苦記憶揮之不去，馬丁帶領下的政策制訂者優先考慮的是，盡可能創造強勁的就業市場。他們開始嘗試「購買」更多的就業，允許通膨略微上升，但未藉由調整貨幣政策果斷地抵消通膨。[17] 歷史學家後來得出結論，他們的推升通膨最終過了頭。

進入一九六〇年代中期時的生產成長表現相當不錯，通貨膨脹率較低，失業率逐漸下降。經濟學家作為一種職業曾經只獲得與會計或保險類似的尊重，現在開始受到重視。《時代》雜誌在一九六五年宣稱，經濟學家已「大量走出象牙塔」，現在「自信地坐在政府和商界幾乎每個重要領導人身邊」。[18] 隨著專業技術者掌權，官員們開始相信他們可以用更像外科手術般的精確來指導經濟。卡內基美隆大學（Carnegie Mellon University）經濟學家兼聯準會歷史學家艾倫・梅爾策在二〇〇九年出版的書中寫道：「這種選擇被視為一種社會判斷（social judgement）。以對現金餘額加徵微小的稅為代價，社會可以僱用更多的人，特別是邊際生產力、教育程度和技能皆低的人。」

經濟學家兼歷史學家邁克爾・博爾多（Michael Bordo）更簡潔地總結了主導那個時代的凱因斯學說：「通貨膨脹的福利成本被認為低於失業成本[19]。」

由於失業率跌至四・五％以下，主席馬丁希望升息，但他的同事反對。一九六五年十二月在失業率接近四％的情況下，他想說服政策制訂委員會提高重貼現率，七位理事中有三位表示反對，認為在通膨沒有進一步上揚前，這個決定「為時過早」[20]③。

次年價格漲幅開始走高，近十年來首次大幅穩定上升至二％以上。馬丁的同事們堅信，實現充分就業意味把失業率降至四％，並致力於達到這一目標，所以他們繼續抗拒升息。那個時代的央行在思想上仍然缺少章法：官員們沒有做官方經濟預測，沒有解釋整個經濟中物價上漲的原因，也沒有任何議定的明確框架來權衡利弊得失。在由此產生的混亂中，他們讓價格連續多年上漲，而沒有強力抑制這個趨勢[21]。在馬丁的領導下，對物價快速上漲的緩慢反應是他第一個、也是較小的錯誤。第二個急迫的錯誤發生在一九七〇年之後，當時亞瑟・伯恩斯（Arthur Burns）取代馬丁出任聯準會主席。

理查・尼克森（Richard Nixon）總統向伯恩斯施壓，要求在一九七二年的大選前寬鬆經濟，總統的錄音後來明確顯示這件事。在一次生動的私人電話交談中，尼克森鼓勵伯恩斯帶領他的央行同事降低利率。總統建議說：「只要稍微踢一下他們的屁股就行了[22]。」儘管通貨膨脹迅速，伯恩斯仍然壓低借貸成本，以至於貸款和支出沒有受到重大抑制而持續成長。災難的舞台已經搭好。許多經濟學家現在認為，寬鬆的貨幣政策助長物價攀至最高水準，特別是在政府多年來投入資金於越南，以及扶貧的新社會計畫助長了供需失衡的情況下。

尼克森試圖用他自己的政策工具來解決這個問題。隨著通貨膨脹加劇，為了提振國內製造業，總統在一九七一年八月十五日宣布經濟改革，目標是遏阻物價快速上漲和提振國內就業市場。美國將暫停任何形式的美元匯價與黃金掛勾的作法，並且將凍結薪資和物價，並對進口課稅。

所謂的尼克森震撼是黃金與全球貨幣體系掛勾的垂死掙扎，為貨幣跟隨國家政策和市場力量波動的時代打下路基。儘管是出於必要，切斷黃金錨定導致美元在全球貨幣市場上的價值下跌。尼克森實行的價格凍結為日後帶來更多麻煩，然而這些措施沒有阻止通貨膨脹，只是推遲了它[23]。一九七三年的石油禁運正值凍結物價的措施結束，因而進一步推升物價大漲，而且到了一九七九年的第二次石油危機時仍然居高不下。到了一九八〇年代初，物價攀升速度已達到雙位數。

③ 從技術角度看，重貼現率是聯準會向商業銀行短期放貸的利率，而聯邦資金利率則是是銀行相互間收取的利率。重貼現率是一九七〇年代中期之前溝通政策的主要工具，理事會仍然設定重貼現率，但隨著時間推移，它的重要性降低了。今日聯邦資金利率是首要政策利率，用於指導整個經濟的信貸成本。

現在的主流觀點認為，短期通膨並不能歸咎於聯準會，但當時卻是央行的不作為才使定期出現的物價飆升成為美國經濟的特徵。由於聯準會未能採取果斷行動遏阻快速通膨，導致勞工開始預期物價上升，並要求每年提高工資，企業則不斷提高價格以支付持續上漲的薪資。不穩定的局勢看不到結束的跡象，這侵蝕了儲蓄，也使公司和家庭難以做計畫。後來被稱為「大通膨」（Great Inflation）的現象是二十世紀下半葉歷史的關鍵因素，這個錯誤此後一直困擾著央行官員，並影響他們的政策決定。

一九七九年保羅・伏克爾（Paul Volcker）出任聯準會主席，那一年通貨膨脹率上升至一〇%以上。伏克爾是一位來自紐澤西州提內克（Teaneck）、身材高大的經濟學家，他主導了一場把利率推高至近二〇%的運動，目標是控制物價上漲。據說建築商寄給他一塊二乘四英吋的木材，因為他的政策使抵押貸款變得如此昂貴，導致住宅建築業難以為繼，以至於無法再使用木材來建造房屋；汽車經銷商則把他們滯銷汽車的鑰匙寄給聯準會。

伏克爾領導的聯準會制訂的抗通膨政策，造成美國陷入嚴重經濟衰退，失業率飆升至一〇・八%的高峰，直到二〇二〇年才再度出現這麼高的水準。世界各地的人們也在這種調整中付出代價，但也停止了花錢。這使得供應增加，價格下跌。

在實施這種緊縮政策時，伏克爾的聯準會短暫地實行了他後來所稱的實用貨幣主義。他沒有正式提高利率，而是從銀行體系的準備下手。米爾頓・傅利曼（Milton Friedman）和安娜・施瓦茨（Anna Schwartz）在一九六三年出版的書中指出，貨幣供給是美國經濟結果的主要驅動力。雖然傅利曼的思想剛開始沒有流行起來，當時仍由凱因斯學說佔主導地位，但由於正統學說未能解決當時人們關心的通貨膨脹問題，因此傅利曼引起人們的關注。伏克爾後來在一次採訪中解釋說：「在我看來，有一種常識性的觀點認為，通膨是太多錢追逐太少商品。你可能把它過度簡化，並說通膨只是一種貨幣現象……因此，我想我們可以用這種方式更清楚地解釋必須採取哪些措施來阻止通膨，而不只是說我們必須提高利率[24]。」

更直白地說，把利率推到如此高的水準將很難向公眾和國會解釋。藉由專注於有多少資金流入系統並說「市場」正在設定利率，伏克爾可以避開一些指責，同時仍然採取他認為必要的措施來應對通貨膨脹。

伏克爾有充分的理由擔心大眾的想法。從一九七〇年中期開始，甚至在聯準會開始採取特別強力的應對措施前，國會議員就痛恨聯準會為了追求穩定的物價而抑制商業和造成失業率上升。他們透過立法來表達這一點。一九七五年國會通過一項決議，明確指示聯準會以「就業最大化、物價穩定和適度的長期利率為目標」。一九七七年，國會把現在所謂的聯準會的雙重職責寫入法律[25]。來自明尼蘇達州的民主黨參議員、也是詹森政府副總統的休伯特・韓福瑞（Hubert Humphrey）還進一步在《充分就業與平衡成長法案》推動相關法律。韓福瑞在一九七八年去世，但該法案不久後獲得通過，制訂了一系列崇高的目標：成人失業率不應超過三％，通貨膨脹率應低於三％並繼續降低，如果存在優先順序的疑慮，就業目標應該優先[26]。

伏克爾沒有實現這個雄心勃勃（而且可能不切實際）的目標，因為他無情地推高利率，減緩了需求，並在追求穩定的物價中犧牲了人們的就業。一九八二年的平均失業率為九・七％，高於大衰退期間最嚴重年份的平均失業率。批評者認為，聯準會對價格壓力的攻擊無異於在一場階級戰爭中選邊站，因為美國的勞動群眾失去了工作，而高利率則幫助資本所有者獲取利潤。批評者認為，聯準會藉由選擇穩定通膨而選擇保護現狀，即有錢人或擁有債權的人發現錢保住了價值，而那些經濟能力才剛起步的人則無法借錢蓋房子或創業。記者威廉・格萊德（William Greider）在他一九八七年出版的《聖殿的祕密》書中寫道：「以穩定之名，捍衛過去，否定未來。」

伏克爾在國會聽證會上受到猛烈抨擊。依照韓福瑞－霍金斯（Humphrey-Hawkins）法案，國會聽證會每年必須舉行兩次。伏克爾也導致吉米・卡特（Jimmy Carter）連任失敗④。一九八三年一位參議員在國會山莊表示，他的同事幾乎把所有事都歸咎於伏克爾，除了「皰疹和放棄巴拿馬運河」以外，然後諷刺說「但我們的聽證會還沒完沒了」[27]。伏克爾比較像是個獨裁者而非共識凝聚者，而且他的聯準會刻意隱祕行事，這些都對他的目標沒有幫助。國會議員經常認為他的權力和隱私是一個不討喜的組合。伊利諾州民主黨人弗蘭克・安農齊奧（Frank Annunzio）曾告訴這位聯準會主席，他「會成為一名很優秀的戰俘」，因為他「不會告訴敵人任何事」[28]。

在伏克爾任職期間和下台後幾十年裡，隨著通貨膨脹緩和、成長趨於穩定，以及他的決策對生活和生計的傷害逐漸消失，公眾輿論和經濟共識都發生了對他有利的巨大轉變。許多研究者現在認為，他讓經濟度過了一段痛苦時期，為數十年的穩健成長奠定了基礎。在常被稱為「大穩定」（Great Moderation）時期的一九八〇年代後期和一九九〇年代，失業率穩步下降，生產力開始上升，有關聯準會是否錯誤設定優先順序的爭議基本上消失了。通膨減緩被經濟學家和政治家視為勝利，伏克爾從當年的惡棍翻身成為歷史英雄。

事實上，一九七〇年代和一九八〇年代的物價大跌，確保了聯準會在國家經濟秩序中的最高地位。在埃克爾斯的時代，貨幣政策被視為次要權力，有助於刺激或抑制邊緣性的成長，同時經常可以扮演國會的財政支出和稅收權力的後盾。在馬丁和伯恩斯任內，這種聲譽仍未改變，聯準會與白宮和國會保持合作，並以有限的方式行使自主權，或者有時候不行使自主權。伏克爾對通貨膨脹的攻擊把聯準會的貨幣權力推到經濟管理的最前線，並且明確展現央行可以自行選擇經濟的近期走向。政府開始把通膨和總體經濟指導視為聯準會的主要工

④ 伏克爾在他的回憶錄中回憶這件事時寫道：「我在多年後與卡特一起釣魚，我問他是否認為聯準會的貨幣政策讓他輸掉了一九八〇年代的大選。當他說『我認為還有一些其他因素』時，他的臉上帶著苦笑。」

作，而不是一個民選官員和央行技術官僚合作的事務。

這種轉變是務實的。尼克森的努力展現出，至少在這種情況下，央行比民選政府更有能力抑制通貨膨脹。這也可以當成政治上的權宜之計。政府確實擁有可以協助達成和維持較高就業水準的工具，但如果沒有達成，聯準會可能充當方便的代罪羔羊。

央行仍然遠遠達不到掌握一切的程度。國會仍然控制稅收、社會福利和教育，所有這些都能決定讓誰先賺錢，以及他們能否長期保住那些錢。大多數經濟學家認為，聯準會的政策可以撫平景氣周期的波動，但無法從根本上改變經濟能達成多少成長。即便如此，很明顯的是聯準會有權決定取得和出借資金的費用，以及這些資金是否隨著時間保留其價值，或因通貨膨脹而消失，而這種這種權力可能改變經濟歷史的進程。

此外，聯準會的權力以一種日益重要的方式延伸到美國境外：貨幣政策協助決定美元的價值，而美元在全球商務中仍佔據主導地位。雖然美國財政部在浮動匯率的新時代正式負責匯率政策，但實際上聯準會的利率政策能影響投資人買進或賣出美元。伏克爾寫道：「央行在實施貨幣政策時，不可避免地會對匯率產生影響，有時甚至是主導性的影響[29]。」透過交互影響的貨幣市場，聯準會已變成不只是一個強大的國內經濟議程制訂者，它已成為世界的中央銀行。

這就是葛林斯班在一九八七年出任聯準會主席時所承接的權力和強大影響力，他擔任這個職位一直到二〇〇六年。葛林斯班是紐約人，在經濟諮詢領域享有盛譽，他的任期正值聯準會的黃金時代。在經歷了聲譽受損的二十年後，聯準會已變得充滿神祕色彩。

在隆納・雷根（Ronald Reagan）擔任美國總統和瑪格麗特・柴契爾（Margaret Thatcher）擔任英國首相期間，自由市場經濟學已重新流行起來，由葛林斯班領導的聯準會也接受了這個理念。重視勞工的凱因斯主義福音已經一去不復返，人們希望讓市場來決定什麼是公平。正如埃克爾斯年輕時在西部邊疆一樣，許多人都認同放任企業和財富追求利潤而不干預將帶來最大的繁榮。這種傾斜無疑有利於富人，但窮人也從一九九〇年代強勁的勞動市場中受益，因為全球化、年輕的人口結構和不斷上升的生產力等趨勢結合起來，創造了強勁的經濟。歷史上經常導致聯準會受到批評的階級緊張局勢雖仍存在，但已變得相對平靜。葛林斯班對自己在華盛頓的地位感到非常自在，甚至參與了國會的辯論，甚至有一度支持老布希政府的減稅政策[30]。自始至終，葛林斯班都備受讚譽有如一位大祭司，他對他的神殿的管理很少受到任何位高權重者的質疑。

葛林斯班小心翼翼地專注在控制通膨，但他並未盲目追求這個目標。他是一位技術高超的分析師，花費大量時間收集各種資料以協助自己做決策，而不是只依賴模型。例如在一九九〇年代後期，他抗拒先發制人提高利率的觀念，因為他懷疑電腦和軟體等新技術帶來的生產力激增可能降低失業率，而不會導致通貨膨脹上升[31]。他的想法正確。最終導致經濟擴張頓挫的震撼並不是價格飛漲，而是以網路和科技公司為中心的股市泡沫。

儘管葛林斯班的謹慎判斷提升了他的地位，而且華爾街對聯準會的決定也很感興趣，但聯準會還是繼續隱祕地運作。聯準會在一九八〇年代放棄了伏克爾以國家貨幣供給成長率為目標的作法，恢復到專注於利率，特別是聯邦資金利率，也就是商業銀行拆借隔夜準備金時相互收取的費用[32]。但這個轉變是隱而不宣的，聯準會對何時實際進行政策利率調整依然保持沉默[33]。華爾街通常透過觀察紐約聯邦準備銀行市場部門買賣證券時的市場走勢，來判斷利率是否發生變化。

在葛林斯班上任初期，保密本身就是一個目的：聯準會認為，過於明示的計畫會形成固化的市場預期並限制聯準會的操作空間。到了一九九〇年代後期，保密的原因包括數十年的傳統、希望保留學術辯論空間，以及低估公眾了解聯準會作為的能力。儘管美國央行變得更加專業，更加教條化地追求基於某種統一理論的目標，並且比以往任何全球貨幣當局都更有影響力，但它並沒有變得更負責任——在伏克爾的領導下，它甚至變得更神祕。聯準會內部沒有多大意願去改變這種不民主的狀況。

葛林斯班本人在二〇〇一年解釋說：「儘管令人遺憾，但不可否認的事實是，最有效的政策制訂是在媒體的直接監視之外完成的[34]。」

第五章　神殿的新管理體制

實際上必須解決的問題，是民主社會中極其重要的問責制與貨幣政策有效性間的平衡。任何自認對這種平衡有無可爭議答案的人，都沒有深入解決過這個主題。

——艾倫·葛林斯班，一九九三年十月在國會的證詞

「我們不應假裝聯準會作為一個政府機構是絕不會犯錯的。」德州民主黨的眾議院銀行委員會主席亨利·岡薩雷斯（Henry Gonzalez）在一九九三年十月十三日的聽證會上如此表示[1]。這位七十七歲的眾議員坐在高背椅、身體前傾，俯視著戴眼鏡的聯準會主席彎腰駝背地坐在下面的證人席[2]。

留著側梳頭髮、戴著數字表的葛林斯班在等待回應時的表情介於無聊和禮貌的憤怒，他用手托著下巴，微微拱起眉毛。雖然他在華盛頓經常獲得像征服者般的待遇，但這種地位偶

爾也會遭到挑戰，而且往往是來自岡薩雷斯。這位眾議員訓斥聯準會的語氣相當友善，但他傳達的訊息卻絕非如此。岡薩雷斯已經提出幾項要讓聯準會承擔更多責任的提案，他想審查貨幣政策的操作和支出，他曾建議聯準會開始錄影會議過程，並且在一段時間後向公眾公布影片①。最後，他希望聯準會的僱用更多樣化，並對聯準會高層官員主要由白人男性支配這點提出質疑。

「我希望把『銀行家和他們的朋友』這個標誌從這個會員俱樂部的大門拿下，並對所有有能力的美國人開放。」他在那個秋日告訴葛林斯班[3]。

聯準會主席強烈反對這些批評，以及岡薩雷斯先生想解決這些問題的想法。當輪到他發言時，他警告說，「如果為了達成問責的目的，而使貨幣政策制訂受制於受短期選舉周期壓力的政治人物」，將導致經濟管理不善。通貨膨脹將是可能的結果。這個邏輯已成為央行的金科玉律：伏克爾的通膨戰爭證明，有時候總體經濟管理需要極其艱難的短期決策，那是理性的政治人物無法勝任的事。儘管葛林斯班同意多樣化極其重要，但他堅稱聯準會已經有進步（這個說詞被誇大了。幾十年後，央行仍然是一個以白人和男性為主的機構）[4]。

不過，在一九九〇年代初，葛林斯班有理由希望外部強加的改革不會構成任何威脅。國會仍然是聯準會的老闆，但聯準會得到柯林頓政府和其他參眾兩院議員的支持。它有能力抗拒改變的呼聲，岡薩雷斯本人也承認這個現實。

岡薩雷斯在聽證會上表示：「這不是激進的改革，聯準會沒有理由繼續認為好像野蠻人已打到門口和西方文明即將終結。」他引用了另一位議員的話說：「如果你討論要修理聯準會的門框，他們會指控你是拆除大隊。」

不過，聯準會無法完全不受到國會干預的影響，而且聯準會注定要進行某些現代化。聯準會設定利率的閉門會議的會議紀錄，已成為岡薩雷斯注意的目標。回顧一九七五年銀行委員會的主席是另一位德州民主黨人，也是聯準會的批評者賴特・帕特曼（Wright Patman）。他曾質詢聯準會主席伯恩斯聯準會會議的詳細情況，但伯恩斯只提供了經過編輯的會議概要[5]。有點令人驚訝的是，水門事件後任何與政府祕密有關的事都會引起關注，但這件事卻不了了之。然而在一九九三年，民主黨人再次呼籲提供聯準會會議的詳細說明，部分原因是一連串引人注目的洩密事件[6]。聯準會的慣例是在做出決定六週後公布，但《華爾街日報》在幾天內就準確報導了這些決定[7]。這種情況使訂閱該報紙的老練市場觀察家比公眾更有優勢，可以了解聯準會想怎麼做。

提高透明度的努力獲得了新動力。然而當國會議員詢問葛林斯班聯準會是否保留詳細的會議紀錄或錄音時，主席卻含糊其詞。他解釋說，雖然會議都被錄音下來，但錄音帶被轉譯

①岡薩雷斯在聽證會上即興地說：「甚至可以透過有線電視播出，甚至有背景音樂。」

成一般筆記，然後錄音紀錄即被消除。

「沒有永久的電子紀錄，沒有錯。我們顯然有粗略的筆記。」他在一九九三年十月十九日的聽證會上說[8]。

問題是聯邦公開市場委員會的會議紀錄是存在的，而這個事實很快就被公開。在葛林斯班作證一週多後發布的一篇分析中，克里斯多福・華倫（Christopher Whalen）寫道：「岡薩雷斯和他的資深幕僚從內部來源得到越來越多訊息，與華盛頓聯準會官僚遵循黨派路線的官話相反，一套近乎完整書面拷貝的聯邦公開市場委員會祕密會議內容確實存在[9]。」後來有消息傳出，聽證會的四天前（即十月十五日），葛林斯班和他的政策制訂者同僚召開了一次特別電話會議，為十月十九日的聽證會做準備，專門討論會議紀錄該如何處理②。在介紹電話會議主題時，主席指出「就在最近（我們發現）我們有原始、未經編輯的筆錄」，可以追溯到一九七六年。他本人已經知道有這些文件已經一年，而其他理事知道的時間更長，雖然有幾位聯準銀行總裁（令他們驚訝的）完全不知道[10]。

葛林斯班有理由希望保守這些會議紀錄的祕密。當談到較舊的粗略紀錄時，他擔心其中可能包含不精確的內容，因為是由祕書而非專家所記錄，也擔心現在都已作古的前理事會成員沒有機會糾正這些紀錄；當談到新會議紀錄時，他則擔心公布新紀錄變成先例。如果讓大眾看到會議紀錄，隨心所欲的內部辯論將難以持續。聯準會會議可能淪為朗讀事先準備好的證詞，而不是意見的交流。

葛林斯班並沒有向國會老實說明有關歷史紀錄的存在，更嚴格地說，他完全是誤導國會，此舉把這個問題推上了報紙的頭版。岡薩雷斯施壓要求公布全套歷史筆記。聯準會知道國會可能要求提供舊紀錄，並擔心司法部最近對政府資訊自由法的積極解讀意味如果官員不揭開神祕面紗，司法部將不會支持聯準會，因此央行同意在會議召開五年後必須公開會議紀錄。

聯準會也開始公布與其政策決定有關的細節，以消除老練的投資人在了解政策變化上相對於公眾的優勢。從一九九四年二月起，由葛林斯班領導的聯準會開始宣布聯邦資金利率的改變，雖然剛開始只決定公布那一次。當時聯準會即將多年來首度升息，因此解釋正在發生的情況似乎很有價值[11]。第一次的聲明指出：「葛林斯班主席決定立即宣布這項行動，以避免對委員會的目的產生任何誤解，因為這是從一九八九年初以來委員會首次緊縮準備金市場的條件。」。這個作法一直沿襲下來[12]，而且到了五月，委員會全體會議公布了利率決定。一九九九年聯準會開始在每次會議後發表聲明，不管有沒有改變利率③。

②在那次電話會議上，葛林斯班承認他對國會的行動感到緊張。「我感到不舒服，因為我感覺到一種很奇特的觀點，不只來自那些一直以來擔心聯準會是一群操縱貨幣的菁英和一座祕密聖殿的人，而且還來自一些通常很支持聯準會、但現在有些不確定的人。」

聯準會不情願地突然被推到公眾視野中。越來越多官員承認，透明度對有效和公平的政策溝通以及避免政治攻擊是必要的。一九九四年，一位地區聯準銀行總裁在政策會議上建議，解釋政策決定可以帶來「公關效益」。但這麼做也有副作用。它去除聯準會的一些神祕感，並把政策制訂者的地位降為凡人，讓他們的行動受到更嚴格的監督。《華爾街日報》把聯準會新發現的坦誠與《綠野仙蹤》（*The Wizard of Oz*）裡的場景做比較：《綠野仙蹤》的巫師只不過是一個在布幕後面「瘋狂拉扯槓桿」的人[13]。儘管如此，向更開放的轉變仍然勢不可擋地向前邁進，而在柏南克擔任央行主席後，這個步伐急劇加快。

葛林斯班在二〇〇六年下台，他的繼任者是一位沉默寡言、長期任教於普林斯頓大學的經濟學教授和大蕭條學者。柏南克向來認為，葛林斯班在貨幣政策目標上不必要地過於隱晦，聯準會如果能更清楚表達其意圖將受益匪淺。無論是在二〇〇二到二〇〇五年擔任聯準會理事期間，或是在聯準會之外作為貨幣政策的頂尖經濟學家和思想家，他多年來一直在悄悄推動更廣大的開放。在接任主席後，柏南克有機會實現自己的抱負，但也面臨更緊迫的問題。在他的任期才剛開始時，過度擴張的房地產市場正面臨價格修正。這原本可能只是尋常的周期性經濟衰退症狀之一，卻引發華爾街內部的一場大火。

這些問題先從現實世界浮現。多年來銀行和非銀行貸款機構一直浮濫地發放抵押貸款給收入有限、無法合理期望償還貸款的人，且只要求很少或根本不需要頭期款。借款人發現他們有參與美國夢的機會，即擁有一棟大房子，也許可以生育小孩或養隻狗，但他們承擔了超出能力的風險，並且深信買房子是一種投資，價格只會上漲。隨著房主開始拖欠繳款和房價從天墜落，這種冒險行為開始反噬他們。放款機構仔細檢視他們可疑的抵押貸款後，很快就停止發放大量信貸。由於購屋者減少、房價暴跌，利用房屋作為撲滿來融資消費的流行作法也不再奏效。經濟活動放緩，房主失去工作，他們永遠無法負擔得起的大額貸款被延期償還並最終違約。

災難性的連鎖反應波及整個金融體系。銀行和其他金融機構花了數年時間把不良抵押貸款捆綁在一起，以便各自的風險相互抵消，再把這些捆包分割成股票，有時候把它們當作相對安全的投資出售，同時往往把它們保留在自己的資產負債表上。利率很低，人們渴望購買看起來可靠但報酬率高的東西，就像抵押貸款擔保的債務捆包一樣。當這些證券被證明風險很高而價值暴跌時，銀行和保險公司損失慘重，以至於主要機構都瀕臨破產邊緣。金融危機把投資銀行雷曼兄弟（Lehman Brothers）推倒，波及全球，並使剛開始的經濟下滑變成美國從一九三〇年代以來最嚴重的衰退。

③ 值得注意的是，對開創宣布聯邦資金利率改變先例的一個擔憂是，這會剝奪當時宣布的調整重貼現率的權力，進而剝奪由眾多銀行家組成的地區聯準銀行董事會對這些政策的投票權力。這種擔憂是成立的。改變重貼現率已變成一件小事。

公眾怪罪華爾街引發了這場災難，但部分責任要歸咎於華盛頓，包括聯準會。葛林斯班主張對金融監管採取寬鬆的方法，再加上他的監管同行傾向於認為，自由市場之手能比華盛頓古板的官僚更有效地配置資源。照道理說，銀行業會希望保護股東，並因而限制銀行的冒險行為。但在二〇〇八年之前的幾年裡，金融機構像發放糖果一樣發放房屋貸款，幾乎不關心借款人的收入前景或債務，也沒有檢查隱藏在抵押貸款證券中的風險。

當這些事情發生時，聯準會也懷疑可能出問題。在二〇〇五年六月的聯準會貨幣政策會議上，舊金山聯準銀行副總裁約翰・威廉斯（John Williams）、理事會幕僚安德烈亞斯・萊納特（Andreas Lehnert）和他們的同事，曾就房地產市場是否過熱做了廣泛的報告[14]。引人注意的是，報告中的假設是房價可能被高估二〇％，這意味如果讓價格恢復正常將使美國財富減少三兆六千億美元，相當於國家年經濟產出的三〇％。「當然，如果房價繼續飆升，至少在舊金山灣區，房價沒有放緩的跡象，房價過高問題的嚴重程度也會加劇。」威廉斯指出。

聯準會原本可以設法遏制過高的房價。在二〇〇五年的這場會議上，委員會討論了制訂貨幣政策時著眼於遏制泡沫是否有意義，因為澳洲當時正在這麼做，而且取得了一些成功。結論是這麼做的成本可能會超過效益。儘管許多分析師認為聯準會應該這麼做，但進一步升息是否有幫助，仍是個懸而未決的問題。

較沒有爭議的是，央行也有可以遏制部分不良行為的監管工具，但並未動用。例如聯準會可以根據一九九四年的法律防止欺騙性抵押貸款，但直到二〇〇八年才實際採取少許行動和動用這些法規，那時候已經太遲了[15]。聯準會還可以指示它的銀行監管機構更深入了解他們監督的公司在做什麼，但銀行監管的協調不完善，且給予聯準地區分行太大的自由裁量權。對他們之中的許多人來說，展現監督力量並不是當務之急。在委員會二〇〇五年的討論中，當時擔任紐約聯準銀行總裁的蓋納，詢問聯準會是否有成功利用銀行監管來抑制房地產泡沫的歷史（這個問題可能是半開玩笑的；但他並不是開玩笑）。他的幾位同事報以嘲笑的回應。特別關注金融穩定的聯準會理事蘇珊・比斯（Susan Bies）做了認真而詳細的回應，說明隨著花俏的證券化成為抵押貸款市場司空見慣的特徵和貸款標準大幅下降，聯準會正在採取哪些措施來限制最浮濫的銀行行為。在結束分析前，她承認：「我們做得不夠好。」

那場會議的紀錄顯示，葛林斯班對她的獨白回應道：「我們休息一下喝杯咖啡吧？」

美國從二〇〇七年開始經歷的慢速金融內爆，在很多方面看起來就像回到一九二九年。然而由於抵押貸款借款人無法及時償還不切實際的貸款，債務高樓也隨之崩潰，而柏南克的聯準會則做了一九三〇年代的聯準會沒有做的事：介入拯救一個搖搖欲墜的系統。

柏南克很安靜，有時也很暴躁，他的禿頂閃閃發光，留著獨樹一格的鬍鬚。他的穿著有點邋遢，是那種只在乎腦袋想些什麼的人，而不是十美元四雙的蓋普（Gap）米色襪子，因此他與華盛頓上流社會顯得格格不入。來自南卡羅來納州狄龍（Dillon）的他，離開家族擁有一家藥局的小鎮前往哈佛求學，後來在麻省理工學院獲得經濟學博士學位，並成為普林斯頓大學終身教授，然後在二〇〇二年移居華盛頓，加入聯準會擔任理事。此後他在小布希的白宮擔任高階經濟職務，最終獲任命為聯準會主席。

矛盾的是，柏南克的經濟理論背景卻讓他在現實世界即將分崩離析之際具有執掌央行的獨特資格。作為一名研究大蕭條的學者，他知道上次聯準會應對如此全面的內爆時出了什麼問題。他利用自己對聯準會歷史和聯準會權力的了解，把這個機構帶領到新領域，並藉此協助聯準會避免重蹈覆轍。

一九三〇年代後的聯準會獲得更廣泛的權力，可以在危機時期充當「最終貸款人」（lender of last resort），這個權力到了二〇〇七年使聯準會可以向各種金融市場交易對手提供備援資金。柏南克和他的律師史無前例地利用這些緊急貸款權力來維持市場運轉：推出商業票據[4]、貨幣市場，甚至信用卡和汽車貸款的救援貸款。它還利用它們來拯救投資銀行貝爾斯登（Bear Stearns）和保險巨頭美國國際集團。相對的，政府允許雷曼兄弟倒閉，理由是法律的限制，儘管後來一些律師和學者認為這項決定是出於是政治和謹慎，而非嚴格的規定。

除了以緩衝整個經濟為目的的貨幣政策外，當局還推出緊急計畫。聯準會實際上把利率降至零。在二〇〇八年底，隨著房宅及抵押貸款市場惡化和投資人拋售抵押貸款擔保債務，聯準會介入購買六千億美元的抵押擔保證券（MBS）和其他政府擔保的房屋債務。最初是由柏南克片面批准了這項措施，根據的是聯準會一項允許主席在兩次會議之間對金融發展做出反應的規定。聯邦公開市場委員會的一些成員對他獨自採取如此重大的行動感到憤怒，擔心這可能立下先例。委員會最終在採購開始前批准了這項計畫。

雖然債券購買最初是用來維持市場運作，但後來它逐漸成為一種明確的貨幣政策，目標是加速經濟發展。購買大量政府擔保的債務有助於壓低長期利率，推高資產價格並鼓勵借貸和經濟成長[16]。

如果說大通膨時代確保了聯準會作為全球經濟決策核心機構的地位，那麼柏南克在二〇〇八年和之後的實驗，則使它變成世界金融市場的靠背。聯準會連續數個月推出的紓困計畫阻止了市場崩潰，挽救了直線下墜的勞動市場，並可能遏制美國及其貿易夥伴陷入另一場大蕭條。聯準會的紓困計畫汲取了其他央行的作法：英格蘭銀行在十九世紀中葉的金融救援樹立了各國央行此後效法的榜樣[17]，以及日本央行從二〇〇一年以來一直在大規模購買資產[18]。美國擁有世界最深廣的資本市場，而且由於聯準會作為這些市場和支持這些市場的強大貨幣的管理者，所以擁有如此巨大的影響力。大範圍的紓困向投資人發出一個重大的訊息：如果一個市場、資產類別或金融機構攸關整個體系的穩健，那麼美國政府就會介入解決問題。

④ 商業票據是銀行和其他企業用來為營運提供資金的短期債務。

這種隱而未宣的支撐帶來的道德風險（moral hazard），在二〇〇八年和二〇〇九年後的國會山莊成為憤怒的流行語。一些國會議員、經濟學家和利益集團對華爾街得到巨大幫助感到不平，另有些人則對政府干預市場的運作感到怨忿。對危機政策的控訴贏得網際網路上的點擊並吸聚了政治上的支持，但它們通常沒有提到如果不作為會有什麼結果。如果沒有某種形式的干預，更多的金融機構肯定會倒閉，而造成的成本也會反過來傷害企業和家庭。雷曼兄弟的倒閉就是一個值得警惕的例子，這家投資銀行的崩潰造成恐慌，信貸供應也陷入停滯。這場災難加劇了從二〇〇七年持續到二〇〇九年的經濟衰退，失業率一度高達一〇%。對勞動力市場的傷害揮之不去，需要數年時間才能療癒，造成的不確定感將從根本上影響一整個世代的經濟生活。

二十一世紀初中央銀行運作方式是挑選最不糟糕的選項，這和一九八〇年代伏克爾時期的作法如出一轍。柏南克的選擇是防止經濟崩潰，然後再處理後果。

柏南克嘗試盡可能廣泛地溝通危機期間發生什麼事，希望既能安撫美國人，又能確保民眾支持聯準會多面向的救援任務。二〇〇九年和二〇一〇年，他出現在哥倫比亞廣播公司（CBS）的《六十分鐘》節目。二〇一一年四月他召開有史以來第一次聯準會會議後的新聞記者會，一群興奮的媒體注意到他穿著灰色西裝，坐在桃花心木桌子後面，基本上沒有說什麼新內容[19]。但這仍然是一個分水嶺時刻。長期披著神祕外衣的央行正在明確表示，公眾應該而且可以期望它公開自己的運作⑤。這場危機已經促使聯準會領導人迅速跨出過去一直是很遲緩而艱難的步伐，開始邁向更加開放之路。

聯準會也從二〇〇八年引入一種新作法，開始每季公布聯準銀行總裁和聯準會理事的匿名經濟預測[20]。這些預測有助於公眾更容易了解官員在制訂政策時的想法，以及他們在權衡聯準會的兩個目標時如何做取捨。例如，《經濟預測摘要》明確表明，聯準會無意讓通膨大幅走高，即使這有助於更快讓就業恢復到長期的潛力水準。從二〇一二年開始，聯準會也公布所謂的點圖（dot plot），以淺藍色的點沿著利率預估軸排列，顯示個別匿名的官員對未來兩年和長期借貸成本走向的預測（華爾街變得如此注意所謂的點，以至於後來的主席鮑爾一度把公布的點圖，拿來與著名點彩畫家喬治・秀拉〔Georges Seurat〕的一幅畫做比較。他警告說，如果只關注個別的點，可能讓人錯估全局。在一次演講中他投影一張以《大傑特島的週日下午》〔A Sunday Afternoon on the Island of La Grande Jatte〕為內容的幻燈片以闡明這一點，那時候他看起來更像是一位高中藝術史老師，而不是聯準會主席[21]）。

柏南克和他的同事在二〇一二年又再跨進一步，這在當時似乎是漸進的，但在內部引起

⑤柏南克與他的繼任者葉倫，每三個月都會舉行一次新聞記者會。鮑爾在二〇一八年從葉倫手中接任聯準會主席後不久，把記者會頻率從每季一次改為每年九次決策會議之後都舉行。

爭議而且造成巨大的影響：聯邦公開市場委員會正式承諾把通膨目標定為二％。這麼做有助於向投資人強調聯準會並不是想完全抑制通膨，而是試圖把通膨維持在相對較低的水準。這也惹惱了幾乎所有注意到此一舉動的人，左派人士擔心聯準會將專注於壓低通膨，進而完全不顧充分就業的目標；而在右派方面，它激起一群批評者的新怨恨，認為聯準會應該以零通膨為目標。

二〇一二年共和黨人保羅・萊恩（Paul Ryan）引用伏克爾的話責怪柏南克：「願意容忍稍高通膨的央行主席，通常會得到比他們預期還高得多的結果[22]。」

美國朝向設定二％通膨目標的過程，是一則充滿強烈個人性格的故事，而且它造成了巨大的後果。葛林斯班還擔任主席時這種作法還在熱烈辯論階段，例如他和當時擔任聯準會理事的葉倫，在一九九六年七月的聯準會會議上，針對聯準會的物價穩定目標發生了爭執。儘管國會指示央行穩定物價，但顯然沒有人真的知道這在實務中具體指的是什麼。

「主席先生，你能為我定義一下『價格穩定』嗎？」葉倫問[23]。

葛林斯班回答：「價格穩定是指整體物價水準的預期變化不會有效地改變企業或家庭決定的狀態。」

「你能給出一個數字嗎？」葉倫接招了，引來同事們大笑。

葛林斯班回答：「如果通膨得到正確的衡量，我想這個數字是零。」

葉倫又說：「如果衡量不正確，我認為朝向二%的通膨目標邁進會是個好主意，而我們應該緩慢地這麼做，看看過程會發生什麼事。」她先前已詳細說明為什麼她認為一定程度的通貨膨脹可能是好事：保持物價不動將導致「就業永久性減少和失業率上升」，而她認為聯準會的工作是達成正確的權衡，在穩定的物價與強勁的勞動市場間做取捨。

「我並不認為《聯邦準備法案》明確告訴我們應該選擇價格穩定而放棄充分就業。」她說⑥。

過去官員們在私下討論中確實把未來幾年的通膨率設定為目標，一般為一．五%[24]。但隨著二十一世紀開始，多年的物價漲幅疲弱開始引發人們的擔憂，認為經濟已非常接近不穩定的通貨緊縮。二〇〇三年，聯邦公開市場委員會邁出重大一步，公開表示通膨下降將「不受歡迎」，這是幾十年來該委員會首次公開表示價格上漲放緩絕非好事[25]。

儘管委員會已逐漸接受一定程度的通膨是可取的觀點，但葛林斯班堅決反對給出受歡迎的明確物價上漲數字。柏南克私下敦促葛林斯班設定明確目標，認為這麼做將有助於引導大眾預期。當柏南克接任時，他知道自己想採用一個正式的目標，所以委員會在二〇〇九年對此進行詳細討論。當時委員會已經根據商務部編制的一項指數，針對二%的通膨率目標達成

⑥ 葉倫後來成為低利率和充分就業的著名支持者，但她在二〇一九年代確實是這麼想的，當時她說她認為通膨目標只是一種平衡遊戲。一九九六年下半年，她和一位理事來到葛林斯班的辦公室，試圖說服他提高利率以阻止通貨膨脹，但沒有成功。據報導，葛林斯班仔細聆聽，然後忽略了該建議。

了共識。這個目標呼應了其他央行（從一九八九年的紐西蘭開始）花了數十年時間逐步採用的官方通膨目標。雖然進展中的金融危機使得通膨聲明暫時未引起注意，但從二〇〇九年之後的委員會紀錄和經濟預測中可以清楚看出，官方的通膨目標大約是二%。二〇一二年，政策制訂者把這個目標明確納入文件中。新方法意味如果通膨下降或飆升，那就表示聯準會沒有達成其目標。

儘管如此，柏南克相信，更清楚地傳達這個目標可以協助聯準會更有效達成目標。他對整體透明度的推動在政治上也是明智的，因為當時聯準會仍然是民眾憤怒的對象，金融危機爆發五年後，人們對聯準會的敵意達到了滿溢的程度。

二〇〇八年金融危機之後，華爾街的主管帶著巨額獎金從他們造成的災難脫身，幾乎沒有受到任何明顯的損傷，儘管普通美國人失去了數以百萬計的工作。從「福斯新聞」（Fox News）聲稱聯準會採取行動是為了保護廣大公眾到極左派的爭論，聽起來都是空言。就連聯準會引導經濟恢復健康的政策，似乎也是為了協助大金融公司而犧牲小企業利益。例如，聯準會的債券購買政策降低了許多債券的報酬率，把投資人推向股票等較高風險的資產，進而推升標普五百指數大漲，明顯幫助了原已富裕的資本擁有者。只有大約一半美國人直接或透過退休投資組合持有夠多的股票財富。即使是在那些真正持有股票的人中，極富有的人也持有最大比率[26]。聯準會購買債券可能也以間接而隱晦的方式有利於工人階級：債券購買避免了可能進一步加深和惡化的大規模市場崩潰，而超低利率可能促進更強勁的經濟反彈。經濟學家本身無法針對這些好處有多大的共識。

到了二〇一一年，那些反對「一％」富人的活動分子批評央行在救援肥貓銀行主管所扮演的角色。柏南克本人有時候似乎對這些批評缺乏同情心或不屑一顧，而這對聯準會的形象並沒有任何幫助。他在當時的記者會上表示，佔領華爾街運動的批評是誤解了聯準會所做的事，用「太過簡單的解釋」來批評聯準會希望保留銀行家的薪資「顯然與事實不符」[27]。聯準會紓困美國國際集團和貝爾斯登的計畫也加深眾怒，因為牽涉的交易是在之後很久才公開，而且是閉門協商的決策。

國會議員透過抨擊聯準會來炒作政治，其中有些可能純粹出於機會主義。聯準會是一個無法反擊的出氣筒，因為它想避免被捲入政治紛爭。柏南克也曾用一些國會議員無法理解的行話與他們交談，甚至幾年後有些人仍然對他的語氣感到不滿。當權者不喜歡聯準會，至少有些人特別不喜歡柏南克的聯準會。

聯準會需要接受「審查」的想法，從荒謬的建議變成了戰鬥口號，眾議員榮・保羅和他的兒子肯塔基州參議員蘭德・保羅（Rand Paul）多次提出審查央行貨幣政策決定的法案，佛蒙特州無黨派參議員伯尼・桑德斯（Bernie Sanders）極力支持左派的政治運動。聯準會的財務報表已經過審計，但要求對其貨幣政策決定和其他內部討論進行審查的運動，卻吸引抱持極度仇視的人。二〇一四年在一次罕見的兩黨合作中，一項主張審查的法案在眾議院獲得兩黨投票通過：三百三十三位議員投票支持該法案，其中一百零六位是民主黨人。該法案從一開始就注定要失敗，因為沒有任何跡象顯示歐巴馬總統會簽署這種立法，只不過這股勢力透露出了普遍的態度[28]。

當柏南克二〇一四年初卸任時，他在某些方面被視為英雄，但他受到的讚揚也語帶保留。彭博社的評論人說：「歷史將讚揚聯準會主席阻止了第二次大蕭條[29]。」二〇一四年一月在他下台前幾天，《華爾街日報》的評論版提醒道：「毫無疑問的，柏南克先生是歷史上最有影響力的聯準會主席之一，但他的治績仍未有定論，除了溢美的讚詞外，至少還有毀譽參半的聲音[30]。」全國廣播公司商業頻道（Consumer News and Business Channel，CNBC）稍後發表一篇題為：「柏南克的遺緒：聯準會做得太多了？」的文章[31]。

柏南克領導的聯準會已實驗了它巨大的權力，並嘗試做更明確的溝通，以取得更好的政策結果和提高公眾的了解。這是聯準會行動主義的遺緒。他的繼任者葉倫將迎來一個表面上看似連續的時代，但也為更大規模的實驗奠定了基礎。

當歐巴馬提名葉倫擔任聯準會主席時，她已經是一位擁有數十年公共政策經驗的頂尖勞工經濟學家。她出生於布魯克林的瑞奇灣（Bay Ridge），父親是一位小學教師，母親是家庭醫生。她童年時就成績優異，在公立高中高年級時，她為學生校刊寫了一篇自問自答的報導，因為該報的傳統是由主編採訪畢業演說者，而她既是校刊主編又是畢業演說代表（「礦物學一直是我的主要興趣。」葉倫對葉倫這麼說）。當她不收集岩石時，她就在研究機率、矩陣代數和有限維向量空間，和浸淫在非百老匯戲劇中[32]。她在布朗大學彭布羅克學院（Pembroke College）獲得大學學位，而就是在那裡她愛上了經濟學中實際公共政策的應用。她在耶魯大學獲得博士學位，然後在哈佛大學工作，最後在華盛頓聯準會理事會任職。一九七七年，她在聯準會的午餐會上遇到未來的丈夫經濟學家喬治・阿克洛夫（George Akerlof）。他們因為對政府在解決市場崩潰問題扮演積極角色的凱因斯經濟學而結合，並在不到一年後結婚。他們繼續進行廣泛的合作，特別是他們都在加州大學柏克萊分校工作期間。阿克洛夫是一位學者，後來因其在市場不完全方面的研究而獲得諾貝爾獎，而葉倫則傾向於擔任更多以政策為中心的角色，首先擔任聯準會理事會理事，然後擔任柯林頓的經濟顧問委員會成員，繼而擔任舊金山聯準銀行總裁。金融危機後，她出任聯準會副主席，並於二〇一四年成為聯準會史上第一位女性主席。

當葉倫當上領導職務時，她知道在經歷多年的廉價資金後把政策恢復到更「正常」的狀態就是她的職責，她把畢生對就業的關注投入了這項任務。葉倫敦促她的同僚在嘗試釐清勞動市場是否已經從大衰退的衝擊中完全恢復時，要關注各種就業市場指標，而不只是總體失業率。葉倫和她的同事著眼於在失業率下降的同時薪資如何逐漸增加，因此小心翼翼地提高利率。聯準會在二〇一五年、二〇一六年和二〇一七年只升息二十五個基點，二〇一六年又升息二十五個基點，二〇一七年升息七十五個基點，使經濟擴張得以順利進行，並為強勁擴張的勞動力市場奠定基礎，把失業率降至半個世紀以來的最低水準。

葉倫擔任主席的期間，標誌了鐘擺從伏克爾與葛林斯班時代專注於控制通膨，擺向更平衡的新方法，讓就業市場的力量在政策討論中佔據重要地位。聯準會官員的言論逐漸變得好像他們在一九五〇年代和一九六〇年代專注於勞工的前輩，雖然他們在追求充分就業上沒有同樣的狂熱。

二〇一六年葉倫在費城一次特別直言不諱的演講中表示：「沒有大學學位的年輕非裔美國人和西班牙裔男性失業率仍然特別高，勞動市場進一步改善的一個重要好處將是，為這些男性和其他目前仍處於高失業率的群體增加就業機會。[33]」儘管如此，這位聯準會主席並沒有回歸到一九六〇年代凱因斯的理念，把央行視為推動改善邊緣工人機會的重要參與者。她暗示但並未完全支持高經濟成長，即允許更高的通膨率，以吸收更多處於邊緣地位的勞工進入經濟。

「可以肯定的是，影響少數群體勞動力市場結果的許多因素無法藉貨幣政策來創造，而我們應該考慮貨幣政策範圍之外的措施，來紓解這些人和其他美國人面臨的經濟挑戰。」她在費城的演講中如此表示。

即便如此，聯準會在葉倫時代的審慎耐心，為有史以來最長的經濟擴張奠定了基礎，使失業率降至半個世紀以來的最低水準，有工作或正在找工作者的比率穩定回升，儘管有許多人預測它永遠不會回升。那些低教育程度、工作經歷長期空白的人，以及有犯罪紀錄的邊緣化群體受益最大，他們終於能夠找到不錯的工作機會。這段時期展現出聯準會能夠做到什麼，以及無法做到什麼。在一方面，長期的低利率有助於經濟逐漸擴張且維持很長的期間；另一方面，由於家庭和企業對貨幣的需求相對有限，使得全球利率得以下降，而即使借貸成本處於歷來最低水準也不足以大幅改善企業情況。由於經濟年復一年快步擴張而不是全力衝刺，公司發現很難提高價格而不失去客戶。通膨徘徊在低水準，投資人開始把聯準會當時設定的二％目標視為永遠不會突破的上限。

儘管聯準會雄心勃勃，卻未能阻止席捲許多已開發經濟體的經濟停滯。到了二〇一九年許多經濟學家認為，即使緩慢升息也能保持低通貨膨脹。聯準會已抑制了家庭需求，並向市場發出它將始終採取謹慎路線的訊號。過度謹慎這個被視為葉倫時代所犯的錯誤，將在未來幾年的貨幣政策決策中造成重大的影響。

葉倫的小心翼翼自有其道理。在一方面，貨幣政策確實不是萬靈丹，它無法改善兒童教育、醫療結果平等化、矯正失衡的刑事司法系統，或解決阻礙美國社會發展的無數其他問題。另一方面，當時包括葉倫在內的大多數經濟學家認為，失業率下降最終會刺激物價上漲。透過先發制人的政策行動來控制價格壓力，可以實現多年的穩健擴張，而不必重蹈伏克爾時期不得不壓垮經濟以減緩價格上漲的覆轍。

葉倫在國會山莊作證時經常受到國會議員的指責，通常是因為把利率壓得太低，雖然沒有跡象表明這影響了政策。共和黨的重要人士經常吵著要加大升息幅度和升息速度，並繼續抨擊聯準會在危機時期的政策。由於共和黨從二〇一五年開始控制參眾兩院，且民主黨人對央行的敵意依然存在，「審查聯準會」運動可能成功是一個始終存在的威脅[34]。

桑德斯參議員在二〇一六年的新聞稿中寫道，讓聯準會接受更大的監督「是重要的一步，將使聯準會成為一個更民主的機構，能滿足普通美國人而不是華爾街億萬富豪的需求」[35]。

聯準會仍然堅決反對這項措施。「審查聯準會是一項把貨幣政策政治化的法案，會給聯準會帶來短期政治壓力。」葉倫談到該提案時表示：「毫無疑問的，獨立央行的表現更好[36]。」

二〇〇八年的金融危機發生後，儘管聯準會官員試圖護衛自身制訂經濟政策的自由而不受政治干預，但他們仍願意檢討和嘗試解決監管的問題。顯然在危機爆發前的幾年裡，包括國會、金融監管機構和央行官員的所有人，都未能遏阻魯莽的冒險行為。國會議員對這件事的回應是通過《陶德—法蘭克華爾街改革和消費者保護法案》（Dodd–Frank Wall Street Reform and Consumer Protection Act），藉以進行金融監管的全面改革，並創立新的消費者金融保護局和金融穩定監督委員會，後者是一個由財政由部領導的監管機構聯盟，目的在辨識新出現的金融風險。聯準會獲得了新權力，可以有系統地監管重要的金融機構，避免「大到不能倒」的金融巨頭導致整個體系陷入癱瘓並需要政府救助。雖然這是鮮為人知的事實，但聯準會本身在幕後做了重要改變，把銀行監管的自由裁量權從地區聯準銀行剝離出來，並整合到華盛頓。銀行的監管官員開始被輪調到各機構，而不再長期固定。這是為了防止聯準會監管者與它監管的銀行關係過於密切。

儘管如此，新的監管制度仍受到嚴格的限制，對於小型銀行來說，新監管規定很繁複。銀行變得更加安全，但避險基金和非銀行貸款機構仍在央行的職權範圍外，監督權仍分散於未明確規定以保護系統金融穩定為職責的其他監管機構。非銀行機構的監管仍有缺陷。最明顯的例子之一是，證券管理委員會（SEC）的貨幣市場基金改革還很欠缺，無法在出現重大問題的初始跡象時就阻止大規模贖回，主要原因是重要產業的遊說行動。事實上，在立法過程中觀察家曾警告，改革不足可能使這些基金變得更加危險[37]。

到了鮑爾二〇一八年接替葉倫時，那些新建但不完整，目的在於建立一道圍繞華爾街的安全屏障，以避免未來的爆雷傷及無辜旁觀者的監管基礎設施，很快將被川普總統任命的人悄悄拆除。

這個拆除從其他監管機構開始，尤其是國務卿梅努欽剛出掌部長的財政部。但在二〇一八年和二〇一九年，央行內部也開始出現放鬆監管的傾向。這一連串微小而精準的改變是由蘭德・夸利斯領導的，他是馬里納・埃克爾斯的現代親戚，一九九〇年代曾擔任鮑爾在財政部的助理，現在仍是鮑爾的好友[7]。二〇一七年十月，夸利斯獲得確認成為聯準會有史以來第一位正式負責監管的副主席。

正如夸利斯喜歡說，川普時代早期政府各機構發生的改變，並未「暴露銀行體系的軟肋」。有些改變能為個別公司帶來厚利，但大多數改變都未能達成該行業所需要的更重大興革。儘管如此，這些修正幾乎一致朝著一個方向發展，那就是放鬆監管力道。這無異於一項宣告：二〇〇八年後的改革已經足夠讓體系免於災難，在某些情況下甚至有些過頭了。

「關鍵問題將是確保我們在持續不斷修改體系的同時，還能維持體系對震撼的強大韌性。」一向來語氣溫婉的夸利斯在提名聽證會上告訴國會議員[38]。

他對體系具備強大韌性的說法已注定要遭遇百年一遇的考驗。

⑦ 我們將在下一章更深入談到夸利斯。

第六章

兩極分化的聯準會

說央行主席有意識形態，就是說央行主席是人。

——彼得・孔提—布朗，《聯準會的權力與獨立性》（*The Power and Independence of the Federal Reserve*）

二〇一九年十二月中旬，中國武漢熱鬧的海鮮市場的一名商販躺在醫院病床上，感染了一種類似支氣管炎的不明病毒。她是該市各地急診室好幾名同樣是華南市場工作人員的病患之一，未來幾天內，將有約三十幾名其他患者也會出現與她相同的症狀[1]。

在半個地球外的華盛頓，聯準會主席鮑爾在冬季假期前只有幾場總結會議要開：與幕僚的簡報會議，以及與白宮國家經濟委員會主席賴瑞・庫德洛（Larry Kudlow）的午餐會。在訪問東哈特福德和普洛威頓斯大約一個月後，鮑爾對即將到來的假期充滿期待。儘管有許多不容否認的亮點，但他擔任聯準會主席的頭二十二個月卻是一段充滿顛簸和挑戰的旅程。

鮑爾的任期起步還算順利。在鮑爾前一年上任後，川普總統一連幾個月沒有關注聯準會。但到了二〇一八年中，隨著聯準會緩慢而穩定地升息以防範可能上揚的通膨，川普打破數十年來現任總統尊重聯準會獨立性和避免批評央行政策的慣例。而一旦他開始批評，這種批評很快地就變得越來越誇張。

剛開始總統只是小批評，他在二〇一八年七月表示，他對聯準會的政策「並不感到興奮」。但毒性迅速加劇，到了十月，他告訴福斯新聞央行的升息「太過瘋狂了」。十一月時他告訴《華盛頓郵報》，他知道央行的作法是錯的，並宣稱：「我有直覺，而我的直覺有時候告訴我的事比任何人的大腦告訴我的還多[2]。」

二〇一八年十二月的情勢益發升級，聯邦公開市場委員會以第四次、也是最後一次升息結束了鮑爾擔任主席的第一年。儘管通膨徘徊在央行目標之下，且川普發動貿易戰導致市場緊張，但央行還是採取了升息行動。該委員會認為，儘管存在不確定性，經濟前景仍然不錯，許多央行官員希望把政策恢復到他們認為的「中性」政策環境，意即聯準會的利率既不會協助也不會損害經濟。在聯準會宣布升息並發布一系列經濟預測，顯示聯準會官員預期二〇一九年將再升息兩次後，股市小幅下跌。

然後在鮑爾的會後記者會上，問題開始浮上檯面。當被問及央行的資產負債表時，鮑爾表示聯準會將根據預定計畫繼續減少持有的債券（這是去除貨幣援助的另一項政策），每月從市場移走一點支持。投資人對這番談話的感覺是，聯準會對他們認為令人擔憂的市況沒有給予足夠的重視，股價指數隨之暴跌。

雙線資本（DoubleLine Capital）公司副投資長當天下午對CNBC表示：「我認為那不像一架真正可以自動駕駛、讓大家都感到舒服的飛機。」他稱鮑爾的談話「令人害怕」[3]。

經常用股票圖表來衡量政府是否成功的川普總統大感震怒。新聞媒體很快就傳出川普對鮑爾很生氣，並且正在考慮解僱他的謠言。記者們急著想知道罷黜聯準會主席是否合法，最後得出的結論是幾乎肯定不合法。儘管如此，直到耶誕節前兩天，白宮代理幕僚長麥克・馬瓦尼（Mick Mulvaney）在美國廣播公司（ABC）的《本週》（This Week）節目中表示，川普「昨晚發表一則推文，明確表示他現在知道自己沒有能力這麼做（解僱鮑爾）」後，這個問題才平息下來。但馬瓦尼錯了：這則推文是財政部長梅努欽發的。儘管如此，問題已經澄清了：罷黜鮑爾只是口頭上的討論，而且已經行不通[4]。

即便鮑爾的職位保住了，那一年的經濟狀況和投資人對聯準會的信心都低迷不振。這位主席把他在南佛羅里達的二〇一八年家庭耶誕團聚，花在潦草地寫他的記事本，嘗試找完美的措辭來讓旁觀者相信聯準會不會危及經濟擴張。他預定要在一週後的學術經濟學家年度會議上，與前聯準會主席葉倫和柏南克一起在研討會發表演講。這將給他一個澄清誤會的機會，但他需要一個明確的說法[5]。

資深聯準會記者兼主持人尼爾・艾爾文（Neil Irwin）為會議揭開序幕，他指出市場一直動盪不安，並詢問鮑爾對經濟前景的看法。

「非常感謝，尼爾。」這位以不看講稿、健談著稱的聯準會主席說，從腿上拿起一疊旁邊貼著紫色標籤的白紙。他直接讀了其中的內容，描述最新的經濟數據以及這些數據如何影響他的想法，並宣稱「政策沒有預設的路徑」。聯準會「隨時準備改變政策立場，並在必要時大幅改變」。在結束簡短而令人安心的演講後，他摘下黑框眼鏡，深吸一口氣，然後捲起筆記。

市場幾乎立即因為鬆口氣而上漲。他們相信鮑爾正在關注他們和經濟，他不會盲目地撤回政策支持，導致經濟衰退。

二〇一九年初的演講避免了危機，但那一年的挑戰仍然艱鉅。川普仍在與中國進行貿易戰，儘管他的許多共和黨同僚反對這個主意，而且每宣布課徵一項新關稅都讓股價隨之顫抖。隨著標準普爾五百指數下跌，川普對聯準會更加憤怒，他怪罪貨幣政策而非他的動作讓投資人感到不安並危及經濟成長。他開始每天在推特上談央行，對鮑爾個人進行一連串創新的侮辱。

有一次總統比喻鮑爾是「一個不會推桿的高爾夫球手，不懂那種觸感」（事實上，鮑爾熱愛高爾夫球，在私下談話中他的朋友和熟人都保證他絕對會推桿）。在另一個場合，他說鮑爾和他的同事是一群「笨蛋」。那年八月正當鮑爾發表當年最重要的演說時，川普發推文問，中國國家主席習近平或是鮑爾哪一個是更大的「敵人」。

歷史上幾乎每位總統都希望實施低利率，以便鼓勵貸款和支出並促進經濟成長，但美國歷史上還沒有哪位領導人敢於如此大膽說出這個願望。

鮑爾和他的聯準會同事在公開場合嚴守無視於總統的紀律，雖然官員們私下對沒完沒了的評論感到惱火（當川普發出「敵人」的推文，聯準會發言人米歇爾・史密斯〔Michelle Smith〕以郵件轉發給副主席理查德・克拉里達，他的回應是「又來了」）[6]。

聯準會在那一年面對的其他問題比總統的謾罵更不容忽視。股市的震盪是整體經濟出現回檔的徵兆，製造業景氣急劇減緩，川普削減企業稅後一直高漲的商業信心已開始下降。二月份的經濟只增加二萬四千個就業，而非已成為常態的超過十五萬個。經濟放緩的主要原因是全球貿易發生劇變，但也至少有部分原因是聯準會過去四年升息的累積效應。衰退似乎有可能發生。

二〇一九年的經濟需要扭轉，而鮑爾必須帶頭扭轉它。

鮑爾的領導風格通常是合作而不是獨裁。在他被任命為主席時，人們常質疑他作為一個有私募股權背景的律師（而不是擁有博士學位的經濟學家）是否有能力扮演好這個位高權重的角色。聯準會的幕僚經濟學家群曾被威廉・麥克切斯尼・馬丁忽視，但後來受到柏南克和葉倫等人重用，到了鮑爾接管聯準會時，他們已對貨幣政策制訂有重大影響力。

鮑爾大體上讓他缺少的博士學位不成為一個問題。他總是刻意尋求並認真聆聽幕僚經濟專家的談話，在了解內容的過程中與他們交朋友並贏得他們的尊重。在委員會中，他以冷靜的領導者身分提振他的權力。他並沒有試圖主導討論或藉由強推政策來展示自己的權力，至少在他任期最初幾年是如此。

但隨著川普嘗試改造全球資本主義並危及原本穩定的擴張，使情況變化迅速到似乎有必要做出即時的反應。訓練有素的經濟學家在還沒有數據顯示已造成傷害前，不願冒然宣布貿易戰是一個重大威脅。鮑爾不像他們那樣熱衷於模型，因此能更靈活反應。他在六月芝加哥的一場演講中暗示央行可能降息，並透過電話確保同事們會投票支持這項改變。聯準會首先在七月降低了借貸成本，然後在九月和十月再度降息。

經濟周期中間的這三次調降利率是一個冒險的舉動，這是四年逐步升息後的重大調整，特別是對行動緩慢且深思熟慮的央行來說更是如此。商業媒體專家和華爾街金融家立即揣測聯準會已屈服於川普的壓力，質疑央行所重視的不受政治干預的獨立性是否正出現裂痕。這種獨立性是從一九五〇年代馬里納・埃克爾斯擔任主席期間贏得的，並在一九八〇年代伏克爾擔任主席期間得到加強，到了二〇一九年更被視為幾近神聖不可侵犯。

鮑爾很早就知道當時的政治情勢將影響公眾對央行重新定位的看法，但推遲必要的降息會更糟。獨立於政治之外意味不管白宮說什麼，都要做政策制訂者認為正確的事。二〇一九年七月，聯準會宣布首次降息〇．二五個百分點後，「有線電視新聞網」（CNN）的唐娜．博拉克（Donna Borak）在新聞記者會上提問，要求鮑爾回應有關他受到總統影響的揣測。

「我們從不考慮政治因素。」鮑爾說：「我們制訂貨幣政策也不是為了證明我們的獨立性。制訂貨幣政策是為了盡可能接近我們的法定目標，這就是我們一直要做的事。」

「最終，你們知道，我們將承擔所有結果。」他說。

結果就是持續的攻擊。川普仍不滿意，並從全球競爭的觀點繼續他的批評。當時美國的借貸成本仍然高於歐洲，而歐洲的經濟成長速度慢得多，歐洲央行已把政策利率設定在低於零以抑制儲蓄。

「市場希望從鮑爾和聯準會聽到的是，這是一個漫長而激進的降息周期的開始，而且這將與中國、歐盟和世界其他國家保持同步。」在第一次降息宣布後，川普發推文說：「一如既往的，鮑爾讓我們失望了[①]。」

總統的攻擊持續了一整年，但到了二〇一九年底，主席對他自己和同事們所制訂的方針感到自豪，無視於從白宮得到的任何回饋。他們透過三次降息表達了對不斷惡化的經濟狀況

① 歐洲央行的貨幣政策適用於歐元區，它涵蓋歐盟的一大部分但不是整個歐盟。

的反應。儘管總統呼籲採取更多、更快的行動，他們也藉由明確表示將在三次降息後停止降低借貸成本，來強調自己獨立於總統的管轄。鮑爾在十二月的新聞記者會上傳達了他感到滿意的訊息，為這活躍的一年畫下句點。聯準會的政策制訂者並不急於朝任何一個方向改變利率，他們已經做得夠多了。貿易緊張局勢似乎逐漸降低，就業市場達到半世紀以來最強勁的水準，二〇二〇年的前景似乎一片光明。

「當然，如果事態發展導致我們對前景做嚴謹的重估，我們會做出相應的反應。」鮑爾一如以往地說。

記者會結束後，鮑爾像往常一樣以瀏覽《金融時報》、《華盛頓郵報》、《華爾街日報》和《紐約時報》等主要報紙展開那個寒冷的華盛頓早晨，他期待這一年結束時能有一個愉快的假期。

那個假期，他和妻子在佛羅里達州慶祝的不只是耶誕節和新年。山姆（Sam）是他們三個孩子的老大，將於一月四日在棕櫚灘舉行婚禮，那將是一個充滿樂觀的美好新年的開始。

不過在大約八千英哩外，一個顯微鏡下才能看到的威脅已在二〇一九年十二月中旬成形。幾個月之內，它將顛覆鮑爾和他的同事們如此賣力才確保的光明經濟前景。

鮑爾準備利用二〇二〇年可望帶來的相對平靜，來完成他在央行的主要計畫：檢討聯準會的貨幣政策。他所繼承的央行正面臨著一個緩慢升高且正悄悄重塑全球經濟的威脅，但這種威脅升起的速度如此緩慢，以至於直到最近人們才發現它的存在：利率下降了。

這種描述常常讓人感到困惑。畢竟，聯準會有設定利率的權力。但央行官員無法在真空中制訂政策：什麼樣的利率水準會加速或減緩經濟成長，取決於其他經濟趨勢，並會隨著時間推移而改變。

如果一個利率能加速經濟成長、而且高過於它就會減緩經濟成長，這個神奇的利率水準通常就被稱為「中性」或「自然」利率。如果經濟成長低於根據勞動力和生產力趨勢來衡量的經濟能力，那麼把利率保持在中性以下可能有助於讓經濟升溫並抵禦通貨緊縮。反之，如果經濟成長高於其潛力，更高的利率可能讓它降溫並抵禦通貨膨脹。雖然這個概念聽起來很學術且不明確，但它實際上是對二〇〇八年金融危機後實際情況的簡單描述，而且是合理的。世界各地的央行官員都發現，他們根本無法大幅提高利率而不造成經濟成長失速。

不幸的是，要即時猜測升高多少利率才會導致經濟減速很困難。經濟學家嘗試用模型來估計中性利率，結果顯示中性利率可能穩定下降。在二〇二〇年初，最流行的模型顯示假設價格每年上漲約二%，中性利率可能在約二・五%。利率能高到五・五%而不抑制經濟成長的最近例子是在二〇〇〇年。

已開發經濟體的中性利率都呈現下降趨勢。似乎有巨大的力量在推動這種下降，包括人口結構和不平等，許多國家的人口老化導致退休儲蓄的需求增加；同樣的，富人把賺到的錢儲蓄起來的比率往往比較高。更多儲蓄會降低對現金的需求，並進而降低利率。

隨著自然利率下降，它也奪走了央行在經濟低迷時期降低借貸成本的能力。由於央行無法採取太多措施來刺激支出和改善商業環境，各國可能會陷入長達數年的衰退，並造成在衰退中消費者需求低迷與勞動力市場不振相互強化。到了二〇二〇年，這個陷阱似乎很真實：一九九〇年代的日本曾發生這種情況，然後二〇〇八年之後發生在歐洲。即使是美國也經歷了以歷史標準來看相當微弱的成長，雖然它從二〇〇八年的衰退回升已經加快，其經濟仍能應付比其他先進經濟體略高的利率。

事實上，聯準會內部的經濟學家認為，美國的利率可能有約三分之一的時間停滯在最低點，進而出現從衰退中長期緩慢復甦的風險[7]。在鮑爾的任期內，這個可怕的結論經常被提出，描述了一幅黯淡的未來經濟前景。

到鮑爾擔任主席時，這種展望似乎逐漸惡化。多年的需求疲軟導致充裕的勞工爭奪有限的就業機會，薪資漲幅也逐漸放緩。企業認為他們沒有能力提高價格，部分原因是這樣做會使收入微薄且現金短缺的消費者停止購買。利率包含了物價上漲，因此溫和的通膨使得在困難時期降低利率的空間變小。物價上漲疲弱和利率下降結合可能造成滾雪球效應，隨著時間推移，經濟停滯將變得更嚴重。

聯準會已經從二〇〇七至二〇〇九年後的經濟衰退汲取了彈藥短缺可能導致什麼後果的

教訓。在那次金融危機期間，許多國家的央行總裁未把利率降到夠低的水準以跟上經濟收縮的腳步，只有美國在二〇〇八年首度把利率降低到接近零的歷來最低水準。國會原本可以迅速介入，做聯準會做不到的事，即透過大規模支出計畫來啟動經濟，但對政府債務和黨派鬥爭的憂慮阻止了國會的行動。中央銀行是城裡唯一的遊戲（the only game in town；意即唯一的選擇）[②]。

聯準會官員曾嘗試其他提振需求的政策，推出三輪大規模購買公債和抵押擔保證券，把資金推向風險較高的資產，為經濟提供助力[③]。不幸的是，要判斷這些政策對刺激經濟成長的效果很困難，因為不可能知道如果沒有這些政策經濟會如何。由於這些政策刻意鼓勵金融賭博和推高資產價格，所以顯然它們會帶來不好的副作用，包括出現泡沫和加劇財富不平等的可能性[④]。政策制訂者很難衡量這種稱為量化寬鬆的方法是否利多於弊。

---

② 伏克爾最早用這個詞來描述聯準會。太平洋投資管理公司顧問穆罕默德・伊爾艾朗（Mohamed El-Erian）二〇一六年出版一本有關聯準會的《紐約時報》暢銷書《城裡唯一的遊戲》（*The Only Game in Town*）後，這個句子變得更加流行。

③ 這些計畫是柏南克領導下制訂的，與前一章談到的計畫相同。

④ 我們將在第十一章更詳細討論聯準會對收入不平等（不同群體每年收入的差異）和財富不平等（淨資產的差異）的影響與相互作用。同樣值得注意的是，鮑爾在二〇一五年的演講中指出，他對量化寬鬆的憂慮並未成為事實，並表示這些計畫確實帶來好處。

「我認為我們實際上正處於鼓勵冒險的階段，所以我們應該三思而行。」鮑爾本人在二〇一二年聯邦公開市場委員會會議上表示，當時他才擔任理事不久。他說：「投資人現在真的知道我們會採取行動以避免嚴重的虧損。這並不是說他們賺錢會更容易，而是他們會有更大的誘因去冒更多風險，而且他們正在這麼做。」

他補充說：「我們的模型總是告訴我們，我們正在幫助經濟發展，但我總是覺得那些利益被高估了。」[8]

支持量化寬鬆的最佳理由往往是總比什麼都不做好。保持資金在市場上流動，可能有利於高風險資產持有者，並有可能加劇泡沫，但它也使公司融資成本保持低廉，並鼓勵他們繼續招聘，而這意味抵押貸款繼續流向潛在買家。提供助力似乎比讓所有人陷入困境好。當時一些經濟學家認為，國會的刺激性支出會更好，後來許多人也同意。但國會議員還在努力達成基本協議以維繫政府運轉的資金，根本談不上要通過有意義的支出法案。

即使是非主流的貨幣政策也不足以刺激經濟快速恢復健康。二〇〇九年的經濟衰退結束十多年後，失業率仍在下降，人們正慢慢重返就業市場。潛在的勞工持續多年沒有工作付出巨大的人力成本，導致家庭益加貧困，並使個人損失工作所能帶來的成就感。由於需求不足，價格漲幅和通貨膨脹率隨之下滑。經濟學家開始擔心的「日本化」似乎即將在美國發生，亦即經濟成長可能連續多年陷於令人失望的水準，就如同日本的情況。

二〇一八年接任聯準會主席的鮑爾，成為第一位上任時已開發經濟體的成長乏力和通膨威脅已普遍被接受為現實的聯準會主席。在葉倫掌權時人們才開始意識到問題的嚴重性。哈佛大學著名經濟學家、也是前柯林頓政府財政部長勞倫斯・桑默斯（Lawrence Summers）在二〇一三年國際貨幣基金（IMF）的一次演講中，首次重提「長期停滯」（secular stagnation）的舊概念。這個詞創造於一九三八年，用來描述一個市場經濟注定只能微幅成長或根本無法成長。桑默斯暗示，這個概念可能可以解釋日本正在發生的事，並且「可能與美國今日的情況有關係」[9]，雖然他並非鐵口直斷。

主流經濟學家普遍認同這個分析，雖然有人在細節上有不同看法。然而即使這個論點逐漸成形，卻需要一點時間來證明它的邏輯結論：成長和利率可能不會很快恢復到歷史正常水準。

二〇一七年擔任舊金山聯準銀行總裁的約翰・威廉斯（John Williams），在與其董事會經濟學家湯瑪斯・勞巴赫（Thomas Laubach）和天才研究助理凱瑟琳・霍爾斯頓（Kathryn Holston）合寫的一篇論文中指出，利率不太可能很快走高[10]。但其他聯準會官員並未很快採納這項預測。聯準會政策制訂者每季都會發布長期利率預測，儘管多年來利率一直在小幅走低，但直到二〇一九年中期才大致符合威廉斯的利率預測。

由於世界經濟發生了巨大變化，鮑爾和他的同事認為央行官員需要有一套計畫。如果官員們能長期不讓通貨膨脹率跌到二%以下，也許就能避免日本和歐洲發生的惡性循環。他們也認為值得討論聯準會有哪些備用政策工具，以便彌補有限的降息空間。

對一般美國人來說，也許最明顯的，是在低利率和低通膨的背景下，失業率和物價上漲之間的權衡取捨——也就是聯準會在一九六〇年代和一九七〇年代被普遍認為做得太過分而助長了大通膨的這種權衡取捨——已經不復可得。極低的失業率不再刺激物價更快上漲，聯準會需要重新考慮如何平衡這些目標。這麼做可能有助於避免重蹈二〇一五至二〇一八年升息周期的覆轍，當時官員們因為就業市場看起來強勁而緩慢地大幅度升息，後來才發現至少有部分緊縮政策可能是不必要的。聯準會進行正式檢討的目的，在於確保未來的政策方針能適合新時代。

當然，政策上的無能為力並不是幾近零利率時代帶來的唯一問題。政府公債等安全投資的低利率，讓那些期待財務計畫能獲得一定回報的人（例如即將退休或剛退休的人）陷入兩難。投資人的現金管理變得更加激進，在他們嘗試賺取一點利息時卻使儲蓄面臨風險。企業借貸也大幅增加，因為增加債務的成本很低。這是一個讓財務脆弱者動輒得咎的時代。

批評者偶爾會把這些脆弱歸咎於聯準會的利率設定，而往往忽略了利率有一部分是現實世界決定的，而非純粹的政策選擇。這些論點很少涉及這類現實：世界大部分地區的利率都很低，或者聯準會只是小幅升息也會導致經濟陷於低迷。

儘管如此，諷刺的是正如潛在的金融危險使鮑爾的聯準會忙於檢討如何因應未來借貸成本降到最低的問題，聯準會和整個政府也開始尋求「量身訂制」和「適當尺度」的監管措施——這些流行語讓批評者擔心它們真正的意思是「放寬」監管。

夸利斯從二〇一七年十月十三日開始擔任聯準會有史以來第一位負責銀行監管的副主席，這使他成為央行修改監管的最核心人物。夸利斯的職位是新的，是國會在二〇〇八年危機後嘗試解決抵押貸款市場問題時設立的。除了設立金融穩定監督委員會以辨識危機後體系面臨的威脅外，二〇一〇年還通過八百四十八頁的陶德—法蘭克法案，給了十二家聯準銀行的銀行監管主管一個更正式的老闆。

「我們無法為道德立法，我們更不可能為智慧立法。」這項法案的起草人之一克里斯・陶德（Chris Dodd）在法案通過時說：「我們所能做的，就是建立一個全面的框架和一條明確的前進道路。這就是我們所做的。監管機構仍然需要解釋和執行這項法律[11]。」

與主席和副主席一樣，監管副主席的任期為四年，這意味每屆總統的政府都有機會更換他們。但與聯準會的貨幣政策領導角色形成鮮明對比的是，從一開始很明顯的聯準會的最高監管官員將更具政治性。金融監管本來就帶有黨派色彩。民主黨人希望控制銀行以保護小人物和擠壓金融家，共和黨人則希望解放金融家的束縛，讓他們能夠追求利潤並推動成長。規則會隨著政治周期而有所改變。

聯準會理事丹尼爾・塔魯羅從未被正式提名擔任負責監管的副主席，但他在歐巴馬執政期間非正式地執行了該職位的許多責任。在他這段任職期間，政府慢慢強化對大型銀行的監管，而聯準會也改變了地區準備銀行的監管作法，把更多權力集中在華盛頓。銀行業變得更加謹慎，並花費更多資金來遵守他們經常抱怨太嚴格或設計不當的規定。華盛頓的許多政策制訂者對後危機時代採取的矯正措施感到滿意，其他人則擔心他們做得太火，把小型企業和家庭排除在信貸市場外，同時迫使小型銀行進行整併以參與競爭。當共和黨人入主白宮時，顯然監管將面臨改變。川普政府選擇夸利斯出任聯準會監管副主席。

背部挺直、下巴方正，經常在他昂貴的西裝口袋裡塞著一條乾淨袋巾的夸利斯，是華盛頓的知名人物。他曾在老布希政府的財政部工作過一段時間，潛心於金融監管以因應儲蓄銀行和貸款業倒閉的浪潮，隨後在小布希執政期間他再度擔任財政部高級官員。他的大部分職業生涯奉獻給Davis Polk & Wardwell律師事務所，專注在金融業並曾擔任私募股權公司凱雷集團（The Carlyle Group）的合夥人。他在二〇〇六年鮑爾剛離開凱雷不久後進入那裡。

不過夸利斯不是生來就是華盛頓的產物。他是科羅拉多州和猶他州一個牧場家庭的兒子，在就讀哥倫比亞大學和後來的耶魯法學院之前，他始終保留著對美國西部的熱愛。在還是一名年輕律師時他曾去過一次漢普頓（Hamptons），並在長島的交通阻塞中耗了無數小時，二、三十歲的時候，他經常趁著週末避開曼哈頓的上流生活返回鹽湖城。他在那裡遇見馬里納的姪孫女霍普・埃克爾斯（Hope Eccles），當時他正在猶他州一個高級滑雪勝地附近找公寓，而她則在那裡經營一家豪華酒店。他的房地產經紀人、同時也是大學朋友的母親，暗中撮合了他們。

夸利斯在小布希執政時期接受一份財政部的工作，然後夸利斯、霍普和他們的三個孩子搬到了華盛頓，後來他在凱雷工作期間一直留在那裡。但他的心始終在西部，一家人最後搬回猶他州，夸利斯在那裡創立一家小型資產管理公司，部分業務是為家族的資金做投資⑤。到了他獲得聯準會的工作時，孩子已經成家立業而決定不再遷移，所以夸利斯只得在上班日搭乘深夜班機通勤。現在他住在華盛頓豪華的威拉德酒店（Willard Hotel）的短期房間。諷刺的是，當代華盛頓最多人想遊說的官員之一，就住在「遊說」（lobby）這個詞的發源地，根據華盛頓的傳說，這個詞最早是在這裡被使用，或至少從這裡流傳開來。尤利西斯・格蘭特（Ulysses Grant）擔任總統期間經常光顧威拉德酒店的酒吧，利益集團代表因此經常聚集在酒店門口附近吸引他的注意力，據說格蘭特總統稱他們為「該死的大廳的傢伙」（lobbyists）。

就聯準會的官員來說，夸利斯從一開始就是一個十分多彩多姿的人物。他既富有又聰

⑤ 公司的名稱為The Cynosure Group，因為一艘取名Cynosure的船載著馬里納・埃克爾斯的父親大衛從蘇格蘭橫跨大西洋。

明，而且不避諱表現出來。他在央行演講中談到他對駕駛飛機的熱情，並在寫作中使用了「萬花筒般的大雜湊」（kaleidoscopic gallimaufry）之類的用語（gallimaufry真的是一個字，如果你好奇或不知道，它的意思是「令人困惑的一團亂」）。他為自己的西部血統以及自己屬於西部最有名望的家族之一而自豪。大家都知道他親切地稱呼那位早已作古的親戚為「馬里納叔叔」。

事實上，對馬里納叔叔家族成員的自豪感，催生了一場特別奇怪的戲，讀起來更像是《花邊教主》（*Gossip Girl*）中的一集，而非央行歷史的一章。

故事發生在二〇〇八年，一群猶他州人嘗試捐贈聯準會大樓一尊六英尺高的貨幣專家埃克爾斯的青銅雕像，但雕像並未受到贊助商期待的熱烈歡迎，也許是因為他並不是一件特別美麗的作品⑥。接收青銅鑄像的任務落在聯準會理事凱文・沃許（Kevin Warsh）身上，他是一位受過專業訓練、有政治人脈的律師，而且和夸利斯一樣，娶了一個極其富有和顯赫家族的女兒。他的妻子是雅詩蘭黛（Estee Lauder）化妝品公司的女繼承人。

幾個月過去了，沃許和他的同事處理接收這座雕像，但過程十分緩慢。聯準會為消防法規和稅法煩惱而打電話給埃克爾斯家族的代表，並且處理轉移的細節。這座雕像最後被接收了，並在二〇一四年舉行儀式，但那已是在沃許離開央行很久以後的事了[12]。即便如此，它也被擺在一個偏僻的地方，而非引人注目的中庭——至少一些贊助者曾希望它會安置在那裡。

當沃許的名字被提出可能出任聯準會主席時，彭博社的羅布・施密特（Rob Schmidt）在標題為「沃許與夸利斯的舊怨被川普尋找聯準會人選重新點燃」的報導中率先披露了這則故事[13]。《政客》（*Politico*）隨後發表「聯準會的鬥爭變得益加離奇」的文章[14]。據該報導，夸利斯和沃許在小希政府工作期間發生衝突，而雕像的事加深兩人的嫌隙在華盛頓則是繪聲繪影的八卦。夸利斯是否真的把這起事件歸咎於沃許並不重要（有人後來堅稱他並沒有），這個故事一夕間成了華府的民間傳說，兩人成了雞尾酒派對上的熱門話題。

川普政府內部的一些人認為，彭博社的報導顯示已在聯準會有一席之地的夸利斯和想競逐主席職位的沃許恐怕很難合作。沃許支持升息的紀錄已經削弱他擔任聯準會主席的機會，而這個事件更使他爭取聯準會領導人的希望更加渺茫。

結果是已被慎重考慮過的鮑爾獲得首肯。多年後在白宮的一次活動上，後悔的川普看到站在聽眾中的沃許並問他：「為什麼你不更用力一點，凱文？你是一個有本事的人。我原本可以用上你的。」顯然川普認為說服沃許聽從他對降低利率的要求，會比說服鮑爾容易些[15]。

夸利斯與聯準會的家族關係是很好的報導題材，但它們似乎沒有對他帶進聯準會的意識形態產生重大影響。埃克爾斯曾在經濟艱困時期敦促公共支出，他擔心財富集中在少數人會

⑥ 由幾位鬆散地參與此事的人所做的評鑑。

損害經濟，而且大體上樂於扮演「階級叛徒」（用他自己的話來形容）的角色。他的姪孫婿卻沒有類似的感覺。

這兩個人確實有一些相似之處。與埃克爾斯一樣，夸利斯也是耶穌基督後期聖徒教會的成員，並表現出類似的一絲不苟。他也和埃克爾斯一樣有能言善道的表演天賦（夸利斯在大學時曾是一名教會志工職員，這個工作曾促使他寫信給教會長老，抱怨曼哈頓分會收到大量地址寫錯的郵件，而他必須重新寄出。「今晚我應該在百老匯演出，手臂上挽著一個美麗的女孩，耳邊是城市的喧囂，心裡是夏日愛情的悸動……而我在做什麼？我正在裝信封。我正在裝訂。」一年輕的夸利斯很認真地說）。

但埃克爾斯在凱因斯主義一詞還沒有出現之前就已是個凱因斯主義者，而夸利斯一直是自由市場資本主義的堅定擁護者，儘管那是帶著護欄的版本。他希望創建一套透明的系統，使企業能了解法規，並在明確的指導方針下追求利潤。他在二〇一〇年的一篇法律文章中特別清楚地闡述了自己的哲學，其中他認為「政府可以藉由在可能的情況下避免干預，來降低道德風險和不確定性，並且在採取政府法定職責的行動（例如發行債券或執行貨幣政策）時，藉由制訂和堅持明確且可預測的行動規則，來為決策可能獲得多少支持和反對設定界線[16]」。基本上，他不希望官僚擋了資本家的路。

這種放任的姿態可能會導致錯誤的決策。夸利斯主張在一個幾乎不可能畫出完美界線的世界裡，要求制訂剛好夠嚴格而又不至於太嚴格的監管制度。他在二〇〇五年任職於財政部時曾宣稱，如果監管機構趕不上市場，就是它們在扼殺創新的跡象。「市場總是領先監管機構，坦白說本來就應該如此。這類似於我父親給我的建議，如果你每年沒有錯過至少兩到三班飛機，那就表示你在機場花了太多時間了。」夸利斯說，雖然他仍呼籲強化全球監管的整合，不能讓金融監督日益惡化[17]。然而，讓金融創新領先政府監管能力的弊端很快就變得顯而易見，美國抵押貸款市場開始出現紕漏。二〇〇六年夸利斯承認，官員們正在考慮要求提高非傳統抵押貸款的透明度，他和財政部的其他官員正在「竭盡所能使我們的金融體系在未來更具韌性」[18]，但他似乎也忽視了房地產市場正在升高的風險。他表示「只要收入增加且利率保持溫和，房價就不會大幅下跌」。一年後，高漲的房價急劇下跌，抵押貸款相關市場的冒險行為和監管過於寬鬆，導致銀行和大型金融機構內爆。

儘管如此，當夸利斯獲任命進入聯準會時，許多支持監管的旁觀者私下承認，他們原本擔心川普會挑選一個更具破壞性的人。夸利斯不是那種會燒毀規則手冊的人，再怎麼說他還是一個專家，知道法規如何運作、如何相互作用、如何可能被操縱，以及什麼人可能因為法規的小改變而遭受損失或獲益。他很適合做能造成重大結果的小改變。

「他的座右銘似乎是：不管大銀行想要什麼，就給他們。」麻薩諸塞州民主黨人伊莉莎白・華倫（Elizabeth Warren）在二〇一七年夸利斯的提名獲得確認後警告說[19]，華倫把監督金融業視為個人的使命。

遊說團體美國銀行家協會主席羅布・尼科爾斯（Rob Nichols）在夸利斯獲確認後，滿懷希望地發表聲明說：「我們期待與夸利斯副主席合作制訂一項監管計畫以促進經濟成長，讓各種規模的銀行能夠更好地為客戶和社區服務，而且不犧牲安全和穩健[20]。」

夸利斯在任職的初期實現了部分但非全部的期待，他緩慢而謹慎地重新調整監管。他在聯準會承擔了三個大項目：調整法規執行的方式以反映新近通過國會的立法，精簡備受詬病的年度銀行壓力測試以使它更具可預測性，以及減少監管者對銀行業的自由裁量權。不過，與他的具體行動相比，他的任職似乎對大型銀行產生的安心作用還更大。新副主席上任後不久，它們就開始動用持有的資本，即在經濟低迷時期可以用來保持財務健康的資產[21]。氣氛的轉變是主要原因。

鮑爾與夸利斯關係密切，他親自推薦夸利斯擔任負責監管的副主席。夸利斯從未投票反對或公開杯葛聯準會的貨幣政策決定，雖然他過去曾明確表示，比起鮑爾的聯準會設定的目標，他贊成更高的利率和更可預測的政策制訂方法[22]。至於鮑爾，他前後一致地投票支持夸利斯對銀行監理的改革。鮑爾推動影響力強大的聯準會在既有架構下盡可能對公眾負責，而且他似乎把負責監管的副主席視為央行工作與民主正當性之間的樞紐。

即便如此，夸利斯也無法不受節制地執行監管業務。他在二〇一八至二〇二〇年間實施的幾乎每項重大監管變革，都遭到同事莉奧・布蘭納德投反對票。

布蘭納德在當時是聯準會理事會最後一位民主黨人。她於二〇一四年加入央行，之前曾擔任歐巴馬財政部負責國際事務的副部長，並長期在華盛頓全球政策圈工作。這位五十八歲的總體經濟學家是華盛頓特區著名的圈內人，在會議的人群中很容易被認出，因為她留著一頭長長的白金髮，並習慣佩戴厚重的銀首飾。

布蘭納德的職涯自然地源自她的國際主義者童年。她出生於德國漢堡，父母是外交官員和教師，她在冷戰時期的波蘭和德國長大，直到柏林圍牆倒塌後兩德統一。她的成長經歷在很大程度上影響了她的世界觀。她在二〇一四年的一次畢業典禮上對畢業生說：「地理和資源如此接近的兩個國家，可能只因為鐵幕分隔就產生如此巨大的分歧，這讓我很著迷。德國建立一個面向西方且充滿活力的市場民主，而波蘭卻在面對蘇聯的巨大國家機器下近乎窒息。波蘭的生活很慘淡，個人的主動性遭到扼殺[23]。」

她十幾歲時隨著全家搬回美國，就讀於賓州著名的喬治學校（George School），一九七九年畢業後繼續在衛斯理大學（Wesleyan University）學習。從衛斯理畢業後，她在麥肯錫擔任顧問一段時間，在那裡——據她後來告訴參議院——與「極力抗衡亞洲競爭者以維持市佔率的美國汽車製造商，和在越來越複雜的全球市場競爭的金融機構客戶合作」[24]。

擔任顧問諮商並沒有帶來她所尋求的成就感。布蘭納德離開麥肯錫前往哈佛大學攻讀經濟學博士學位，選擇這個領域是因為她知道自己想從事政策方面的工作，但她也渴望走上一條學術的道路來探究世界的重大問題。柏林圍牆倒塌後，來自麻省理工學院的布蘭納德，在白宮經濟顧問委員會度過一個她後來描述為「多事之秋」的一年，致力於擬訂波蘭的民主過渡計畫。然後她重返學術界，在一九九〇年代任教於麻省理工學院，並贏得經濟學明日之星的聲譽。

但華盛頓仍然吸引著布蘭納德，因此她開始擔任柯林頓政府白宮的研究員。她向麻省理工學院申請休假原本是暫時的，但很快就變成無限期。她繼續擔任總統的副助理，致力於推動中國加入世界貿易組織和其他全球議題。她最後成為總統在全球外交會議上的雪巴人（Sherpa，即個人代表），建立了勇猛和有謀略的談判者的聲譽。這段期間她贏得許多粉絲，他們稱許她的積極和聰明。她也樹立了一些強敵，他們給她貼上野心的標籤，並說她有「鋒利的肘部」。

布蘭納德和她丈夫在華盛頓特區以新一代最有權勢的夫婦之一聞名。她在一九九八年與國防專家庫爾特・坎貝爾（Kurt Campbell）結婚，後者在柯林頓和歐巴馬政府中擔任要職，後來創立了智庫新美國安全中心（Center for a New American Security）[25]。這對夫婦在哈佛大學甘迺迪學院的中庭第一次認識。當時她還是研究生，他則是一位年輕的副教授，他們在維吉尼亞州拉帕漢諾克郡的老式內戰農場舉行婚禮。

到二〇一〇年代，布蘭納德和坎貝爾與他們的三個女兒住在切維蔡斯（Chevy Chase）一棟六個臥房的屋子[26]，三個女兒就讀於西德威爾友誼學校（Sidwell Friends School；她們比同為校友的歐巴馬總統女兒和鮑爾的子女略小）[27]。坎貝爾二〇一三年與其他人共同創立亞洲集團（Asia Group）[28]，這是一家協助美國大企業向太平洋地區擴張的策略諮詢公司，並為投資人提供諮詢服務。儘管布蘭納德非常重視個人隱私，並且在除了最受控制的公共場合外都避免談論自己，但這對夫婦偶爾會登上華盛頓內圈媒體刊登的名人錄。但在華盛頓特區的出名和「出名的出名」是兩回事。二〇一二年，《外交政策》（*Foreign Policy*）在一篇文章中把她列入「你從未聽說過的最有權勢的女性」[29]。

布蘭納德在柯林頓卸任後的幾年一直在智庫布魯金斯學會（Brookings Institution）工作，然後於二〇〇九年歐巴馬政府初期擔任財政部顧問，隨後擔任副部長。即使在她的孩子成長期間，她仍全力投入這份工作。認識她的人談到，曾在走進重要會議時發現她最小的孩子拿著一本著色書坐在桌旁。布蘭納德有時候會一邊開車去足球訓練課，一邊接工作電話。

二〇一三年有消息指出她計畫離開財政部，二〇一四年她獲得確認成為歐巴馬提名的聯準會理事之一。

「在歐巴馬政府中，布蘭納德女士贏得了孜孜不倦的外交官和堅定談判者的聲譽。」安妮・勞瑞（Annie Lowery）在布蘭納德即將離開財政部的消息傳出時在《紐約時報》上報導。

「她施壓歐洲對長期醞釀的債務危機採取更果斷、更大規模的應對措施」，以及「她還敦促北京加快中國的經濟改革，從投資轉向國內消費，使外國公司更容易與中國企業競爭[30]」。

對這位全球經濟的專家來說，聯準會似乎是一個新挑戰，但布蘭納德花了一段時間才找到自己在該機構的位置，因為聯準會的機制和決策步調與她剛離開的危機時期的財政部不同。布蘭納德偶爾會激怒她的同事，有些人認為她不夠合作。當她在二〇一六年大選中向希拉蕊・柯林頓（Hillary Clinton）的競選活動捐贈個人最高限額時，也招致媒體的嚴厲批評。彭博社的克雷格・托雷斯（Craig Torres）在這件事的報導中寫道：「就在聯準會官員主張貨幣政策需要無黨派和獨立的時候，卻有現任理事捐錢給希拉蕊・柯林頓[31]。」華盛頓有許多人懷疑她會不會長久待在聯準會，意思是她做這份工作只為了讓她的履歷更好看，也是她更廣闊的晉升之路的一個篇章。如果希拉蕊獲勝，許多人認為布蘭納德可能出任財政部長，同樣也有許多人私下批評她太有野心⑦。

然而勝出的反而是川普。布蘭納德的命運突然發生了急劇的轉變：她發現自己在聯準會理事會中扮演一個奇特的孤獨自由派的角色。出乎意料的是，布蘭納德利用自己的地位成為聯準會裡唯一阻礙放鬆監管的女性。

這是一個尷尬的角色。她開始對一直以禮貌的共識決定大事的聯準會提出一連串異議。她會在投票的同時發表聲明，詳細說明為什麼夸利斯對監管政策所做的改變可能具有危險性。隨著她的反對運動越來越強硬，這種作風開始證明有效。她並不希望真的阻礙規則的制訂，但每當聯準會發布監管新聞時，記者都會從先報導她的異議而非新聞稿。她把原本可能不被注意的改變放在聚光燈下，並繪製一張未來官員們可能逆轉這些改變的地圖。

雖然男性和女性有時候會因為野心而受到指責，但布蘭納德也面臨明顯的性別歧視。例如，向本記者提到她的藍眼睛和長頭髮、或評論她挑選的服飾的人數（特別是男性，通常原本討論的是她的想法或職業生涯），遠超過主動評論鮑爾或夸利斯外表的人數。

布蘭納德在貨幣政策上也採取強硬立場，她在謹慎構思的演講中表達了這種立場。她贊成在經濟狀況欠佳時採取雄心勃勃的非常規政策，例如做長期維持低利率的重大承諾。雖然她在二〇一八年投票支持聯準會升息，但她普遍被認為是「鴿派」，意味她贊成低利率。她在演講中強調，作為聯準會理事的她密切關注勞工議題，並與工人組織接觸，和關注就業市場。

對希望在未來的民主黨政府中獲得更高職位的人來說，布蘭納德在金融監管和關注勞工問題上的立場在政治上是精明的，但她似乎也真誠地相信自己做的事。她在努力推動自己的目標時經常遠離記者的視線，她參加未做廣告的社區發展活動，她把僱用和提拔各種研究人

⑦ 那些被認為公然表現野心的聯準會官員經常受到華爾街、學者甚至同事的指責。布蘭納德和卡什卡里都曾遭到這類中傷式的批評。奇怪的是，鮑爾從未遭到這種批評，他在早期任職於華盛頓一家智庫和逐漸邁向一份很棒的政府工作時，曾公開說他的夢想是有朝一日成為財政部長。

員當作個人使命，研究助理經常說，她是會定期出現在多元化內部活動的理事。

聯準會未來在市場和社會中的角色也是布蘭納德關注的焦點，這部分反映出她在理事會被指派的委員會，也部分反映她自己的興趣。她定期與華爾街分析師舉行市場情報電話會議，以了解金融穩定的展望，而且她經常能很快掌握趨勢。她在二〇一六年開始談論區塊鏈技術，這成了後來央行官員廣泛關注的主題，而且不久後她也開始關心聯準會在發展和監管數位貨幣技術方面的潛在角色[32]。她是最相信央行有責任了解和討論氣候變遷的經濟與金融風險的理事，儘管在政治政治分歧的環境中，她的許多同事都審慎地迴避這個話題⑧。

主要因為她的堅持不懈和能力，布蘭納德得以維持同事對她的尊重，即便她在意識形態上與他們不一致，這與鮑爾的情況略有不同，與夸利斯則大不相同。她經常預先做好準備，甚至達到荒謬的程度。幕僚談論有關她的故事說，他們多次被指派去向她做報告，但發現她對報告主題的了解不下於他們。

她對聯準會的影響力已不是祕密，大投資人都會仔細分析她的每句話。有時候她甚至被視為委員會決策的反向領頭羊。二〇一六年有一個有趣的例子（取決於你的觀點）引發市場劇烈反應，因為就在聯準會進入慣常的會議前的靜默期前，芝加哥全球事務委員會（Chicago Council on Global Affairs）宣布她將在下週發表演講。投資人把臨時安排的時程解讀為她準備反對聯準會升息，於是股市從原本預期即將升息而翻轉走低[33]。這次演講早在幾週前就已安排，只是選的時間不恰巧。

布蘭納德和夸利斯都擁有對政策制訂有助益的特質：他們能有效地跨黨派開展工作。儘管兩人存在許多分歧，但他們的公開抱怨僅限於政策問題。事實上，在聯準會大樓內他們建立了一種怪異的友誼，這種友誼是建立在彼此分歧而又相互尊重的基礎上。在他們共事的一個特別激烈的早上，布蘭納德對一套為大銀行量身定制監管的規則提出異議，稱這些規則將「超出法律要求，在系統未經整個周期的測試前削弱保護系統核心的措施」。在有關這項決定的公開聽證會上，她放鬆地坐在夸利斯的右邊，有一次還因為他講的笑話而大笑；當她堅決投反對票時，她的嘴唇上掛著一抹嘲諷的微笑[34]。

夸利斯和布蘭納德都獲得鮑爾的信任和信心，鮑爾在重要問題上會諮詢他們，夸利斯是因為他的職銜、角色和深厚的銀行業知識，而布蘭納德則是因為她的經濟、國際和金融穩定的專長。儘管如此，兩人在政策討論上凸顯的立場代表了聯準會的兩極分化：一邊是一位近乎自由放任派的律師，認為中央銀行在民主和資本主義社會中應該有嚴格的限制；而另一邊則是一位與民主黨站隊的經濟學家，認為聯準會有責任更廣泛地運用政策來防衛金融和支持

⑧ 本書將在第十四章詳細討論數位貨幣和氣候變遷。

經濟⑨。鮑爾則位於兩人之間。

與鮑爾一起推動聯準會度過二十一世紀變革的政策制訂者不只有布蘭納德和夸利斯兩人。聯準會的權力下放和偏好共識意味它的所有官員，包括華盛頓的理事和十二位地區準備銀行總裁，有時候能對政策制訂發揮關鍵作用。由於整個委員會的運作可能曠日費時，央行在制訂貨幣政策上長期以來仰賴一個神經中樞。這就是聯準會主席、副主席和紐約聯準銀行總裁組成的所謂「三駕馬車」。

這個三人小組向來為聯準會定基調、預先討論關鍵決策，並協助引導陣容較大的聯邦公開市場委員會達成共識。鮑爾精心打造了自己的核心三人組。白宮政府在任命其他理事時通常會諮詢聯準會主席，而川普早期的聯準會提名人就符合這種模式，這讓鮑爾在誰將成為他的副主席上擁有發言權。

二〇一八年初有消息傳出，川普政府正考慮由當時擔任舊金山聯準銀行總裁的約翰・威廉斯填補副主席的空缺[35]。熟悉川普和威廉斯個性的人都可以預見，總統的面談不會很順利。威廉斯是著名的經濟理論家，他和他的同事兼朋友湯馬斯・勞巴赫曾共同提出最常被使用的聯準會中性利率預估。工作之餘，他喜歡電子遊戲（《黑暗靈魂》〔Dark Souls〕）、科幻小說和魔幻寫實主義（村上春樹、大衛・米切爾〔David Mitchell〕）以及現代藝術。他的父親曾是加州兩黨州長的政策顧問，他跨越意識形態的榜樣，對威廉斯看待自己和他的職業生涯產生了巨大影響。

川普總統在挑選機構人選上展現出他對古怪的人沒有意見，但他似乎也喜歡從自己政黨的中央級成員直接尋找有影響力的銀行家。威廉斯卻完全不具備這些條件：他活潑愉快、健談、思想獨立，而且是稱不上虔誠的共和黨人。他的頭髮總是蓬亂，而且眾所周知他不喜歡打領帶。面試失敗了。

副主席的職位落在理查德・克拉里達身上，他是一位乾淨利落的哥倫比亞大學教授，也是太平洋投資管理公司顧問，歐巴馬差點就提名他而非鮑爾出任主席。

鮑爾在面談克拉里達時與他一拍即合，所以他支持川普提名克拉里達的決定。這位聯準會主席在克拉里達就職當天致電祝賀他，問這位新副主席何時可以上任，並提出他想要啟動的貨幣政策框架檢討的構想。鮑爾希望這位經濟學家主持他任期內的一項基礎計畫，為它增添思想和學術的分量。克拉里達一開始不確定，尤其是面對公眾的疑慮，但他答應了。重新思考貨幣政策的未來顯然排在鮑爾優先清單的首位。

雖然鮑爾很高興克拉里達加入，但他仍然因為威廉斯做了這一代最具開創性的一些研究

⑨ 與當時華盛頓的許多保守派共和黨人和進步派民主黨人相比，夸利斯和布蘭納德都是溫和派。儘管如此，他們在意識形態上卻差異很大。

而敬佩他。幸好還有另一個關鍵職缺：紐約聯準銀行需要一位總裁。

鮑爾也對誰獲得紐約的職位有很大的發言權。雖然地區聯準銀行董事會的九名董事中的六名負責選出地區銀行總裁，但董事會擁有否決權，因而可以指導結果。此外，鮑爾透過格倫・哈欽斯（Glenn Hutchins）而與這個程序有密切關係。哈欽斯是一位金融家，擔任紐約聯準銀行董事，並負責領導新任總裁的搜尋工作[10]。威廉斯給其他搜尋委員會成員留下良好的印象，因為他曾在舊金山聯準銀行管理一個龐大的組織，似乎為這項工作的執行和學術面做了充分的準備。再加上鮑爾透過哈欽斯表示他喜歡威廉斯，最終促成了這件事。

這項選擇立即遭到強烈反對。紐約聯準銀行已經竭盡全力宣傳將從廣泛的來源尋找總裁，並將考慮多元化的候選人。也許二〇一八年唯一比在一個仍由白人主導的領域挑選白人擔任高階主管還更引起公眾反感的事，就是在你應該已經找過所有其他人後仍然挑選出一個白人（新聞媒體已廣泛報導，董事們考慮過幾位女性擔任該職位，包括布蘭納德）。

儘管威廉斯擁有管理經驗，但與典型的紐約聯準銀行人選比較，威廉斯不太關心市場，他把市場視為更有趣的總體經濟問題背後的日常現實。多年來他習慣於誇耀自己沒有整天盯著彭博社這個無所不在的金融數字機器。他似乎把經濟學視為更高的追求，應該存在於股票和債券波動的連續劇之上，而這通常是學者和博士經濟學家普遍接受的觀點。但銀行家和交易員並不喜歡這種觀點。讓他擔任華爾街長期以來一直視為與聯準會和華爾街支持者溝通的關鍵角色，冒犯了許多業內人士⑪。

自從紐約聯準銀行第一任首長本傑明・史壯的時代以來，大銀行和市場參與者就把該機構視為自己的私人分行。儘管埃克爾斯盡了最大努力讓華盛頓成為聯準會的權力中心，但在包括葛林斯班在內的後續主席領導下，聯準會卻把紐約聯準銀行視為該系統的金融專業知識堡壘。就紐約聯準銀行而言，它也很樂意扮演金融領導者的角色。該銀行一直把自己視為「平等中的首位」(first among equals)，既因為它每次都能對貨幣政策行使投票權（與其他十一家準備銀行不同，後者的總裁只能輪流投票），也因為它執行聯準會的所有交易活動，並把央行和華爾街連結起來。紐約聯準銀行總裁是聯準系統中收入最高的官員，二〇一九年收入為四十九萬七千美元。

鮑爾的薪水由國會決定，年薪約為二十萬美元[36]。讓一位幹了一輩子的聯準會經濟學家掌

---

⑩ 哈欽斯花了數年時間在聯準系統建立一個網絡，在華盛頓的布魯金斯學會設立哈欽斯財政和貨幣政策中心。柏南克、葉倫和唐納德・科恩（Don Kohn）在離開聯準會後都在那裡工作，他們的走廊被開玩笑地取名為「FOMC，即前公開市場委員會（Former Open Market Committee）」。朋友們直言不諱地說，哈欽斯對貨幣政策和參與聯準會的興趣源於他對這個主題的學術著迷。無論如何，當紐約聯準銀行董事們考慮讓誰來領導最強大的地區央行時，他似乎是一個可以成為與聯準會間的溝通管道的理想人選。

⑪ 威廉斯自由自在的態度很適合舊金山，那裡的員工穿著運動鞋到辦公室，但在紐約偶爾會發生衝突，那裡的人打領帶，穿禮服鞋。他還與他的新資深幕僚口角，這種情況最終導致有人被開除和辭職。

理紐約聯準銀行，似乎能確保該分行更緊密地融入系統中，進而可能削弱其特殊性和獨立性[37]。

在紐約的問題之外，鮑爾的三駕馬車在提供建議和形成想法方面合作無間。威廉斯擁有數十年的央行經驗，對經濟的未來有清晰的想法。克拉里達是一位知識分子、學術型人士，對名字和個性有無與倫比的記憶力，他經常被用來放出官員們所謂的「試驗氣球」，也就是聯準會正在測試但不想被當成官方政策的想法，直到它讓公眾做好準備並了解會有什麼反應。華爾街了解克拉里達的溝通角色，並會特別注意他說的話。

這三個人私下也相處得很好。都會彈吉他的鮑爾和克拉里達甚至在聯準會二〇一八年的假日派對上，合作演奏了裸體淑女（Barenaked Ladies）版的「天賜歡樂」（God Rest Ye Merry Gentlemen）；第二年，他們表演了一首安可曲「世界現在需要的是愛」（What the World Needs Now Is Love）。

儘管如此，三駕馬車在鮑爾領導下的聯準會中並不是最重要的。鮑爾是那種先制訂大目標，然後委派重大任務的領導人。他希望在他的任期內確保聯準會做好應對二十一世紀挑戰的準備，但他希望整個央行都參與其中。

鮑爾標記性的政策框架檢討的外展計畫，也許能最清楚展現聯準會當時的協作方式，以及聯準會在二〇一九年和二〇二〇年進行大規模改革時希望實現的目標。鮑爾、聯準會辦公室主任米歇爾・史密斯和克拉里達對這個想法做了微調，在對聯準會框架進行學術檢討的同時，也在央行的全國系統舉辦一系列社區活動，希望得到公眾的反饋和支持[12]。等到他們把一個由聯準會官員和幕僚組成的委員會帶進這個反饋圈後，便由布蘭納德帶頭推動。

在一次早期針對外展計畫的內部討論中，聯準會官員和經濟學家嘗試構思一個架構。他們應該如何明確表達聯準會正在舉辦教育活動以便向社群團體解釋貨幣政策，以及如何納入這些團體的觀點？他們想傳達的重點是什麼？他們如何避免聽起來不誠懇或不真實？這並不表示他們打算根據扶輪社的建議制訂一個新框架來制訂美國的貨幣政策，而且這點必須從一開始就很明確，因此他們必須避免過度承諾。參與討論的人反覆推敲這個計畫的標題。

布蘭納德在會議的大部分時間保持沉默，但她突然用手指敲面前的桌子。大家的目光都轉向她。

「聯準會傾聽（Fed Listens）。」她靠回椅背，簡單但斬釘截鐵地說。

「就是這樣。」克拉里達回答。

她的五個字似乎抓住了鮑爾的聯準會最深切的願望。央行希望保持透明，不是因為它能讓政策更加有效（柏南克的創新），而是因為它希望公眾感到被傾聽。

「調查顯示，世界各地的人正對大型機構失去信心，因此我們嘗試維持公眾對聯準會的信心就好像在逆流而行。」鮑爾曾向市政廳的教師們解釋[38]。

除此之外，還有大量證據顯示聯準會需要改善傾聽的技巧，而且這與提高聲譽無關。二〇〇八年危機和它的政治後果，越來越被認為是一個分成兩部的悲劇。經濟學家沒有對模型之外發生的事給予足夠的關注，沒有看到房地產市場的泡沫，以及後來許多人沒有足夠仔細傾聽失業工人的聲音，因此沒有發現有多少人想重返就業市場。如果他們這麼做就可能制訂不同的政策，讓低利率維持更久⑬。

聯準會的領導階層和大部分幕僚都畢業於最好的大學，擁有良好的專業關係。他們中的許多人成年後的大部分時間是在紐約或華盛頓度過，通常是隔絕在上流社會的泡泡中。鮑爾、布蘭納德和夸利斯可能代表了不同的政治觀點，但他們顯然都很富有。大多數高階聯準會官員至少都很富裕，許多人從未、或至少近來沒有經歷過美國中產階級和所得分布下半層家庭所面臨的日常經濟挑戰，他們從沒有為如何支付孩子的大學費用和醫療帳單而失眠過。由於他們的經濟經驗與一般美國人有很大差異，所以傾聽極其必要。

隨著時序進入二〇二〇年，鮑爾的聯準會不知道接下來會發生什麼。但官員確實知道，如果經濟再次遇上麻煩，他們不想再疏忽關鍵的細節。

---

⑫ 最初的構想可能來自聯準會幕僚，但確切時間並不清楚。

⑬ 針對這兩種情況，都有政策制訂者提出這些問題。眾所周知當時擔任舊金山聯準銀行總裁的葉倫曾就房地產泡沫問題發出內部警告。在二〇一五至二〇一八年的升息周期中，瑪麗・戴利（Mary Daly）和卡什卡里等聯準銀行總裁都對勞動市場的緊俏程度表示懷疑，但他們的聲音並非當時的主流看法。

第七章　狂亂的三月

恐懼是你能想像到的最具傳染性的疾病。

——華倫・巴菲特，二〇二〇年演講

二〇二〇年二月二十八日華盛頓黎明時分，川普總統正在為週五晚上要在南卡羅來納州舉行的競選集會做準備。他將吹噓美國的低冠狀病毒感染率，同時告訴擠滿體育館支持者，自由派正在把這種疾病變成一個新政治「騙局」[1]。聯準會主席鮑爾在馬里蘭州切維蔡斯綠樹成蔭的街道旁邊的家中醒來，他想的事卻完全不一樣。

這一年有一個足夠吉利的開頭：他兒子的婚禮很圓滿，失業率以半個世紀以來的最低點三・五%進入這個新的十年，而擾亂了市場且讓央行官員輾轉難眠的貿易戰在二〇一九年似乎很平靜。有關中國新冠病毒的報導已開始佔據頭條新聞，但當鮑爾一週前抵達沙烏地阿拉伯利雅德參加二十國集團（G20）的全球經濟官員會議時，他認為疫情可能會局限在亞洲。隨著中國為遏阻疫情蔓延而封鎖經濟，切斷全球商品和服務的重要客戶群並打亂供應鏈，美國可能會感受到外溢效應，但經濟問題可能主要是區域性的[1]。

事件的發展很快就改變他的想法。鮑爾整個週末都在關注韓國感染人數上升和伊朗疫情爆發的新聞。二月二十二日週六，當他參加在阿卜杜勒・阿齊茲國王國際會議中心（KAICC）和棕櫚樹環繞的麗思卡爾頓酒店（Ritz Carlton）舉行的會議時，意大利北部報告了數十起新病例[2]。隨著歐洲疫情的蔓延，有關病毒的討論語調開始轉變。病例數不斷增加，隨著每次疫情爆發的宣告，人們變得更加擔憂。地理的隔絕無法形成障礙，無法在美國邊境周圍形成防衛並阻止傳染病蔓延。等到鮑爾登上返回美國的飛機的時候，這種病毒的傳播力已經無庸置疑，此刻他依循聯準會主席的慣例乘坐商務航班，在飛行中穿著當時千禧世代和酷爸爸很流行的輕便Allbirds運動鞋[3]。

這位聯準會主席在利雅德曾聯繫他的同事，要求他們研究政府的緊急權力。美國將如何因應全球疫情，聯準會將如何配合這些應對措施？

二月二十四日週一，經過十四個小時的飛行後，當他抵達華盛頓杜勒斯機場時，他做的準備證明不是過於謹慎的應變規劃。他打開手機，看到一大堆錯過的電子郵件和訊息。股價指數正在暴跌，鮑爾的憂慮似乎也已感染了社會的集體心理。

情況從那時候起持續惡化。聯準會副主席克拉里達預定於二月二十五日週二在全國企業經濟學家協會（NABE）演講。由於聯準會經常用他的演講來傳達正在測試、但還未準備好轉變成政策的想法，所以這次演講將為央行提供一個機會，以凸顯它對該病毒構成多大威脅的立場。

但如果演講聽起來太像是示警呢？當鮑爾和克拉里達討論演講稿時，他們認為保持適當的平衡很重要。業內最優秀的經濟預測人士仍然只預測疫情蔓延對經濟成長只會造成輕微打擊，而不是全面的危機。如果聯準會表現得過於擔心，市場就會認為他們了解公眾不知道的疫情資訊，但事實並非如此。鮑爾對美國遭受的衝擊越來越焦慮，而克拉里達仍認為主要影響將集中在亞洲，而對美國的影響主要將來自國內的經濟減緩。

克拉里達一月下旬在彭博電視台露面時，對一個有關疫情的提問感到意外，並稱該病毒是一個「變數」。他使用一種能展現謹慎但不驚慌的語言。新冠病毒可能對全球經濟構成威脅，但截至當時的一月下旬，還無法判斷這種威脅有多大。

① 就時間順序看，接下來幾頁中的相關事件發生在第二章中詳述的聯準會採取更嚴厲因應措施之前。它們解釋了聯準會官員在新冠疫情出現時如何看待它，以及他們的看法如何形成二〇二〇年三月中旬的因應措施（第二章的主題）。

到了二月二十六日週三，美國疾病管制與預防中心（CDC）確認加州出現一個非源自中國的新冠病毒病例，顯示這種疾病正在美國社區傳播[4]。義大利的病例數持續飆升，新冠病毒正獲得越來越強的動能，足以關閉全球經濟，而世界正在意識到這個現實。在華盛頓的聯準會大樓，官員們開始變得更加憂心忡忡。

鮑爾會見了克拉里達和高階幕僚，包括貨幣事務主任湯馬斯・勞巴赫、金融穩定主任安德烈亞斯・萊納特、幕僚長米歇爾・史密斯，和一小群其他經濟學家和官員，舉行長達一小時的計畫會議。這次會議的召開證明了央行領導人憂慮迅速加深的程度。

鮑爾告訴他的同事，情況很嚴重。他們需要透徹的思考。

他們對病毒可能演變的情況和會有什麼影響進行分析。遭到疫情衝擊的二〇二〇年經濟將如何開展？

聯準會研究和統計主任史黛西・泰夫林（Stacey Tevlin）告訴她的同事：「社交距離可能對需求產生巨大影響。」「社交距離」是個新詞，聽起來很陌生，甚至有點可笑。

「我們討論的事會有多糟，里奇？」鮑爾詢問他的副手克拉里達，想知道最糟的情況。

「機率分布有平均值、右尾、左尾。」克拉里達引用常見的統計鐘形曲線說：右尾包括低機率的好結果，左尾包括低機率的壞結果，平均值則包含更多較可能、較不極端的情況。

事實上，他回答的是基本統計學，而不是回答情況恐怕不妙。

「全球金融危機？」鮑爾問，指的是像二〇〇七至二〇〇九年的金融危機。

「不會。」克拉里達回答道，透過厚厚的黑框眼鏡看著他的同事。他說話時一如往常地帶著大學教授特有的冷靜。

「不會，最壞的情況意味它基本上看起來像大蕭條。」

這句話迴盪在空中好一會兒，然後克拉里達解釋他的預測。如果像義大利一樣整個城市必須在一夕間關閉，它就不會像過去的金融危機那樣波及金融部門，並慢慢損害實體經濟。人們將立即失去生計，家庭將停止支付抵押貸款，商店將停止支付租金，經濟或市場的任何部分都將受到破壞。企業負債已經很高，因此現金流的突然凍結，可能導致大量債券和抵押貸款投資的不穩定。

問題是如何因應。央行官員在那次會議上沒有討論政策方針，但他們從一開始就知道，要因應即將發生的情況工具可能很有限。

聯準會的第一道防線和過去一樣是利率。聯邦資金利率維持在一・五％到一・七五％間，這將為聯準會提供六次正常降息的空間（因為利率升降通常以四分之一個百分點變動），或者是幾次震撼式的超大幅降息。但嘗試鼓勵借貸來提振需求是不是解決當前問題的正確方法則很難確定。

官員們在二〇二〇年二月下旬面對的，並不是消費者因為擔心經濟前景而停止購買房屋、汽車和沙發，而是因為畏懼致命的病毒而完全遠離商店和餐館。此外，由於憂心忡忡的銀行和金融公司在不確定性的情況下採取了更謹慎的放款方式，而低廉的借貸成本會不會轉嫁給借款人則還無法確定。當整個經濟面臨無限期的關閉時，有誰會放款給一家新餐廳？

到了二月二十八日週五，川普在南卡羅來納州發表演說那天，道瓊工業指數即將迎來二〇〇八年金融危機以來最糟的五天連跌。前一天該指數暴跌一千二百點，創下歷來最大單日跌幅[5]。白宮對新冠病毒的因應對策猶豫不決。它成立一個特別工作組，在一月底頒布來自中國的旅行禁令，並於二月二十四日要求為疫苗開發和其他病毒因應措施提供二十五億美元經費[6]②。川普在二月二十七日新聞記者會上，預估當時全美國的新冠病毒感染人數約為十五人，並且「幾天內將下降到接近零」。

「我們做得非常好。」他恭賀自己說[7]。

共和黨多數黨領袖的肯塔基州參議員密契・麥康諾（Mitch McConnell）二月二十七日在參議院承認，無疑的該病毒將在美國造成「某種程度的破壞」。隨後他對紐約民主黨少數黨領袖查克・舒默（Chuck Schumer）發起攻擊，指責他提高了初期因應措施所需的資金目標。舒默也上台譴責川普削減傳染病研究與公共衛生計畫資金，以及輕描淡寫疫情的嚴重性，指責他「極度危險的無能」[8]。

來自麻薩諸塞州的進步派民主黨人伊莉莎白・華倫提出一項法案，建議把川普想在墨西哥邊境興建高牆的資金重新分配給美國衛生及公共服務部（United States Department of Health and Human Services），用於應對病毒。從這件事可以進一步看出已經展開的黨派之爭[9]。

截至那週稍晚，新冠病毒已感染全球八萬多人，並導致三千人死亡。《紐約時報》週五早上的頭版報導，投資人已開始擔心即將到來的經濟衰退，「疫情可能抑制消費者需求，因為即使沒有政府命令，人們也會限制旅行或留在家裡[10]」。

美國必須採取一些措施來減輕新冠疫情勢必會造成的經濟和金融影響。隨著政治爭論展開，非選舉產生而且可以靈活採取措施的聯準會，似乎越來越有可能成為政府願意且能夠迅速反應的一部分，不管它的工具是否適合這個目標。

二月二十八日週五，鮑爾完成早上的例行公事後開始瀏覽推特和主要的新聞報導，不斷升高的經濟危險壓在他的心頭。他和克拉里達已開始討論是否有必要採取一些行動。迅速改變政策可能被視為過度反應，但寧可早點過度反應，勝過在經濟發生百年一遇的震撼卻遲於或未能提振經濟。當鮑爾坐進他那輛不起眼的黑色轎車，前往與財政部長梅努欽共進每週一次的早餐時，不祥的預兆也正悄悄逼近。

鮑爾和財政部長在聯準會莊嚴的埃克爾斯大樓的密室會面。聯準會總部完工於一九三七

② 提供一點背景參考，這還不到最終分配給新冠疫情應對措施經費的千分之二。

年，兩廂都以格魯吉亞大理石建成[11]。它距離白宮約一英里，距財政部也只稍遠些，這與鮑爾的立場有一種隱喻式的違反。在一連幾個月忍受總統的攻擊後，這位聯準會主席已很少與總統交談，但他與梅努欽保持良好的工作關係。兩人在私募股權領域有共同的背景，並且在政策領域都採取務實的態度。

除此之外，他們在表面上的差異就像兩個享有特權的白人一樣。鮑爾年紀更大，剛滿六十七歲，他的財富也堪稱經典。一九七一年，他從喬治城預科學校畢業，這是一所僅限男生的耶穌會校園，比小羅伯特・甘迺迪（Robert F. Kennedy, Jr.）早了一個年級，比未來的最高法院法官布雷特・卡瓦諾（Brett Kavanaugh）早了十幾年。當傑羅姆（大家都稱之為「傑伊」）長大時，鮑爾家族曾是著名的切維蔡斯俱樂部成員。在普林斯頓大學和喬治城大學接受教育並進入法律和投資銀行業後，他在三十多歲時加入托尼會員制的紐約運動俱樂部（唯恐非曼哈頓人認為這只是一個健身房，會員頁面用橙色大字寫著該俱樂部可以「打開通往專屬世界的道路」。它基本上是一%的人的社交俱樂部）[12]。等到他擔任聯準會主席時，他在華盛頓最菁英的圈子已擁有廣泛的人脈。儘管如此，朋友們還是說鮑爾是那種有錢卻不為錢而活的人，他選擇擔任公職作為自己的職涯的終站這個事實可能足以證明這一點③。

梅努欽比鮑爾小十歲，更富有，而且外表更光鮮，他的淨資產估計高達三億美元，是鮑爾的四倍。根據《紐約時報》報導，他在大學時開一輛紅色保時捷，車內是訂製的格子內飾[13]，在高盛工作一段時間後，他在他位於漢普頓的家附近創立一家叫沙丘資本（Dune Capital）的避險基金，以他家附近的一個地方（大概是一堆沙子）命名。他曾幫助資助電影，包括《樂高玩電影》（The Lego Movie）和《阿凡達》（Avatar），並在二〇一七年由副總統主持的儀式上與他的第三任妻子、蘇格蘭電影明星露易絲・林頓（Louise Linton）結婚[14]。那一年這對夫婦曾因為一件事引起公憤，起因於林頓在Instagram張貼了一系列有關財政部旅行的照片（#rolandmouret、#hermesscarf、#tomford和#valentino），照片中的她穿著各式各樣高檔的設計師服裝，然後她在評論中與一位俄勒岡州的女性發生爭執，因為後者暗示這對夫婦的旅行就是政府濫用公帑的證明。

「啊！！！你以為這是私人旅行嗎？！可愛極了！」林頓回答道，然後說出了一些精選短語，其中包括：「我很確定我們為一日『旅行』繳納的稅款比你多[15]④。」

梅努欽本人的形象整體上並不那麼引人注目。儘管如此，他在華盛頓圈子裡還是個異

③ 說「可能」是因為截至撰寫本文時，尚不清楚鮑爾卸任聯準會主席後會做什麼。在他之前的幾位主席透過演講和為華爾街公司提供諮詢而賺進數百萬美元，而鮑爾在獲得再提名期間曾拒絕簽署伊莉莎白・華倫提出的道德承諾，要求他不得在離開政府後四年內從事金融服務工作。

④ 在此八卦地補充一下這種對比：鮑爾和梅努欽的妻子都拍過電影。艾莉莎・倫納德飾演的莎莉・帕喬洛克（Sally Pacholok）是一名急診室護理師，她為了正確診斷B-12缺乏症而歷盡艱辛。露易絲・林頓在《瘋子，你和我》（Me You Madness）中，飾演一位痴迷於時尚且性成癮的避險基金經理，而且是個食人連環殺手。

類，華爾街主管和分析師通常描述他在決策上不夠份量，或是只會阿諛奉承總統。儘管如此，鮑爾發現他很有能力，而且兩人合作得很有效。他們每週一次的會議在早餐或午餐時舉行，往往很有建設性。

不過，當天鮑爾抵達時，氣氛十分嚴肅。他大口吃著他平常吃的優格和水果時，財政部長則吃了藍莓、蛋白和咖啡，兩人一面討論這種快速傳播的病毒可能造成的嚴重影響。隨著股市持續暴跌，債券市場也開始出現波動。目前還沒有什麼狀況達到臨界點，但這種情形可能很快就會改變。

早餐後，鮑爾走回辦公室，一面思考世界和央行面臨的問題，穿過埃克爾斯大廈高挑的大廳時，他的鞋子在冰冷的地板上發出輕輕的嘎吱聲。該是發出明確訊息的時候了。

投資人認為，聯準會正在觀察這場流行病的發展，雖然不像政府表現出的那麼冷漠，但態度也相去不遠。聖路易聯準銀行總裁布拉德一直表示擔心這種病毒還時過早。一週前他曾對CNBC說：「新冠病毒很可能消失。」克拉里達在當週稍早的演講故意含糊其辭，但媒體關注的是他的聲明說現在要判斷病毒的發展「還太早」，而沒有注意到他隱晦地警告情況可能很嚴峻。

鮑爾認為，明智的作法是表明央行已意識到風險並準備應對風險。他將發表一份聲明。

鮑爾花了幾個小時與十二位地區聯準銀行主席中的許多人交談，詢問他們從所在地區的商界領袖那裡聽到了什麼。與外國同行、包括英格蘭銀行、歐洲央行的通話被納入了他的日程中。那天中午他、克拉里達和威廉斯，聯準會的領導三人組，討論了正在發展的局勢和應對措施。一整天，聯準會主席都在看電視上播放的CNBC，同時盯著彭博社螢幕上的行情。終端機傳達的都是壞消息。

二月二十八日下午二點三十分，正當市場大出血的時候，鮑爾發表聲明：新冠病毒帶來不斷變化的風險，聯準會正在「密切監視」事態發展，它將「採取適當行動」來支持經濟。

這是一次極不尋常且完全刻意的努力，目的是讓美國人知道聯準會正準備做出回應，可能會在預定三月十八日召開的會議前降息。股市暫時鬆了一口氣。消息發布後幾分鐘內，鮑爾就重新開始使用手機。

到了下週一，鮑爾已準備好制訂一項緩衝經濟的計畫並付諸行動。梅努欽原定於三月三日週二上午召開七國集團（G7）電話會議，而鮑爾則決定，如果聯準會要降息，那麼降息的時機可以選在接近該會議舉行時。

週一當天他連續打了約二十通電話，與國內和各國領導人交談，其中包括即將卸任的英格蘭銀行總裁馬克・卡尼（Mark Carney）和歐洲央行總裁克里斯蒂娜・拉加德（Christine Lagarde）。但全球協調應對的空間很小，因為全球央行的政策利率都徘徊在歷史低點。美國最有能力對正在發生的危機採取貨幣應對措施。

鮑爾與他的同事達成了共識，到當天下午稍晚，聯準會已準備好進行從二〇〇八年以來的第一次緊急降息。考慮到這個決定的重要性，聯準會內部的討論出奇地順利。在目睹市場流血和歐洲各國紛紛採取隔離措施後，即使是一向好爭議的聯準會官員也願意提前調整利率，以應對可能很快降臨美國的災難。聯準會在晚上七點三十分召開正式視訊會議以討論這項變更，從波士頓到舊金山，地區總裁和他們的經濟學家從遠端辦公室加入會議。由於委員會的會議室平常沒有舉行電話會議所需的設備，鮑爾與其他理事只好聚集在聯準會的特別圖書館，那裡是一個擺滿書架的小房間。由於沒有時間安排晚餐，而且聯準會附近也沒有好吃的餐廳，即使是最近的星巴克也需要走上一小段路，所以華盛頓的大多數與會者都沒有好好地吃飯，至少有一名官員決定在會議開始前不久從聯準會便利商店隨便喝了一杯優格和一瓶健怡可樂。這種輕微的匱乏只會讓人更加感到陌生和驚慌。

紐約聯準銀行市場部門負責人蘿莉・羅根在曼哈頓大樓的一間會議室中做預測，市場開始動盪不安。她報告說，在鮑爾週五發表聲明後，一些投資人預期全球央行將協調降息，這讓人聯想到國際政策制訂者在金融危機最嚴重時的聯合行動。

官員們一致認為，他們必須在第二天早上的七國集團會議後儘快採取行動，以避免經濟損失。一些人在細節上存在分歧（有些人贊成立即採取行動），但與會者決定等到週二以安排溝通事宜，讓主席和聯準會幕僚有時間為緊急記者會做準備。鮑爾延遲投他的票，以便委員會可以等到第二天早上才發布公告。

三月三日，隨著股市開盤大幅下跌，鮑爾投了票，正式做出降低借貸成本的決定。聯準會在上午十點宣布這項行動[16]。這次降息半個百分點把聯準會的主要利率降至一%到一・二五%的區間，也讓聯準會堅定地站在美國經濟因應病毒的第一線。

市場對這個震撼性行動的反應介於失望和擔憂間。股市短暫反彈後又恢復下跌，許多分析師把它歸因於投資人希望看到全球央行的協調行動——如果不是這麼做的話，不管聯準會有多強大都無法抵抗百年一遇的大疫情。

降低利率將使企業和消費者的借貸成本略微便宜些，而且可能讓市場相信聯準會正在關注情勢，進而有助於投資人保持冷靜。但這不是萬靈丹。儘管這是鮑爾和他的同事當時可以採取的政策選擇，但它無法讓關閉的工廠重新開張、無法把中國遊客帶到美國，也無法解決美國工廠買不到中國零件的短缺問題。

當分析師和記者忙著解釋聯準會的舉動和華爾街的冷淡態度時，鮑爾前往參加倉促安排的新聞記者會，地點在華盛頓第一街一棟不起眼的辦公大樓寒冷的地下室。他一面走近講台，一面拉直他淡紫色的領帶，準備回答尖銳的問題。一些聯準會觀察家將指責他利用疫情爆發作為向川普低頭的藉口。甚至在當天上午降息前，分析師就已警告聯準會採取緊急措施將浪費寶貴的政策空間。他們指出，央行無法解決所有問題。

正如鮑爾經常遇到的情況，他開始講話後很快就能聽出他在意的是哪些批評。「降息不會降低感染率、它無法修復斷裂的供應鏈，我們了解這些事實。」這位聯準會主席承認：「我們認為我們還沒有找到所有答案。」

不管有沒有答案，聯準會都必須拿出更多解決方案，而不只是一次降息，這個現實在接下來幾天已變得無可逃避。隨著大學停課、城市發布通知要求企業關門，人們也開始感到恐慌，一個世紀來全世界從未經歷過像這樣的一場大瘟疫。聯準會採取降息一週後的三月十日，西雅圖關閉了公立學校，成為美國第一個採取這項措施的主要城市[17]。美國國家過敏和感染疾病研究所（NIAID）所長安東尼・佛奇（Anthony Fauci）告訴國會議員，新冠病毒的致死率是季節性流感的十倍。第二天有消息稱，大學籃球錦標賽將在沒有觀眾的情況下進行。

當時還不清楚民選政治人物會不會迅速應對正在展開的危機。儘管墨西哥的病例數接近零，川普總統還是抓住時機在美國南部邊境推動他長期想興建的圍牆，並發表推文稱：「我們比以往任何時候都更需要這道牆！」[18]他還利用這個新機會批評鮑爾，在推文中稱「我們以鮑爾為首的可悲且行動遲緩的聯準會」應該進一步降息。

隨著恐懼開始籠罩社會，華爾街的動盪使緊張進一步升高。三月九日週一，股票期貨（投資人用來在上午九點三十分股市開盤前押注市場）暴跌如此之快，以至於觸發所謂的「熔斷」，交易所暫停交易十五分鐘以避免恐慌性拋售的惡性循環⑤。持續的快速下跌從此展開[19]。

隨著川普政府在三月十日表示政府可能推出刺激計畫，讓市場短暫地鬆了一口氣，但很快又再度惡化。三月十一日世界衛生組織正式宣布新冠病毒為全球流行病[20]，道瓊指數應聲重挫一〇%，創下一九八七年以來最大跌幅[21]。

CNBC報導：「在川普總統和聯準會都未能解決人們對新冠病毒導致經濟減緩的擔憂之後，週四股市再次暴跌。」顯然投資人希望看到救援措施。股市反映了更廣泛的金融市場的情況。

在更詳細描述這場如本書前言所述的大屠殺前，我們有必要先回顧在正常時期各個不同的市場開始崩潰是如何發生的。

當有人購買股票時，他們購買的是一家公司的股份所有權，通常稱為股權。股票提供高回報、用金融術語來說就是「報酬」，是因為它們有風險。股東擁有他們所投資公司的一部分，因此公司的成功或失敗攸關他們的利益，如果公司失敗，他們是最後獲得清償的人。標普五百指數、那斯達克指數和道瓊工業指數等主要指數追蹤一系列個股，它們是最受關注的即時金融數據，因為它們反映了被廣泛持有、可快速交易且易於了解的資產。當你在特定時

⑤發生這種情況的部分原因是，俄羅斯和沙烏地阿拉伯當局前一天晚上未能就石油減產達成一致，導致油價下跌，能源公司的前景惡化，並讓原已憂心忡忡的股票投資人感到不安。

間打開CNBC或彭博電視時，你可能看到閃爍的紅色和綠色指數跑過螢幕底部，包括指數的點數和漲跌百分比。

隨著投資人對企業未來信心的增強或減弱，個別公司的股價也呈現上下波動，但它們也可能受更廣泛的市場情緒影響。例如，如果投資人擔心經濟，他們可能賣出即使是體質穩健的公司股票，以便把資金轉移到更安全的地方。由於指數把許多公司集中在一起，它們的走勢往往反映了整體商業環境。這就是三月第一週和第二週暴跌的股市指標所傳達的意思：商業前景突然急劇惡化。

股票只是任何一天的金融故事的一部分。公司和政府借錢來支應其營運或投資的債券市場，是世界金融基礎設施中更重要的一部分。截至二〇二〇年，債券市場總額達到一百零五兆九千億美元，而全球股票市場的總值則為九十五兆美元[22]。公司、聯邦政府和市政當局利用所謂的債券「初級市場」（primary market）來出售債券，這些債券基本上是承諾在未來某個日期償還的債務，通常在那段期間會定期付款。購買債券的人可以持有債券直到到期日，並從利息支付中獲利，也可以在債券的價格和殖利率（長期持有債券者所賺取的獲利率）隨著時間和經濟情況波動的「次級市場」（secondary market）上進行債券交易。

債券的價格與其殖利率的走勢相反。假設你以一百美元向你最喜歡的甜甜圈公司購買了一張債券，該債券承諾在三年內支付二％的年息。該債券會償還你三次二美元，並在合約結束時償還一百美元。但在這段期間情況可能會改變。也許整個經濟的利率會飆升，因此你用投入的錢賺到的六美元可能變得一點也不划算。也許這家甜甜圈公司在可頌麵包熱潮中陷入財務困境，看起來像是會破產，而且無法按時全額償還一百美元的風險隨之升高。這種變化將導致次級市場的債券價格下跌。當債券價格下跌（假設跌至九十五美元）時，殖利率就會上升。購買該債券的人在債券發行期間仍會獲得一百零六美元，但他們花九十五美元購買的投資回報，不再是用一百美元購買賺六美元，而是十一美元。

從債券市場走勢解讀經濟是否面臨利多或利空消息比較困難，因為有許多因素會導致債券價格波動。例如，憂慮的股東往往會在遇到麻煩時把現金轉向安全的債券，因為如果公司破產，債券持有人會比股東優先獲得清償。驚恐的投資人特別會湧入美國公債市場，因為美國公債被認為非常安全，而且通常很容易買賣。

雖然「債券」一詞通常指長期債券，但公司（尤其是銀行）也透過發行所謂的商業票據在債券市場上做短期借款。短期借款以及一年內到期的其他類型債務（包括短天期美國公債）構成了通常所謂的貨幣市場。一般投資人用來儲存現金並賺取略微稍高回報的貨幣市場共同基金，會大量投資於商業票據和短天期公債。

債券市場主要由避險基金和指數股票型基金（ETF）等大型市場參與者進行交易，並透過一系列短期借貸安排與股票、貨幣和商品市場交互關聯。它們共同構成一個複雜的金融蜘蛛網，存在於傳統銀行業務的邊緣[23]。二〇二〇年三月的危機，觸動了這個體系的各個部分。

一直到三月九日市場仍在拋售，但市況仍保持有序狀態。顯然投資人想出售可能受到衛生危機影響的股票和高風險公司債等資產，以尋求更安全的投資。由於人們爭相避險，推升長期公債價格攀升並壓低殖利率。疫情幾乎可以確定會帶來巨大的經濟衝擊，一切看來或多或少都符合人們的預期。當紐約聯準銀行當天增加對短期市場主要參與者的臨時現金挹注時，分析師稱這是個謹慎但預防性的作法[24]。

華盛頓的聯準會官員把週一（距緊急降息大約一週後）用在討論是否必須在即將到來的三月十八日的會議上再進一步降息，他們還距離確定這個計畫還很遙遠。事實上，他們已經開始考慮如何調整會後聲明中的用語，以便在不立即降息的情況下保留他們的選擇。

然後，在短短的四十八小時內，市場開始崩潰。

這個改變從三月十一日開始，當天世衛組織正式宣布全球正經歷一場大瘟疫，導致股市直線下跌。隔天原本有序的貨幣市場基金贖回開始更像是現代版的銀行擠兌，大量投資人要求贖回他們的投資，使基金不得不調整投資組合以釋出現金[25]。在這個過程中，它們停止購買商業票據。憂心的公司看到它們將因為短期債券市場凍結而失去重要的資金來源，因此紛紛動用銀行的信貸額度。

銀行也開始遇到問題：隨著客戶提領貸款並保留現金存款以及證券開始迅速易手，它們的資產負債表規模也變得越來越大。由於二〇〇八年危機後強化的一項重要法規是，大型銀行被要求按照其曝險比例保留易於動用的資本（主要是股東權益以彌補可能的損失）。這項法規沒有區分風險資產和非風險資產：不管銀行持有風險貸款或財政貸款，都需要持有相同的資本。隨著銀行及其附屬交易商擴大資產負債表並越來越接近限制，它們可能不願意進行低風險、低回報的業務，例如暫時持有公債[26]。銀行不想超過這些限制，因為保持更多資本會讓他們付出成本。它們不再願意充當買賣債券的市場中間人。財務現實讓它們更加猶豫。公債看起來越來越難拋售，沒有人願意到了最後滿手都是公債。

當人們嘗試出售各種資產卻只有很少買家能滿足激增的供應時，情況就變得一發不可收拾。

外國公司在前幾年發行了大量美元計價的債券，現在它們發現債券很難展期——短期貨幣市場的動盪加劇了這個問題，因為許多公司在短期貨幣市場籌措美元。國外公司和外國央行都開始出售美國公債，以確保它們有美元來支付帳單，而對央行來說，則是為了維持本國貨幣穩定。當這種情況發生時，公債市場的正常價格關係開始失控。

市場問題很快就從嚴重變成災難。避險基金原本保持熱絡的交易，但在政府債券市場的波動下也開始急轉直下。根據一項估計，光是避險基金在三月就拋售了九百億美元的美國公債，而外國持有者則拋售了三千億美元[27]。由於眾多投資人急於拋售，作為所有其他市場後盾的美國公債交易開始惡化。

聯準會迫切希望恢復常態。允許公債市場繼續崩潰將出現永久損害公債安全聲譽的風險，這將削弱全球金融的基礎。鮑爾、克拉里達、威廉斯、羅根和其他幾位聯準會官員，在三月的最初幾週一直在思考如何應對這場在他們眼前蔓延的危機。三月十二日，紐約聯準銀行宣布將加速一系列稍早計畫的公債購買，這些購買原本就是為了維持市場穩定。現在他們也將購買較長期債券，而不只是短期票據，因為整個市場的投資人都一面倒地想賣出沒人願意購買的公債[28]。儘管進行了這些干預，市場仍然一蹶不振。三月十三日週五，紐約聯準銀行宣布將在一天內購買它每月債券購買配額的一半，這是一個迅速有力的改變，至少在口頭上是如此[29]。但這並沒有解決任何問題。顯然央行必須在週末召開會議。

三月十五日，即本書開頭敘述的那個週日，聯準會採取了戲劇性的行動，央行官員把利率從三月三日以來保持的一％調降為零。他們推出一項大規模的債券購買計畫，並放寬交換合約的條件，使外國央行能更容易取得美元資金，並把這些資金挹注給管轄範圍內需要美元來償還債務的銀行和企業，或進行日常的交易。這套方案是玩真的：聯準會想傳達它將採取一切措施來使市場恢復正常。

鮑爾在會後記者會上說明計畫中的購買公債時表示：「我們將從明天開始強力出擊。我們真的要使用我們的工具來做必須做的事，那就是讓這些重要市場恢復正常功能。」

鮑爾和他的同事知道，三月十五日的這套方案雖然有眾多配套，但還是不夠。聯準會的行動速度已經比它一個多世紀以來因應任何危機時都快，但真正的問題是這些行動是否夠快。市場並不是建立在這樣的假設上的：一場全球性的震撼，就能導致世界商務在短短幾天內陷於停滯。

這就是正在發生的情況。美國各州都在實施封鎖和宵禁，導致大批服務生、調酒師和其他服務業員工失業，陷於生計難以為繼的困境[30]。百老匯已在三月十二日關閉。正當央行官員宣布把利率調降至零時，紐約市政府宣布了自己的決定：它將關閉數萬家酒吧、餐廳和當地公立學校系統，以遏阻疫情蔓延[31]。

許多投資人希望聯準會能採取無限制的應對措施，以拯救看起來已搖搖欲墜的市場。央行在那個人心惶惶的週五已做了很多事，但沒有提出任何具體計畫來幫助商業票據發行者和投資人，或遏阻貨幣市場基金的流血。低利率對解決正在發生的經濟崩潰幾乎無濟於事，而且由於公債市場運作失靈，超低廉的借貸成本能否惠及消費者還無法判斷。這場動盪已足以阻礙新信貸的流動，因為銀行業對接下來會發生什麼事採取觀望態度，聯準會迫切需要疏通金融管道。

美國銀行（Bank of America）策略師週五在一份有關貨幣市場基金的報告中寫道：「如果聯準會等待太久，大規模撤資的風險可能升高[32]。」

在聯準會官員結束三月十五日的會議後，通常會坐滿政策制訂者、現在卻詭異地空蕩的理事會會議室，鮑爾把安德烈亞斯・萊納特拉到一旁。萊納特從二〇一六年以來一直領導有五十個人的聯準會金融穩定部門，致力於研究聯準會可以採取哪些工具來拯救市場。雖然央行在十二年前席捲全球的金融危機中廣泛使用了緊急貸款權力，但危機後的改革改變了所謂的最終貸款人的權力，市場本身也發生了變化。萊納特和他的團隊一直在與紐約和波士頓聯準銀行的同事合作，以策劃如何在新限制下重建二〇〇八年及其後支持主要貨幣市場的方針。

鮑爾說，是時候讓他們準備行動了。

萊納特離開會議室，穿過聯準會有回音的走廊，來到裝修期間他所使用的這間發黴、狹窄和燈光刺眼的臨時辦公室，並開始工作。聯準會已經制訂一個粗略的計畫，但要迅速實施絕非易事。這位頭腦清醒的經濟學家有著敏銳而古怪的幽默感，並以閱讀災難類書籍為樂，他知道將有許多漫長的夜晚等著他。

第二天早上黎明時，他正在辦公室裡埋頭苦幹，給同事發訊息並與律師聯絡。情勢顯得奇怪又可怕。即使在聯準會週日發布重大宣布後，股票期貨在交易開始前仍然暴跌到為了阻止非理性拋售而設的「跌停」限制。當實際股市開盤時，指數立即暴跌八％，並觸發另一個阻止惡性下跌的熔斷機制[33]。

一連串公司似乎可能面臨信用評級下調，投資人正在從垃圾債券（評級最低的公司債）

基金撤資。持有房地產債券的投資信託基金瀕臨崩潰邊緣，儘管聯準會正在購買一些抵押貸款擔保債券，但這並不是萬靈丹[34]。各州和地方債券市場已陷入完全停滯。新市政債券發行遭到擱置，引發了人們懷疑公共機構如何籌集資金來支付公共衛生危機的相關費用[35]。雖然聯準會承諾購買大量公債，但公債市場仍陷於困境。這就像二〇〇八年金融危機再度震撼全球體系，只不過它也蔓延到過去在全球恐慌中仍然安全的市場。數量如此眾多的公司同時崩潰使得經驗最豐富的投資人也不知道究竟發生什麼事。災難接下來會如何演變仍然是未知數。

鮑爾主席在那個週一的上午七點前後寄出電子郵件，明確指示該是開始下一階段救援的時候了。為了防止世界金融體系崩潰，美國央行還有很多工作要做。

負責監管的聯準會副主席夸利斯，向來是很能挑燈夜戰的人。他在財政部工作時和他一起出國旅行的朋友開玩笑說，當其他人在夜間飛行或睡覺時都會帶著雜誌，夸利斯則會從包裡拿出一本厚重的書，在整個旅途中埋首閱讀。

在二〇二〇年三月的前幾週，連他的習慣都受到了考驗。

二月底他一直在與越來越恐慌的全球金融菁英通電話或開會。他在二月二十七日週四下午稍晚前往舊金山會見銀行監管人員，又在週五與臉書高階主管大衛・馬庫斯（David Marcus）會面（馬庫斯在臉書嘗試率先推出數位貨幣產品，但遭遇監管方面的障礙）[6]。但在二月二十八日夸利斯並沒有專注在貨幣市場的問題，而是與憂心忡忡的同事和舊金山聯準銀行連絡人通電話。在接下來的一週，他的生活將被永無止境的談話佔滿，且所有的談話都以開展中的危險為中心。

他在舊金山透過電話參加了三月二日的聯準會會議，然後在第二天搭乘深夜航班返回華盛頓。他在威拉德酒店的套房睡了幾個小時，然後早上七點回到聯準會理事會的辦公室，與聯準會幕僚開會。他整天不停地打電話和參加一個接一個的會議，其中包括與他的非正式前任、且有時候是批評者的丹尼爾・塔魯羅的一次會談。三月十日他與巴克萊銀行（Barclay）執行長、瑞士信貸銀行（Credit Suisse）執行董事、德意志銀行美國執行董事，以及眾多的財政部和全球金融穩定的官員談話，嘗試確定大型外國銀行在極端壓力時還能保持安全。這些工作的步調都十分急促，正如華爾街的氛圍也越來越緊急。

夸利斯在那個週四搭乘慣常搭的深夜航班從華盛頓杜勒斯機場返回鹽湖城，把未完成的文件留在華盛頓的辦公桌上。到了三月十五日週日，情況發生急劇的變化，以至於他發現連續不斷的危機電話將讓他無法當天晚上飛回華盛頓。到了該週過了一半，顯然一、兩天的延遲將變得更久。聯準會總部已在控制疫情的封鎖令中關閉，重開的日期還不確定。多年來兩地往返的夸利斯開始在位於西部山區的家中工作，他每天在圖書館般的家庭辦公室上線，這個華麗的房間有一排排書架和一座時髦的壁爐。他一直希望他的職涯花更多時間在猶他州，但全球疫情並非他預想的原因。

在二月底，夸利斯還一直不相信鮑爾會確定新冠病毒將演變成一場大事件。但當聯準會開始救援行動和世界轉向在家工作模式時，他立即變身為聯準會在各大銀行的耳目。

夸利斯發現自己面對的是一項可能很艱鉅的任務。十年前的全球危機已清楚顯示，如果一場崩潰導致交互關聯的大型金融機構陷入困境，家庭和企業將難以獲得信貸，支出枯竭和企業被迫勒緊腰帶並解僱員工將加深和延長經濟災難。當務之急是確保位於系統核心的銀行為未來可能發生的任何情況做好準備。

當聯準會準備在週日推出大規模的政策方案時，夸利斯安排了與達維律師事務所（David Polk）的蘭德爾・蓋恩（Randall Guynn），和沙利文克倫威爾律師事務所（Sullivan & Cromwell）的羅金・科恩（Rodgin Cohen）兩位美國頂尖的銀行律師進行電話會議。這兩位頂尖的法律人才也是聯準會快速掌握銀行脈動最有效的管道。

這位一向準時的聯準會副主席讓兩人等了一個半小時，因為他和他的聯準會理事同事蜜雪兒・波曼（Michelle Bowman）討論了聯準會週日的政策方案，兩人都對它抱有疑慮。夸利

⑥ 根據《華盛頓郵報》二〇一九年的報導，達維律師事務所（Davis Polk）的律師蘭德爾・蓋恩（Randall Guynn），曾在華盛頓特區為臉書加密貨幣Libra的案件向夸利斯求情。蓋恩是夸利斯的前同事和親密的私人朋友，副主席會見他和其他達維律師事務所律師的次數遠比他的前任還多。這是監管者與被監管者代表間關係異常融洽的明顯例證。

斯認為，他們應該投票支持該法案，即使只是為了表現出達成共識[7]。由於他的新辦公室沒有助理，無法向兩位律師傳達他將耽誤時間，他為此感到很抱歉。

等他帶著歉意撥通電話時，兩位律師重申了他預期的事。危機後的監管改革已要求大型銀行持有可管控的曝險，並要求它們保留更多資本以彌補二〇〇八年留下的虧損，但沒有人真正知道在如此嚴重的不確定時刻情勢將如何發展。銀行本身也擔心系統的其餘部分。如果公司債市場實際上仍然幾近關閉，以及如果公債繼續崩跌，整個金融體系將遭到波及。

夸利斯認為銀行有足夠的資本來度過即使是極嚴重的風暴，而且他向來主張減少對銀行的監管和限制，但他對當前的政治也抱持務實的態度。在二〇〇七年和二〇〇八年，儘管銀行業的前景因為抵押貸款危機蔓延而急劇惡化，銀行仍繼續向股東發放股息並買回自家股票以推高股價。這些行動的目的是想展現實力，然而在世界陷入困境時發放資本卻讓這些銀行的體質變得虛弱，在破產的邊緣搖搖欲墜，進而加劇了危機。

聯準會不想看到在大瘟疫期間再度出現這種情況，而夸利斯預測如果銀行不儘快採取一些行動，它們將被迫削減買回股票和發放的股息。買回自家股票約佔資本發放的七〇%，而且相對較容易暫停。股息佔的比例較小，但在心理上有更大的重要性，所以削減股息可能嚇跑投資人並導致銀行股價暴跌——進而減損高階主管與股票有關的薪酬方案——而且諷刺的是會使銀行資本減少，因為股價在計算中佔很大部分。

夸利斯已在三月十日開始向銀行施壓，要求暫停買回股票。他先向摩根大通勸說，但由於執行長傑米・戴蒙（Jamie Dimon）因主動脈剝離住院，使他與摩根大通的溝通工作變困難。戴蒙危險的心臟破裂發生在三月五日凌晨，疫情的蔓延使這位執行長在凌晨四點醒來，擔心經濟即將遭到厄運。他在打電話給倫敦和孟買的同事後，開始閱讀一些報紙，並立即感到胸口一陣撕裂。他在那個關鍵的一週完全無法工作。

幸運的是，與夸利斯商談的其他銀行高層主管接受了他的意見。他們最好還是宣布暫停買回股票，不要讓監管當局下令他們停止買回。摩根士丹利執行長詹姆斯・高曼（James Gorman）已開始與其他銀行負責人討論自願暫停買回股票，並說服各方達成協議。

如果大銀行自己決定並宣布暫停買回股票，公眾的觀感將比聯準會強制暫停好。如果政府強迫銀行停止某些支出，投資人就會懷疑它們的健康狀況堪虞。三月十五日上午，美國最大的幾家銀行宣布將自願選擇停止股票買回。美國銀行、紐約美隆銀行（New York Mellon）、花旗集團、高盛、摩根大通、摩根士丹利、道富銀行和富國銀行都將開始節約資本⑧。

⑦ 波曼是川普任命的理事，她專注於社區銀行，後來她對降息投贊成票；克里夫蘭聯準銀行總裁洛麗泰・梅斯特（Loretta Mester）是唯一投反對票的理事。夸利斯本人在貨幣政策方面聽從鮑爾的意見，只在私下表達他的不同意見。

⑧ 這個決定來得很及時：策劃這一決定的高曼，將在當週稍晚被診斷出有感染新冠病毒的症狀。

「這項決定與聯準會、政府和國會的行動一致。」由大型銀行執行長組成的金融服務論壇在一份解釋該決定的公告中寫道[36]。

摩根大通在一份新聞稿中表示：「我們有能力和充足的資產負債表來支持金融體系和我們所有的支持者……我們隨時準備竭盡所能支持我們的政府。」[37]

在公告發布時，夸利斯已經開始邁向下一個目標。他想說服銀行利用聯準會在艱困時期提供的壓力閥。貼現窗口從聯準會成立以來就一直存在，它允許存款銀行從聯準會獲得短期貸款。不過儘管它在艱困時期可能是寶貴的資金來源，多年來的汙名卻一直困擾著它。銀行擔心利用它將表示它們出了問題，以至於造成股價下跌。

聯準會知道有些銀行可能在疫情初期的危險時刻利用這項資金，不是處於金融體系中心的大銀行，而是夠大、夠重要的銀行，但除非推一把，否則它們不會接受。政策制訂者在三月十五日放寬了貼現窗口的條件，希望能減輕它們的疑慮。

夸利斯知道，光這麼做可能還不夠。他和他的同事幫助最大的幾家銀行商議出一項計畫，基本上就是讓它們聯合利用貼現窗口，並希望規模較小的銀行起而效尤。高曼掌管的摩根士丹利在三月十六日率先行動，然後包括高盛和摩根大通在內的七家同行緊隨其後[38]。

這些銀行堅稱它們有充裕的融資管道，但「透過展現聯準會貼現窗口工具的價值來領導業界很重要」，金融服務論壇在採取行動後發布的一份新聞稿中寫道[39]。簡單的說，投資人不應該把此舉視為虛弱的跡象，而其他銀行應該把它視為貼現窗口已開始營業。

正當周遭的世界在三月中旬逐漸崩潰時，夸利斯、他在聯準會的同事和銀行業者卻刻意表現出若無其事，這顯示出二〇〇八年的災難及其引發的銀行倒閉，仍然深深烙印在監管官員和金融機構的心裡。這場疫情與上次的危機有著可怕的相似之處，而且沒有人希望再次發生銀行業危機；監管當局也不希望銀行進入冬眠模式，在前景明朗之前過於謹慎地拒絕放款或造市。就銀行而言，它們希望挽回信譽，展現它們在過去十多年來已從昔日協助摧毀經濟變得成熟了許多。

然而，隨著時間在層出不窮的負面新聞和不斷下跌的股價中流逝，逐漸開展的現金緊縮也顯示出二〇二〇年與過去不同。十幾年前，金融體系內部的弱點已經浮現並向外蔓延，傳播到全球經濟。這一次衝擊則是來自外部，所以銀行體系尚未出現重大裂痕。

即便如此，經濟崩盤似乎正在席捲各個市場，投資人甚至難以拋售看似很有價值的資產。銀行可能看起來已做好充分準備，但貨幣市場共同基金、公司債基金、房地產投資信託和多種類型的投資工具卻非如此。儘管監管規定讓銀行本身有能力度過疫情的震撼，但同樣的監管規定也把金融活動推向監管較寬鬆的非銀行公司。

美國銀行、摩根大通和它們類似的業者並非現代金融體系唯有的業者，確保它們的安全和健康只是第一步。

三月十六日週一，鮑爾忙著尋找解決更廣泛問題的方法。那天他第一次在馬里蘭州的家中工作，他輪番與幕僚和財政部長梅努欽通電話，家裡的小獵犬皮帕（Pippa）則跑進跑出他的辦公室，很高興有老爹在身邊。他就讀於普林斯頓大學四年級的么女蘇西被迫回家，所以家裡比平常更多人。

習慣早起的鮑爾一早就開始發電子郵件給同事，催促擬訂針對依舊動蕩的市場的救助計畫。他的日程安排滿滿的，都是與幕僚和全球央行總裁打電話，穿插著與他親近的副手和其他政府官員進行的臨時磋商。電視螢幕閃爍的壞消息不時打斷他的談話：道瓊工業指數在上午九點三十分開盤後大幅下挫，再度觸發暫停交易機制。恐慌不但籠罩股市，也彌漫整個華爾街。

正當一般美國人囤積衛生紙和不易腐爛的食物時，公司也在試圖囤積現金，但有些公司甚至難以維持正常的借貸水準。由於疫情導致取消度假和在海上染病船隻的照片阻卻了新預訂，皇家加勒比遊輪公司（Royal Caribbean Cruises）受到沉重打擊。在三月中旬的週末，該公司短期融資成本從約二%的利率飆升至四%以上。知情人士稱，公用事業公司艾索倫電力（Exelon）的融資成本也出現了類似幅度的上升[40]。聯準會的舉措對於恢復商業票據市場的秩序幾乎毫無作用，商業票據市場仍處於停滯狀態，部分原因是通常購買短期證券的貨幣市場基金幾乎無法運作。如果企業無法透過債務展期來為自己融資，其後果將波及實體經濟，而這種情況發生的機會越來越大。企業和銀行將缺乏現金來支付帳單和維持運作。鮑爾知道，市場問題的解決方案必須仰賴他已要求理事會萊納特和他的團隊弄清楚的緊急貸款權力，通常以《聯準會法案》賦予這項權力而被稱為一三（三）條款。

應對危機是聯準會成立的原因之一，但早期的聯準會缺乏足夠廣泛的權力來遏制重大問題。一九一三年成立後的聯準會只可用黃金或真實票據做短期放貸給會員商業銀行⑨，藉以支持金融市場的特定部分。維吉尼亞州的國會議員兼聯準會設計師卡特・格拉斯在一九二二年一月向參議院表示，聯準銀行「不會、不能向美國任何個人、企業或公司貸款一美元，而只能持有銀行的股份」[41]，並稱地區準備分行為「銀行的銀行」。

在整個一九一〇年代和一九二〇年代，政府視需要而創立個別的實體以支持特定種類的信貸，不管是農村信貸還是戰爭融資都相同[42]。然後發生了大蕭條。隨著銀行廣泛倒閉、金融陷於停滯，赫伯特・胡佛（Herbert Hoover）總統要求國會擴大聯準會可以放貸的證券類型，希望為整個系統創造一個更有用的安全網。

格拉斯幾乎是直接告訴他，除非他先死，否則這種改變不會發生。《巴爾的摩太陽報》引述這位永遠直言不諱的參議員的話說：「只要我還活著而且健康良好，國會永遠不會同意這件

⑨附帶提醒，真實票據是供應商和生產商之間以實體商品為擔保的協議，而且很快會結算。

事。」[43]不久之後，金本位幾乎崩潰改變了格拉斯的想法。由於商業停頓，真實票據的供應陷於短缺，聯準會突然急著購買黃金來支持紙鈔以滿足公眾對貨幣的需求。顯然由於黃金供應無法滿足美國的需求，美國將暫停黃金的兌換。格拉斯希望避免這種情況。

一九三二年二月通過的第一個《格拉斯—史帝格法案》（Glass-Steagall Act），賦予聯準會以政府債券為抵押發行紙鈔的能力。它還賦予聯準會銀行臨時權力以貸款給耗盡符合條件的資產的會員銀行，但必須有「令人滿意」的抵押品，和支付高利率。帕里尼塔・薩斯特里（Parinitha Sastry）後來在她鑽研的聯準會權威歷史書中寫道：「一九三二年《格拉斯—史帝格法案》帶來真實票據理論的衰落，為進一步立法擴大聯準會的權力打開大門。」[44]

聯準會理事查爾斯・哈姆林看到這個機會便直接抓住。經由哈姆林私下的敦促，格拉斯於同年七月提出《聯邦準備法》第十三條修正案。新措施允許聯準會「在不尋常和緊急的情況下」，在有合格的證券擔保下提供貸款，只要擔保品能「讓聯準銀行滿意」，且借款人「無法從其他銀行機構獲得足夠的信貸融資」。經過一些小修改後，這個提案通過成為法律，擴大了聯準會在困難時期可以挹注現金的公司類型。

至少在理論上，聯準會已不再是純粹的銀行家的銀行。但新法條的文字含義立即引起爭議，尤其是在聯準會內部。官員們選擇狹隘地解釋他們可以在哪些資產擔保下放款和放款給誰，至少在剛開始是如此，而且聯準會在初期幾年幾乎沒有好好利用一三（三）條款賦予的權力。一九三二到一九三六年間，聯準會只發放一百二十三筆貸款（據報導，其中包括以白蘭地和朗姆酒桶為擔保品向一家釀酒廠提供貸款，和以大理石貨物為擔保向另一家公司提供貸款）[45]。

在接下來的幾十年，除了救援銀行體系外，聯準會救援陷入困境的公司和投資人的權力逐漸從人們的視野消失。權力偶爾被增添和擴大，但這些改變大多未引起關注。一九六六年理事會重新檢討一九三〇年代確定的狹義解釋，把聯準會的權力擴大到陷入困境的非會員銀行[46]。一九八七年股市崩盤後，國會對一三（三）條款進行重大修改，擴大該條款的標準，以便可以適用於用更廣泛的擔保品進行貸款。這項變更目的在於使聯準會能向有需要的證券公司提供貸款[47]。

七十五年修修補補的累積效應在二〇〇八年顯現出來。在金融危機最嚴重時，銀行和保險公司發現自己陷入危險，貨幣市場停擺，促使柏南克領導的聯準會大規模動用緊急貸款權力。與一九三二年的聯準會不同，現代聯準會在演變的過程中獲得了更明確的法律權限，對一三（三）條款的擴張解釋允許它在「異常和緊急」情況下採取行動。柏南克和央行富於創意的律師推出一個又一個的計畫，用以支持各種瀕臨災難邊緣的市場。這項權力也被用來作為紓困大型銀行的法律依據。截至二〇〇八年十一月，這些計畫已發放約七千億美元貸款[48]。

柏南克領導的聯準會創立了一個緊急貸款計畫的樣板，可以隨時拿來用於各個市場。它有一個標準的基本結構。聯準會將向一個「特殊目的機構」（SPV）提供貸款，它是一個純粹為了讓計畫有秩序進行而設立的法律實體。這個機構可以購買證券或向投資人提供貸款，以換取特定的抵押品，例如汽車貸款、市政債券或小型企業貸款的捆包。這種設定利率並附加條件以用於各類市場的計畫，都是在萬不得已時才會啟動，而不是為了取代私人信貸。它的想法是讓重要市場的投資人相信，如果情況惡化到某個程度，央行將購買暫時陷入困境的證券。知道央行會有行動將可阻止投資人為減少損失而匆忙拋售持有的證券。這些計畫可以發揮穩定的作用。

這是埃克爾斯當年作法的較複雜版本，當時他把驚慌失措的銀行遊說團體的注意力轉向聯準會的貨幣挹注，以避免類似他的銀行在一九三〇年代面臨的銀行擠兌：光是明確表示現金管道會保持暢通，並且說「還有錢等著運來」，就能產生安定作用。柏南克領導的聯準會在二〇〇八年推出十六種不同的措施，其中包括救援像貝爾斯登或花旗集團等個別機構，以協助它們進行合併或嘗試度過特別動盪的時期[49]。

然而這些紓困的規模卻令國會感到惱火。國會議員利用民眾對銀行紓困的憤怒浪潮在危機後的改革中強制規定，未來的聯準會緊急計畫應提供給廣泛的借款人（律師界在二〇二〇年說，這可能被解釋為至少包括五類合格借款人）。國會議員也明確表示，任何動用一三（三）條款的決定和計畫的條件都必須經由財政部長批准。

柏南克已經展現了聯準會貸款計畫的威力。國會意識到這種權力，並希望聯準會的技術官僚必須獲得政府中負有政治責任的行為者的背書。在二〇二〇年的背景下，這意味鮑爾需要梅努欽的簽署才能進行任何市場救援。

鮑爾和梅努欽從利雅德會議後不久，就開始討論重啟柏南克聯準會的一些市場救援計畫，而梅努欽很能接受。到了三月中旬那個痛苦的一週，他同意用財政部的資金支持這些計畫，因為這將使計畫更容易快速且大規模地啟動。

鮑爾要求布蘭納德以及馬克・范德韋德（Mark Van Der Weide）和萊納特領導的聯準會律師一起監督這些計畫的設計。布蘭納德在市場、經濟和錯綜複雜的政治中歷練已經夠久，所以是這項微妙工作的合適人選。此外，萊納特和其他金融穩定幕僚也向她匯報，因為她擔任理事會的金融穩定委員會主席。到了三月中旬，鮑爾也要求布蘭納德加入三駕馬車的決策小組，這證明她在這段動盪期所扮演的關鍵角色。

和鮑爾一樣，布蘭納德從二月底以來一直擔心新冠疫情會在美國演變成一場經濟災難。疫情在全球蔓延之初，她在阿姆斯特丹參加了全球金融穩定會議，當時同為參與國家的新加坡已經面臨第一波病毒。當她在返國時經過喧囂的法蘭克福機場，看到來自世界各地的旅客飛往地球的其他角落，她清楚地意識到：疫情將蔓延各地。回到聯準會理事會後，她把頭探進同事的辦公室，告訴他們，情況會很糟糕。

不幸的是，知道災難的規模和控制災難是兩回事。布蘭納德、萊納特、聯準會的律師和其他幕僚迅速草擬法律文件和必須與財政部達成的協議，以便重新啟動二〇〇八年的市場救援計畫和制訂很可能需要的新計畫，但危機的發展超過他們的速度。儘管聯準會在華盛頓、紐約和波士頓的幕僚晝夜不停地工作，但仍需要時間來調整舊設計，以便適用於二〇二〇年的情況並遵守法律。在此同時，短期公司債市場已經每況愈下，而且貨幣市場共同基金很可能在聯準會推出紓困計畫前就面對贖回潮。官員們正與混亂賽跑，但到了三月中旬他們已經輸了。

三月十七日週二，在聯準會和財政部宣布將重啟商業票據融資機制（CPFF）後，一家資產管理公司的經濟學家告訴《紐約時報》：「唯一令人驚訝的是，他們花了這麼久的時間才做這件事。」他道出許多人的共同感覺[50]。

看到上午十點四十五分發布的新聞稿，投資人鬆了一口氣，很高興重啟二〇〇八年的措施將拯救陷於癱瘓的市場。商業票據市場是像輝瑞（Pfizer）、皇家道明（Royal Dominion）和杜邦（DuPont）等大企業用於短期融資的市場，因此重新啟動它攸關維持公司的薪資和支付水電費。聯準會將在當天推出第二項計畫，以便為金融體系核心的銀行提供短期融資，這是另一個值得慶幸的進展。美國的股價指數當天上漲並收高，部分原因是越來越明顯的央行將不只透過降息來救援。

但這些行動也讓華爾街想知道：為什麼花這麼久的時間，什麼時候才會有更多措施，聯準會知不知道情況有多嚴重？

「情況正在好轉，」一位道明證券（TD Securities）的分析師表示：「但還沒痊癒。」

未完成的工作千頭萬緒，而隨著時間推移，越來越明顯的是聯準會將需要遠超過二〇〇八年的權力來因應當前的情勢。公債市場仍然慘不忍睹，投資人繼續擔心公司債市場，而這個市場規模高達十兆美元，遠遠超過一兆美元的商業票據市場。

萊納特負責的聯準會金融穩定部門設於二〇一〇年，功能類似於災難規劃與因應小組，顯然這正是它上場的時候⑩。他和他的同事已經開始釐清美國經濟中的就業機會將仰賴哪些市場，他們認為維持企業債券、市政債券和中型企業借貸市場的運作是維持美國就業的關鍵。萊納特開始在內部稱呼這項策略稱為「掩護海灘」。

央行官員們再次從不久前的歷史學到教訓。二〇〇八年，聯準會拯救了銀行和主要貨幣市場，同時希望國會加入協助央行權力不適合協助的其他企業和家庭。對債務持謹慎態度且立場分裂的國會未能兌現承諾，通過的支出計畫對當時的需求來說規模太小，而把大部分救

⑩「我們花了多年的時間考慮那些不太可能、不可能發生的事件，甚至是很怪異的事件。」萊納特後來告訴彭博社。那麼，有哪一種災難沒被考慮過？全球大疫情。

援工作留給央行。由於需求減緩導致企業難以為繼，許多家庭失去住宅、工人失去工作、公司關閉商店，接踵而至的則是疲弱的復甦。

和之前的危機很像，現在國會和白宮通過的紓困方案規模太小，不足以在黨派分裂和赤字隱憂中解決眼前的問題，截至三月中旬，沒有人知道民選政府的應對措施會有多少效果。當時美國死於該病毒的人數首次超過一百人，川普政府至少已開始意識到新冠病毒是個重大問題。三月十七日，川普在白宮的演說中說：「早在它被稱為大流行病之前，我就感覺它是一場大流行病。」

川普已在三月六日簽署了一項八十三億美元的救助法案，同時啟動了疫苗研究，並為各州提供資金用於衛生因應等措施，但沒有人錯誤地認為這些因應措施已經足夠[51]。有人建議採取停止課徵薪資稅以解決其餘的問題，但國會議員對無法協助大量新失業員工的救濟措施興趣缺缺。

政府在那個週二宣布將提議提供一兆美元的救濟支出，其中包括向數百萬美國人發放二千五百億美元的支票。這個想法呼應了前歐巴馬政府的經濟官員傑森・佛曼（Jason Furman）一週前在《華爾街日報》社論版的建言，以及猶他州共和黨人米特・羅姆尼（Mitt Romney）的提議，因此這項政策似乎可能獲得兩黨的支持[52]。儘管如此，沒有人知道政府的整套方案中有多少內容能真正通過成為法律。事實上，更廣泛的方案會是什麼樣子也還不清楚，川普指定負責這項任務的梅努欽還沒有透露具體細節。《紐約時報》報導：「財政部長拒絕透露他的提案細節，包括直接支付給美國人的金額。」「這是一筆大數字。」他在國會山莊告訴記者[53]。

在聯準會，官員們不想重蹈紓困華爾街的錯誤，因為救援美國其他部門的方案仍懸而未決，聯準會希望政府能提供足夠的救助。

費城聯準銀行總裁帕特里克・哈克（Patrick Harker）週二表示：「我的目標、我們的目標，是對主街企業提供救援[54]。」

這個目標立意良善，問題是如何讓它實現。

第八章

公司版紙牌屋

麥克・泰森（Mike Tyson）實際上說得更生動，他說每個人都有一個計畫，直到他們被打在嘴上。

——傑洛姆・鮑爾，二〇一六年聯邦公開市場委員會會議紀錄

當百事可樂、埃克森美孚（Exxonmobil）、威瑞森（Verizon）和其他幾家主要投資級的公司在二〇二〇年三月十七日發行債券時，華爾街幾乎歡呼雀躍[1]。從疫情爆發前的所有合理標準來看，它們發行的條件都糟透了。石油巨頭埃克森美孚發債八十五億美元支付的利息和前一年八月相同[2]，儘管無風險公債的利息此後大幅下降，而這原本就應該會降低企業的借貸成本[3]。大部分發債的公司都迫切需要融資：短期市場幾已停擺，因此公司試圖透過長期借款（通常更昂貴）來確保手頭上有現金以履行其義務。

但在公司債市場形同關閉好幾天後，美國幾家最大的公司成功發行了債券，這是個引人注目的奇蹟。彭博社的報導說：「成功發行新債券的機會已變得很小，而且很罕見。」新冠病毒疫情已使投資人對企業資產負債表上的巨額債務更加謹慎，即使對評級最高、違約可能性最低的公司來說，從三月初以來的殖利率差（相對於公債殖利率，企業為發債所支付的溢價）也大約攀升了一倍。自三月四日以來，風險較高的高收益債券市場就已對想籌集現金的公司形同關閉，其殖利率差則飆升到九年來的最高水準。

聯準會週日下午宣布的降息和購買債券，加上週一下午承諾將支撐商業票據，使得部分公司債市場暫時獲得緩解。一連串的快速行動激起了投資人的希望，並期待更多協助即將到來。但即使在緩解期間也只有最健康、基礎最穩固的公司才能成功發售債券，全球信貸市場的前景仍然岌岌可危。

私人債券市場已陷入停滯，這是金融重要的一部分，企業可以在沒有銀行積極參與的情況下籌集現金。到週三早上，美國的州與地方政府債券市場的情況堪憂，持有債券的共同基金被迫出售持有的債券，以滿足投資人持續的贖回潮。新聞描述這是「自一九八四年以來最嚴重的市政債券崩盤」[4]。彭博社估計，由於市場停止運作，約一百三十億美元預定發行的州和地方債券已被擱置或取消。信用評級機構正持續下調對公司前景的評估，在把德國漢莎航空（Lufthansa）降至投機級兩天後，西方石油（Occidental Petroleum）也被從投資級降至垃圾級[5]。

穆迪投資人服務公司分析師警告，更多公司的評級即將下調[6]。跟隨高風險債券的指數基金正遭到大量贖回。

從聯準會和財政部官員的立場來看，很明顯的金融危機仍可能發生。在華爾街，分析師們已開始耳語危機已經到來。

聯準會幕僚和官員在餐桌旁搭睡床並匆忙設置家庭辦公室，收集有關金融市場持續崩跌的資訊。金融穩定主管萊納特和他的團隊已完成「掩護海灘」的表格，上面顯示經濟的哪些部分可能耗費最多的就業機會，並已開始分發各部門[7]。如果支撐小型企業、州和地方政府以及大公司的金融安排突然崩潰，這是現代經濟不可或缺的長期債券和短期借貸網絡，它們可能解僱成千上萬名員工。聯準會理事布蘭納德在她切維蔡斯擁擠的住宅閣樓辦公室裡工作（她的三個女兒和侄女都在家隔離），她頻繁查閱表格直到這份美國裁員風險地圖烙印在她的大腦裡，未來幾年可能都難以磨滅。

大量債務可能變成壞帳的威脅正從假設轉變為極有可能發生。媒體突然對哪些公司可以發行債券、哪些公司不能發行債券產生強烈興趣，凸顯出公司債務已成為巨大的金融弱點。從房地產債務到貨幣市場基金的其他主要投資類別，看起來都有危險。

布蘭納德、萊納特和他們的同事知道，如果危機持續下去，支撐美國經濟生活的金融結構可能岌岌不保。一個意想不到的震撼啟動了一連串的崩解，但造成二〇二〇年如此巨大風險的系統缺陷，多年來一直在眾目睽睽下成形。

二〇一六年還擔任聯準會理事的鮑爾，把美國的金融體系描述為「笨拙的監管機構和充滿活力的影子銀行業」①。此時就是這種不幸組合的突然浮現。

「影子銀行」是指通常比官方銀行受到的監管要少得多的貸款機構和金融公司。從一九〇七年恐慌時期的信託公司，到陷入二〇〇八年危機的大型人壽保險公司和投資公司，數世代以來都是美國體系的特徵。但隨著市場變得越來越重要和越來越複雜，影子銀行的規模也呈現爆炸性成長。二〇〇八年後的監管進一步擴大範圍，把一些危險行為從銀行系統排除並進入非銀行的灰暗世界[8]，據監督機構金融穩定委員會（Financial Stability Board）估計，全球非銀行機構在二〇一九年約佔金融業的四九．五%，遠高於二〇〇八年的四二%。到二〇二〇年初，影子銀行已涵蓋公司與一般民眾儲存資金的共同基金、投資退休金和學校捐贈基金投資的避險基金，以及支撐美國旅館和辦公室租賃的房地產投資信託基金，還有更多不勝枚舉，它們以被全球金融監理機構視為高風險的方式營運。

不幸的是，政府中沒有人想出更多辦法來阻止它。

監管避險基金和共同基金的證券交易委員會在二〇〇八年後的幾年，一直不願承擔系統性風險監管的角色，外界專家把這種猶豫歸因於權限、制度文化和法律的限制[9]。聯準會確實有穩定市場的職責，但範圍很狹窄。如果一些活動不危及它監管的大型銀行（例如高盛和摩根士丹利），聯準會就很難說它有權力阻止這些活動。它可以而且確實指出避險基金或共同基金的問題，但它沒有專門的工具來糾正這些問題。

政府問責署（GAO）後來的報告發現，即使是專門為填補這個空白而成立的金融穩定監督委員會（FSOC），也「通常沒有明確的權力來解決特定金融實體的廣泛風險」[10]。該委員會在梅努欽領導期間的影響力一度變小。川普政府的財政部已停止把影子銀行列為具有系統重要性，並讓它們接受更嚴格監管的政策，而是選擇列出哪些活動具有高風險。該委員會繼續公布對金融系統風險的評估，但監管僅限於表達委員會的希望和期待。它們通常以溫和的言語指出問題，但沒有提出解決問題的詳細路線圖。

不令人訝異的是，國會未能賦予各自為政的監管金融機構更明確的權力以有效進行監管，而且各監管機構未能更盡力運用它們擁有的權力。金融監管可能很複雜，也很難與選民溝通：打擊大銀行可能贏得選舉，但批評證券化的債券工具則沒有相同的魅力。另一方面，從監管鬆懈中獲利的人往往是財力雄厚的捐款人，而且他們資助民主黨或共和黨的競選活動（有時候同時捐款，這顯示目標是利益交換而非支持特定的意識形態）[11]。

① 事實上，他曾在二〇一六年七月建議把緊急貸款列為聯準會的工具之一，當時聯準會正在逐步結束其二〇〇八年緊急貸款計畫（聯準會二〇二〇年工具的原始版本），認為「拔掉電源並存放在乾燥的地方」可能是明智之舉。他說，聯準會在困難時期作為最終貸款人的角色，可能需要「進一步從傳統的銀行模式持續發展」。

金融監管者本身往往來自業界，而且有些人準備在政府任職結束後重返該行業。在二〇二〇年，鮑爾、克拉里達、梅努欽和夸利斯都擁有私募股權或資產管理背景，而且很可能他們之中有些人或全部會在政府任期結束後重返金融界工作②。對這種旋轉門批評最力的人認為，這意味不去碰觸漏洞的官員可以在未來受益。即使人們以更寬容的眼光看待它，這種作法也意味負責制訂規則的人在未來某個時候可能從現有的系統受益，而且他們通常會有朋友和前同事擔任華爾街的高層。

華盛頓未能嚴格監管非銀行金融體系也有現實的原因：監管可能扼殺創新和取得信貸的管道。在華爾街營運的眾多各類公司促成了既深且廣的市場，而市場則反過來讓美國政府能以低廉的成本借貸，提供充沛的資金以協助企業家實現夢想，進而吸引世界各國投資美國公司。但讓如此多人致富與促進經濟成長的這些好處，可能誘使監管者在面對日益升高的風險時卻制訂簡單、寬鬆的規則，就像二〇〇八年危機前房地產市場的情況。

不管動機是什麼，二〇二〇年之前的監管不作為再次讓金融體系的防禦出現弱點，就像低利率時代鼓勵投資人進行高危險的押注一樣。

在大衰退之後，聯準會多年來一直採用極低的政策利率和購買債券來刺激經濟復甦，這促使投資人轉向風險較高的資產以尋求更高的回報。

聯準會官員很清楚這些情況越來越普遍，例如波士頓聯準銀行總裁的埃里克・羅森格倫

（Eric Rosengren）曾希望提高利率來防止這種情況。不過大多數人認為利用聯準會的利率政策來遏制金融界的過度行為會得不償失，較高的利率可能減緩泡沫的形成，但會傷害整體經濟和降低效率。鮑爾在二〇一六年聯準會討論該主題時曾表示，他長期以來接受貨幣政策通常不應該用來「逆勢」對抗金融不穩定的「主流觀點」——儘管他建議不要排除採用它。在不尋常的情況下可能有必要這麼做。

他表示：「我正在考慮這樣一種情況，即各種資產價格的上漲遠超出基本面證明的合理範圍，而我們擁有的其他工具似乎無法解決問題或未能解決問題，加上低利率正在推高資產價格，並將信貸推向過度浮濫的水準。」

在二〇二〇年之前的幾年金融領域某些角落所出現的過度行為，似乎比他描述的廣泛且遍及系統的問題還小，但它們仍然很嚴重。貨幣市場改革還不夠徹底，不足以使基金免於受到二〇〇八年贖回潮的影響，而且影子銀行領域還存在許多其他弱點。

例如，二〇一〇年代末的避險基金就出現了明顯失控的冒險行為。金融監管機構知道避險基金一直利用公債常見的定價漏洞進行交易，從中賺取微薄利潤[12]③。為了將這些小利潤變成

② 夸利斯在政府任職後將重返資產管理領域；克拉里達將先擔任投資經理人的顧問，然後返回太平洋投資管理公司。梅努欽將管理投資基金；在撰寫本書時，鮑爾仍在政府任職，但他拒絕簽署一項將阻止他在任職後四年內從事金融服務業的道德協議。

大利潤，它們利用廉價借來的資金擴大交易規模到令人難以置信的規模。但如果資產價格之間的正常關係被打亂，這些交易可能出現虧損，迫使基金透過拋售公債來迅速「平倉」。

這個事實經常在監管報告中被提及，有一度還組成一個特別工作小組研究可能採取什麼監管措施。一位財政部官員曾警告該小組：「避險基金被迫拋售資產，可能導致資產價格急劇變化，從而引發持有類似資產的其他公司進一步拋售、蒙受重大損失或出現融資問題。這可能嚴重擾亂主要市場的交易或融資[13]。」不過，該工作小組因為不作為而無疾而終，而這種風險則被允許繼續存在，一直到二〇二〇年三月成為問題的焦點為止。

萊納特、克拉里達和聯準會幕僚在三月中旬聽說所謂的基差交易即將出問題，並可能釀成一場災難，一些媒體也風聞這件事：彭博社三月十七日刊出一篇以「一項鮮為人知的交易如何顛覆美國公債市場」為題的文章[14]。該文章指出，隨著避險基金的交易失靈，資金的重新洗牌吸走了商業票據市場的現金，並引發金融體系其他部分的壓力。這種眾所周知的風險似乎可能轉變成一種全面的脆弱性，加深了聯準會大規模干預的必要性。

「似乎可能」變成最常聽到的用語。有關避險基金的資料很稀少，所以當時並不清楚、而且在很久以後也很難確定，這些基金是不是更廣泛的市場動蕩的主要根源，或者只是個輕微的副作用。這個事件凸顯出影子銀行的興起如何嚴重模糊監管機構對金融體系、其弱點與風險的了解。

四面楚歌的公司債市場是二〇二〇年初明顯弱點的另一個根源，它呈現出一個更棘手的問題。聯準會可以藉由作為美國公債大買家來進行干預，扮演部位平倉的另一方來因應避險基金拋售債券的浪潮。公司用來籌集資金的債券市場，則需要更具創意的緊急解決方案，因為聯準會無法以購買公債的直接方式購買公司債，它正常的權力只允許它購買政府擔保的債務。

在疫情爆發前的五年間，隨著企業借貸的熱度升高，公司債市場的弱點也逐漸浮現。截至二〇二〇年第一季，公司發行的債務大約是十年前正常水準的兩倍[15]。融資的風險也變得更高，大約一半的投資級公司債只比垃圾債高一級（即BBB評級），高於二〇〇九年時的三分之一。到了二〇一九年，美國的BBB評級債券總額已超過三兆美元[16]。

其結果是，如果出現問題，許多美國公司的債券評級將面臨被評級機構下調至垃圾等級的風險，這意味有更高的違約機率。如果發生這種情況，將迫使許多共同基金和退休基金

③ 這顯然是對這種交易策略的簡化描述。專家版本的解釋：公債基差交易（Treasury basis trades）是一種常用的策略，它利用政府債券的現貨和期貨價格間的差異來進行交易。這種差異稱為基差。如果基差大於購買公債和以購買短期債券（附買回協議〔repo〕）融資的成本，交易就有利可圖。但如果回購市場出現問題，如果交易者突然出乎意料地必須拿出資金來滿足期貨合約的追加保證金要求，或者如果快速交易公債的能力用盡，它們可能遇上重大的短期問題。

出售這些債券，因為它們的投資規則禁止把低評級債券納入投資組合。由於買家減少，企業營運的融資成本將在一夕間飆升。公司會發現自己無法支付帳單，因為它們被迫償還借來的錢。它們可能採取大規模裁員和其他削減成本的措施，進而對員工和客戶造成影響。災難將從華爾街轉移到主街，而且速度會很快。

這種被稱為「BBB懸崖」的凶兆，遠非企業過度負債的金融體系唯一的弱點，銀行和其他金融機構向已經負債累累的公司提供的槓桿貸款也早已大幅增加，總額約為一兆二千億美元，是二〇〇八年危機前的約兩倍[17]。隨著州和地方的疫情封鎖擴大和企業資金枯竭，原已岌岌可危的巨額債務可能更不穩定，導致公司難以支付債利息和無法展期債務。以這些數字來做個比較，在二〇〇八年危機即將發生前，美國人有一兆三千億美元的未償次級抵押貸款[18]，當這些債務變成壞帳時，它們就成了金融體系崩潰的幫凶。

如果還有一線希望的話，那就要看風險最高的企業貸款以外的地方了。比起二〇〇八年住房危機期間複雜的債務組合，現在銀行業在槓桿貸款上的曝險似乎要小得多。不幸的是，沒有人完全了解槓桿貸款的具體情況。據二〇一九年的一份報告，金融穩定委員會只能直接辨識八成的槓桿貸款持有人。該委員會承認：「特別是對某些非銀行投資人在這些市場的直接曝險，我們知之甚少[19]。」

直到一月的會議上，聯準會官員還擔心「包括估值過高和過度負債的金融失衡，可能加劇對經濟的不利衝擊[20]」。二〇一九年時，鮑爾本人曾警告「高槓桿的企業部門可能放大任何經濟衰退，因為公司被迫裁員並削減投資[21]」。他是這個主題的專家：他在私人部門工作期間曾協助公司增加債務，擔任聯準會理事早期，也曾遭到質疑聯準會購買債券會不會埋下不穩定的種子。

聯準會和其他監管機構幾乎沒有權力阻止不明智的企業借貸，企業可以根據自己的需求自由增加債務。聯準會曾短暫嘗試藉由監管來阻止銀行發放一些高風險貸款，但這種作法引起國會的憤怒和強烈反對，導致聯準會受到越權的批評[22]。此外，沒有人知道監管能帶來多少效果，因為高風險借貸的增加大多數是由非銀行貸款機構發放的，不在聯準會的監管範圍內[23]。

沒有人能確定二〇二〇年的公司債市場會像二〇〇八年抵押貸款市場那樣，但它顯然有潛力變成影響整個體系的問題。如果負債累累的企業倒閉，那麼失去生計的將是它們的工廠或旅館的員工，而不是私募股權巨頭或當初做財務決策的聰明財務長。投資債券基金已經面臨資金外流，這有可能引發拋售並進一步破壞市場穩定。此外，如果債券市場繼續關閉，付出代價的將不只是高負債的公司，即使是健康的公司也難以發行債券。

兩位聯準會前主席在三月十八日週三聯合撰寫一篇專欄，警告市場面臨風險並建議一項解決方案，這凸顯出逼近的危機有多迫切。

柏南克和葉倫在《金融時報》發表的評論文章建議，聯準會應該要求國會賦予購買公司債的權力。他們公開提出這種建議令人感到訝異，他們通常不會這麼做的，而且內容還更驚人。央行官員通常不會要求國會改變聯準會的權力，唯恐為不必要的干預打開大門，但公司債市場崩盤的可能性改變了局面。

一些前經濟官員已警告：「如果重大的經濟關係因為數個月的低迷活動而遭到破壞，經濟可能需要很長時間才能復甦。」他們建議「聯準會可以請求國會授權購買有限數量的投資級公司債。大多數中央銀行已擁有這項權力，歐洲央行和英格蘭銀行便經常行使這權力」。他們說，目標是重啟面臨「重大壓力」的企業債券市場[24]。

他們寫道：「聯準會可以協助減輕疫情對經濟的影響，特別是藉由確保一旦病毒的直接影響得到控制，經濟就可以迅速回升。」他們提出的理由將成為聯準會未來幾個月的口頭禪。

聯準會不需要向國會要求新權力，這是因為二〇二〇年的危機與先前的危機有兩個主要的不同：首先，二〇〇八年已為拯救陷入困境的市場制訂了證明有效的路線圖；其次，梅努欽是鮑爾在財政部的交涉代表。

在二〇〇八年危機爆發期間，財政部長漢克・寶森一直猶豫是否要用民選政府的資金支持柏南克的部分緊急貸款④。聯準會從未如此廣泛地動用過緊急貸款權力，而且當時還不清楚如何使用它，寶森似乎擔心它們可能耗盡他可用的資金。缺乏財政部的協助是個問題，因為聯準會的律師已經確定，在法律上聯準會不能承受虧損：放手一搏而且失敗意味要「支出」，而它只有「貸款」的權力。舉例來說，如果沒有財政部的現金來擔保商業票據計畫可能的損失，聯準會將被迫想出一種創造性的設計，藉由向私人部門參與者集資來作為擔保。

對照之下，在葉倫和柏南克發表文章時，梅努欽已向鮑爾明確表示，他願意支持比二〇〇八年採用的更廣泛的市場救援措施。這意味鮑爾的聯準會將能援助各種市場，包括公司債市場。

梅努欽同意財政部向聯準會提供企業支持是有道理的。柏南克在早期危機期間的實驗顯示，聯準會的緊急貸款計畫可能是一項有用的工具，它將使政府能夠在幾乎不花任何錢的情況下向金融市場提供數兆美元的支持。很可能連一毛錢都不用花。

這看起來就像點石成金的魔法，但方法卻很簡單。聯準會不需要國會提供資金來購買或借入資產。由於聯準會可以簡單地以準備金的形式創造現金，因此只需按一下按鈕就能記入央行的資產負債表以換取證券。聯準會需要的只是一層保險，如果聯準會所持有的資產被證明虧損或一文不值，這些準備金就可以用來彌補頭幾輪的損失。但每一美元的保險可以支持好幾美元的貸款，因為一個計畫購買或支持的所有資產不太可能同時變壞帳。這意味一美元

④附帶提醒，緊急貸款計畫是根據《聯準會法案》一三（三）條款實施的計畫，那是為因應大蕭條而制訂的特權，並且在之後的幾十年間不斷擴張。

的保險可以發揮八美元、甚至十美元支持經濟的作用。

官員們在二〇二〇年看到一種模式：財政部（而非私人部門）可以用這種方式來確保計畫的實施。由有政治責任的政府展現出它是計畫背後的支持者，這讓人感覺更民主些。對政府來說很幸運的是，這些計畫最終不太可能出現太大的損失。這個作法的目標，是支持只發生短期問題的優質證券[25]。

這種說法很有說服力。梅努欽同意投入的每一千億美元保險，就讓他可以承諾獲得一兆美元的經濟救援。從白芝浩時代的英國到二〇〇八年危機的歷史提供大量證據顯示，能在關鍵時刻承諾採取強力的因應措施，就可以阻止即將發生的崩潰。

然而，當聯準會官員開始思考如何建構一套更廣泛的市場救援計畫時，這項計畫卻浮現一個缺陷：梅努欽的救援基金對因應當前的動盪而言似乎太少了。

財政部動用了一項未使用的外匯穩定基金，作為聯準會三月十六日公布的商業票據計畫的保險。這個基金有約九百四十億美元，財政部幕僚認為他們可以放心地指定其中五百億美元的用途，因為從技術上看其中仍有部分資金應該可用來穩定匯市。假設聯準會每十美元的債務支持需要一美元的保險（這是過於低估的樂觀數字），那麼它的總效用約為五千億美元。這不足以因應看起來可能崩潰的巨額債務。即使「BBB懸崖」有三分之一被調降為垃圾級，許多基金可能被迫在一夕間拋售一兆美元債券中的很大一部分，而這只是陷入災難的市場之一。

這就是梅努欽要求國會提供更多錢的原因。多很多的錢。

當時國會正忙得不可開交。由於政府迫切需要向因為疫情而關閉的企業和失業的工人提供救濟，國會山莊開始採取行動。

梅努欽和鮑爾一樣在二月底利雅德舉行的會議上意識到，席捲中國和亞洲其他地區的疫情可能帶來經濟問題，但當時他公開提醒不要倉促下定論。「在接下來的幾週內，我們會有更好的評估，因為有關病毒傳播速度的數據將越來越多。」他在週日晚上告訴「路透社」（Reuters）[26]。

三月初時，梅努欽仍然不確定新冠病毒會不會演變成全面危機。但到了三月九日，隨著感染開始在美國呈現指數級增加的跡象，他終於相信了[27]。他與民主黨眾議院議長南希・裴洛西（Nancy Pelosi）討論第二天下午採取危機因應措施的可能性，並致電參議員麥康諾請求他同意開始擬訂一套方案。

三月十日麥康諾對記者說：「財政部長將全權掌控政府的行動。」儘管如此，梅努欽表示此時把對話稱為「協商」還為時過早。根據《政客》的報導，裴洛西表示她與財政部長進行了「令人愉快」的談話[28]，這不像是描述激烈談判的用語。

隨著三月初的擔憂逐漸被三月中的恐慌取代，親切的談話很快就變成了實際、熱烈的規劃。政府正在與眾議院和參議院洽談，但本身還沒有明確的想法，因為沒有明確的全球疫情立法規則可循。不同的國會委員會開始分頭構思，然後合併成一個大計畫以拯救美國及其經濟免遭劫難，由梅努欽充當指揮，把各部分編排成協調一致的演出。三月十六日週一，當聯準會宣布第一個緊急貸款計畫時，姆努欽與麥康諾、裴洛西以及包括高盛的蘇德巍（David Solomon）和黑石的蘇世民（Stephen Schwarzman）等華爾街巨頭長時間聚在一起談話。他多次打電話給鮑爾，讓他隨時了解聯準會的進度和發現的情況[29]。

三月十七日週二，梅努欽前往國會山莊參加參議院的例行非公開午餐。他穿著清爽的白襯衫，打著寶藍色領帶，眼角有疲憊的皺紋，那是唯一透露出他在幕後運籌帷幄的跡象。他公布他彙整完成的一兆美元提案的細節，現在就希望國會通過。除了向家庭寄出支票並提供家庭其他援助以度過州與地方的封鎖外，它還將為小型企業和現金短缺的航空公司提供紓困，也將挹注大量資金到聯準會主導的計畫，強化央行緊急救援市場的能力。

不過，二〇二〇年三月十七日，各大報紙幾乎同樣引人注目的報導，是梅努欽在宣布一系列措施時嚴肅的心情。他警告參議員，如果政府不強力介入拯救市場和經濟，失業率可能會飆升至二〇％[30]。這些話出自一位經常宣揚樂觀經濟話題的政府官員確實令人驚訝。

救援方案在某些方面也同樣出乎意料。多年來指責高赤字有多危險的財政部長⑤，如今卻要求共和黨人支持一項龐大的政府支出計畫，以協助他們傳統上不保護、甚至毫不諱言不支持的個人和實體（例如州和地方政府）。他希望賦予聯準會權力，而他的老闆川普多年來一直公開抨擊聯準會。這套方案的推出，證明他和兩黨成員正在嚴肅看待他們眼前的任務，準備對抗歷來所面臨最凶險的公共挑戰。

麥康諾在與梅努欽共進午餐後對一群記者說：「我們正準備採取大膽的措施，以確保主街和民眾能在這個非同尋常的時期獲得流動性和信貸。」他像貓頭鷹的臉上充滿了擔憂[31]。

儘管如此，制訂一套計畫並不容易。在匆忙設計一套巨大的解決方案以解決紛亂的問題時，經濟的某些部分似乎總是會被忽略。參議院銀行委員會成員、來自維吉尼亞州的民主黨人馬克・華納（Mark Warner）擔心中型企業將發現他們被排除在外。到了週二，該計畫顯然將包括對小型企業的救援，而且似乎也包括對大企業的某種支持。但那些規模太大而無法獲得政府提供給小企業援款、同時規模太小而無法在資本市場籌措資金的企業，該怎麼辦？

華納在三月十七日的聲明中說：「我建議我們立即設置一個由財政部和聯準會共同管理的中小企業流動性融資窗口，在整個危機期間以低利率向受病毒影響的企業提供聯邦政府擔保的貸款[32]。」聲明的措辭充滿雄心壯志：超低利率、長期限，和非常簡單的條件，所有這些都是為了讓廣泛的中小企業快速獲得資金。未裁撤員工的公司還可享受這些貸款的豁免條款。

⑤ 共和黨政府透過減稅增加了國家赤字而未削減支出，但他們至少嘗試辯稱他們會保持債務中立。

雖然聯準會不能在貸款計畫上虧損，但它的想法是財政部的充分支持可以確保央行不必自己支付現金（諷刺的是，不到一百年前的卡特・格拉斯一開始就告訴胡佛絕對不可能，因為胡佛建議聯準會應該向非銀行機構貸款，與胡佛出身同一州的繼任者則提出一項計畫要聯準會做得更多，包括從貸款給一系列交易對手到純粹的支出）。

聯準會幕僚為此感到氣惱。在與國會談判代表的電話會議上，聯準會首席律師范德韋德堅稱，這個提案超出聯準會將要做或應該做的事。他表示，聯準會反對「立法的指示」。

但這個想法引起國會山莊的一些關注，尤其是在參議院銀行委員會成員間。委員會的成員之一在當週寫電子郵件給財政部官員和聯準會律師，要求安排電話會議以討論該提案的可能性。郵件中說：「有許多委員想給財政部錢，然後讓聯準會使用一三（三）條款的權力來設置貸款機制。華納正在與許多委員談論他的提案。」

當政府救援經濟的計畫在談判初期逐漸露出端倪時，它給聯準會帶來兩種截然不同的可能性：該計畫將無法以它涵蓋全面、成本高昂的形式成為法律，進而讓聯準會不得不動用它笨重的經濟工具來因應各個單獨的問題；或者這項雄心勃勃的立法將獲得通過，並要求聯準會以前所未見的方式運用其權力。

鮑爾向來不碰觸黨派之爭，但在幕後他也向參議員堅稱，國會必須小心，別讓聯準會超越其法律和歷來的限制，並在過程中改變它的本質。「聯準會可以放貸，但不能支出。」他對民選代表說。這句話後來成為他在危機時代的名句之一。

三月十七日週二下午，鮑爾把大部分時間花在連續不斷的電話上，討論國會議員提出的問題和有關聯準會在救援中可能扮演角色的疑慮，並交換有關市場和經濟情況的訊息。帕特里克・圖米（Patrick Toomey）最先在午餐後打電話進來，這位賓州共和黨人擔心市場正在發生的事：體制性失靈可能發生嗎？梅努欽已經表示過，他需要約二千億美元來支持聯準會救援市場的貸款。圖米曾擔任過交易員，他從市場參與者那邊得知二千億美元可能遠為不足。鮑爾從家中的辦公室打電話，一面看著CNBC和彭博社主播在仍然閃著紅色的股票行情下播報，他同意市場情況看起來很不妙。

然後是眾議院議長裴洛西。她在前一個週五從上午九點五十分到晚上九點四十五分整天，中間只有有短暫的中斷，透過電話中與梅努欽談好一項可行的協議。裴洛西和鮑爾關係良好，她想知道鮑爾對財政部方案的看法。規模應該多大？情況有多糟？

「要想做大事。」鮑爾向她保證。利率很低，舉債成本將很小。做得不夠會是更嚴重的錯誤。裴洛西將把聯準會主席的這番話當成未來幾週和幾個月危機期間的座右銘。

當梅努欽、國會議員和聯準會政策制訂者在這一週忙著遏阻金融災難時，疫情卻每況愈下。美國和加拿大已關閉邊境，禁止不必要的旅行，全國各州和城市已開始實施為了遏阻病毒的限制。微軟創辦人比爾・蓋茲表示，封鎖可能持續超過一個月。

他在Reddit論壇發文說：「如果一個國家在檢測和『封鎖』上做得很好，那麼在六到十週內病例應該會降到很少，並且能夠重新開放。」美國人逐漸意識到，前所未見、長達數月的混亂將只是樂觀的展望[33]。

川普除了一反前幾週的說法，聲稱自己早就知道新冠病毒將爆發大流行外，還開始在推特上談論「中國病毒」是一個隱藏的敵人。他說，對抗它是一場戰爭，並承諾「我們會贏！」[34]。

美國人為自己的工作和健康憂心忡忡。隨著新冠病毒病例數從三月十五日的每天五十多例攀升至三月十七日的每天八百例，警報開始從紐約市的公寓區傳出，紐約即將向全國展示呈指數性增加的感染曲線的意義。

第二天早上，安迪・紐曼（Andy Newman）在《紐約時報》頭版的報導寫道：「官員們急著拿其他災難來做比較。」這篇報導附帶一張蒼翠但空曠的中央公園照片，只看到一名慢跑者在公園裡跑步。紐曼寫道，紐約市長比爾・白思豪（Bill de Blasio）嘗試比較這場災難。「白思豪先生說，病毒導致的封鎖造成的經濟影響可能堪比大蕭條時期，它對公共衛生的衝擊，則比得上一九一八年導致紐約市超過二萬人死亡的流感疫情[35]。」

金融市場反映出社會瀰漫的不祥情緒。到三月十八日晚間，市場仍然持續痛苦的崩跌。聯準會大規模購買債券和降息並沒有讓華爾街安心。公債殖利率持續攀升，雖然它們應該隨著投資人轉向避險資產而下降。貨幣市場基金瘋狂拋售短期公司債和市政債券。

聯準會副主席克拉里達與鮑爾當晚短暫討論了是否應該推出殖利率曲線控制計畫。這是一種激烈的貨幣政策工具，由央行承諾視需要購買盡可能多的債券，以使主要利率保持在特定水準之下。基本上就是埃克爾斯時代採用的「緊釘」政策，但不必與民選官員達成明確的協調。這種政策將是一種極端手段，有可能導緻聯準會持有整個債券市場的一大部分債券。他們很快就排除了這個構想，但提出這個構想凸顯了當時的絕望。

聯準會在那個可怕的週二選擇採取的行動也是如此。距離午夜還有三十分鐘，聯準會宣布將推出一項針對貨幣市場共同基金的救援計畫。整個聯準系統的官員、尤其是波士頓聯準銀行，整週都在幕後慌忙地構思，努力想在各監管機構間達成共識並解決複雜的法律問題。他們確實有理由擔心這項安排達成的速度不夠快到足以阻止基金開始崩盤。儘管這些計畫尚未完全準備好啟動，但公布廣泛的細節似乎是審慎的作法，進一步拖延只會升高災難的風險。

三月十九日週四，華爾街的交易廳被貨幣市場計畫的消息驚醒，雖然並未讓情況改善多少，市場仍繼續流血。上午八點四十五分，「福斯商業台」的長期主持人瑪麗亞・巴蒂羅姆（Maria Bartiromo）向當天早上的貴賓梅努欽提出每個人都關心的問題[36]。

「我們感謝你們所做的一切努力。」巴蒂羅莫對梅努欽說。梅努欽是透過電話連線接受訪問的，螢幕上顯現的是令人驚悚的紅色背景，底部有著刺眼的紅色跑馬燈字樣「市場拋售」，紅色的市場圖形指向道瓊和標普指數受到重創。「看起來你已經把十八般兵器都用上了，但市場仍在拋售。」

「先生，你的方案實在令人失望。」她說。

梅努欽把話題轉向他還在與帶頭的參議員一起草擬的救援計畫。其中包括向特定所得門檻下的家庭提供五千億美元的直接支票，為小型企業提供三千億美元的救助，以及二千億美元用以為遭受重創的航空公司提供貸款，和為聯準會的新計畫提供擔保。最後一筆錢的目標是加強聯準會的貸款計畫以避免金融災難，和保持資金流向市場和企業借款人。

巴蒂羅姆催促梅努欽加快方案的時程。三週後救援才抵達未免太晚了。聯準會和財政部現在能做些什麼？

「這是前所未見的情況。」梅努欽說：「這種情況不會永遠持續下去。我們將戰勝它。」

但在當時沒有人知道他的希望是不是能達成。

正當梅努欽和他的同事推動這項大規模計畫並承諾救援即將到來時，對該計畫的反對意見也逐漸成形。對立集中在該方案中與聯準會和財政部的救援計畫有關的部分。

「任何用納稅人的錢救援大公司都必須附帶實質的條件。」極具影響力的麻州民主黨人伊莉莎白・華倫三月十九日週四晚上七點三十七分在推特發文說[37]。

這場疫情造成的崩潰正在全面顯現。由於疫情封鎖導致經濟停頓，聯準會可能會獲得巨額資金和授權，以承擔政府救援的一大部分任務。這種支持將帶來嚴格的檢視，因為國會議員堅稱央行嘗試把金融援助擴大到超出它原本服務的金融機構範圍太遠。十二年前的全球危機展現了聯準會率先採取因應措施的巨大力量，但也凸顯出過度依賴央行既有工具的危險。

「我們不能重蹈二〇〇八年的覆轍，當時基本上我們給了大銀行大把大把的錢。」華倫參議員在三月那個慌亂的晚上如此宣稱。

第九章 聯準會改變的那一天

> 在恐慌時期，一個失靈會引發許多失靈，避免衍生失靈的最佳方法是遏止導致這些失靈的主要失靈。
>
> ——沃爾特・白芝浩，《倫巴德街》（*Lombard Street*）

到了二〇二〇年三月下旬，一系列迷因（memes）YouTube短片開始在網路的搞怪圈傳播。其中一張梗圖中傑洛姆・鮑爾面露驚恐表情，正從他的新聞記者會講台上的一架手搖印刷機印製美鈔。另一張圖片顯示一個頭髮花白的卡通人物，他旁邊是一台正在吐出美元的印表機，圖片下方是聯準會的官方印章，下面寫著「哈哈，印鈔機衝啊」（haha money printer go brrrr）字樣。

隨著這個月結束，這句話在推特的金融圈變得無處不在，並開始散播到更廣的世界。

谷歌搜尋上對「印鈔機」的搜尋興趣激增，其中以在新加坡、加拿大和斯堪地那維亞最為顯著，證明了金融世界對美國政策的關注。在美國二十幾和三十幾歲的人經常光顧的禮品和藝術品線上市場Etsy上，一位自稱「印鈔機」（Moneyprinterr）的賣家開始銷售「brrrr」週邊產品（這些廉價玩意包括一具打印機填充玩具，手拿著一支雪茄，正在印製一美元，品項的名稱為「印刷機官方版絨毛玩具」，還有一張「傑洛姆・鮑爾，上帝和救世主」海報，上面描繪聯準會主席身穿紅藍相間的長袍，臉上散發著金色光暈）。

這並不是央行官員第一次成為文化熱點。早在二〇〇八年的危機中，班・柏南克就贏得了「直升機班」（Helicopter Ben）的稱號，因為他在一次演講中提到一種特別新穎的貨幣政策，其中包括對經濟進行「直升機撒錢」（helicopter drop）。儘管這只是個理論上的概念，而不是聯準會實際做的事，但那並不重要。全國各地的卡通藝術家都抓住這個機會畫出各種留著鬍鬚、禿頭的柏南克把一袋袋現金扔出直升機的樣子。

儘管如此，基於網際網路在日常生活所佔的重要地位，當人們二〇二〇年春季在家裡煎熬度日，除了虎王（Tiger King）和社交媒體之外幾乎沒有什麼娛樂活動，使得印鈔機系列成為聯準會迷因首次變得如此普遍。「brrrr」現象的核心就是一個事實：從三月到四月，聯準會的行動已成為市場的主要、甚至首要驅動力。

這個名聲在二〇二〇年三月二十三日還獲得進一步強化。

那天是週一，剛開始就充滿凶險。在美國東岸上午七點就有報導傳出德國總理梅克爾（Angela Merkel）感染病毒後正自我隔離，日本首相安倍晉三暗示東京夏季奧運會可能推遲，加上美國股票期貨大幅滑落導致交易暫停。經過多年的運作失靈，許多人擔心國會不會很快通過避免經濟災難的救援計畫，而華爾街則持續緊張地關注華盛頓。

前一天晚上卡什卡里在《六十分鐘》節目中表示，聯準會有「無限的現金」可以提供救援，但當時推出的少數市場計畫對一個面對著無限期封鎖的世界只是冰冷的安慰。對那些繼續面對崩盤的公債市場投資人來說，世界已經天翻地覆，分析師甚至不再猜測股票和其他資產價格何時可能開始回升。

LGIM公司投資長松雅・勞德（Sonja Laud）在接受彭博電視晨間採訪時表示：「目前所有市場和投資人主要關注的是流動性和金融市場的運作，然後才能談到下一步該如何。」「如果前面兩個問題已經解決，我們就會開始評估市場何時可能觸底。」她在接受法蘭馨・拉克奎（Francine Lacqua）和湯姆・基恩（Tom Keene）採訪時表示。基恩是華爾街新聞界的老將，他和許多美國人一樣在那個充滿壓力的早晨留著鬍渣遠距工作。

不久後的上午八點，頭條新聞紛紛刊出。聯準會即將出手救援，並在這麼做的同時跨越二〇〇八年危機後留下的幾乎所有障礙。

該項宣布的涵蓋面很廣。聯準會將重啟二〇〇八年一項協助證券化貸款市場的計畫，這類貸款把信用卡餘額、汽車貸款和其他類型的債務打包並切割出售給投資人。聯準會也將制訂一系列全新的緊急救援計畫，官員們承諾兩項名稱很古板的公司債計畫，分別是「初級市場公司信貸機制」和「次級市場公司信貸機制」。前者將購買已發行的公司債券，後者將購買新債券以確保企業能繼續在停頓的市場上籌集資金。計畫的目標是讓美國企業界繼續獲得借來的現金，以使像斷頭台一樣懸在華爾街脖子上的巨額債務不會落下。

為了幫助中型企業，央行也承諾設置商業貸款計畫。官員們一直希望國會能夠通過自己的主街救援計畫，但情況已經很明顯，救援中型企業的工作將落在聯準會肩上。央行官員們還未達成具體的協議，無法在那時公布商業貸款計畫的大綱，所以他們只是宣布救援即將到來。

聯準會在新聞稿中還承諾視需要購買盡可能多的政府債券，以恢復公債和抵押貸款債券市場中斷的功能。這不是鮑爾和克拉里達談到的殖利率曲線控制，但這個量化寬鬆強化版差距也已不遠。媒體立即把聯準會的一系列市場救援措施視為一件大事。

彭博社的新聞跑馬燈跑著「聯準會發出無限量化寬鬆訊號，增加公司救助」的標題，經濟記者邁克・麥基（Mike McKee）在報導中開玩笑說：「聯準會翻箱倒櫃把所有法寶都丟進市場裡了。」

《華爾街日報》的一篇報導說：「聯準會主席鮑爾在週一終於豁出去了[1]。」《紐約時報》也同意，「聯準會全押下去了[2]。」

隨著各大媒體的報導，股票期貨開始從二〇〇八年以來最糟的一週反彈。儘管由於擔心國會持續不採取行動，股市當天再次下跌，但這個週一將標記這場迅速發展的金融危機終於出現關鍵的轉折點。隨著股市了解聯準會承諾的含義與國會採取行動的可能性升高，週二的股市將飆升。三月二十三日過後，新冠疫情造成的金融衝擊開始逆轉，美國的各類債券和股票出現歷史上最大幅、最突然的回升。

這場提振投資人信心的表演在時間上也經過審慎的挑選。在幕後，聯準會和財政部官員花了一個忙碌的週末整理這些計畫，寄望趕在華爾街又墜入一週暴跌之前公布。梅努欽同時也與國會議員磋商，嘗試爭取巨額資金來支持央行的努力，使總額直到週日已經從二千億美元增加到超過四千億美元。但他仍無法保證這套方案能獲得國會通過，而且三月二十三日宣布的聯準會計畫，主要是在沒有法案通過的情況下也能小規模運作的部分。儘管如此，運氣似乎還是站在梅努欽這邊。鮑爾從他在切維蔡斯的辦公室一直在協調政治與實務的規劃，除了接聽與國會議員安排的電話，也隨時聽取聯準會幕僚的報告。

這種全部押注的努力和它推出的史無前例的配套方案，目的完全是為了避免金融危機。這並不意味著它們是零成本的。鮑爾和他的同事知道，儘管商業新聞媒體對三月二十三日上午宣布的強力因應措施歡呼雀躍，但這將讓聯準會面臨政治批評和偏離其使命的可能。指控央行紓困公司債市場似乎是無可避免的，制訂紓困主街的計畫無異於判定誰能在聯準會的協助下獲勝和失敗，迫使央行做出會激怒許多人的兩難決定。

主街也將以微妙但深刻的方式改變聯準會作為緊急貸款人的現代角色：這項計畫將無法像二〇〇八年的紓困那樣被當作交易市場的最後靠山，因為中型企業是藉由貸款而非發行債券來為自己融資[3]。這似乎會讓聯準會（至少在某種程度上）成為私人部門的銀行家①。

即使是新方案的基本機制也存在聲譽風險。梅努欽和聯準會選擇美國最大資金管理公司貝萊德（BlackRock）的金融危機管理部門來管理公司債計畫，他們在沒有明顯考慮其他選項的情況下選擇這家巨頭公司肯定會招致批評。公司債計畫最終一定會使貝萊德自己的指數股票型基金（它們已經在市場上稱霸）獲利，進而造成觀感問題和潛在的利益衝突。但這家公司經驗豐富，且連日來梅努欽一直在聽取執行長拉里・芬克（Laurence Fink）的意見。在需要迅速採取行動的時刻，這似乎是最權宜的選項。

聯準會的購買債券也可能因為強烈反對而告終。截至三月二十三日宣布計畫時，央行已經購買數千億美元的美國公債。此後聯準會的資產負債表將繼續以這種速度快速飆升。從三月一日到四月底，聯準會持有的資產將從二兆五千億美元增加到約四兆美元，增幅與央行二〇〇八年後的所有三輪量化寬鬆計畫期間的增幅大致相同。但這一次增加這麼多所花的時間不是五年，而是只有兩個月，而且這將使央行持有所有流通公債的約四分之一。這與二戰時期不同，當時聯準會和政府協調一致以維持低利率和市場運作。即便如此，大規模的購買顯然會對政府財政產生廣泛的影響，使財政部更容易為政府的危機應變計畫提供資金，而不會推高長期利率。儘管當時官員們認為引發通膨螺旋式上漲的風險似乎很遙遠，由於多年的物價上漲疲弱，顯示量化寬鬆並沒有造成多大的上漲壓力，但聯準會的獨立性肯定會遭到質疑。

聯準會官員認為，為了緩衝疫情對經濟的影響值得冒這些風險。鮑爾花了一上午的時間與他的幕僚討論，然後從上午十一點四十三分開始，與嘲笑他近兩年的總統交談了十分鐘。賓夕法尼亞大道（Pennsylvania Avenue，聯結白宮和國會大廈的一條道路，傳統上不屬於聯準會的地盤）似乎注意到了此刻不同尋常的意義。

「他在過去一週確實進步了。」川普在當天下午稍晚的新聞記者會上說：「我今天打電話給他，我說：『傑洛姆，幹得好[4]。』」

聯準會的新計畫雖然範圍廣泛，但沒有解決所有問題。整體市場一開始反應平靜，但有些公債仍然走勢動盪。鮑爾在那一週嘗試讓所有人了解央行願意盡一切努力阻止公共衛生危機造成持久的財務災難。三月二十六日週四，他極其罕見地出現在《今日》（Today）節目中。鮑爾比他的前任更常出現在媒體上，但對於央行官員來說，接受有如此眾多觀眾的談話性節

①由於聯準會曾在一九三〇年代根據緊急權力（以及在隨後的二十年中利用其他權力）發放貸款，所以這對聯準會來說並不是第一次。不過，這將是擁有政治獨立和經濟權力的現代聯準會，第一次如此直接地支持非金融企業。

目採訪並不尋常。

他坐在聯準會埃克爾斯大廈的工作室，身後書架上排列著十年來正式裝訂的聯準會公報，一個小麥克風夾在紫色領帶上，他回答主持人薩瓦納・格思里（Savannah Guthrie）的問題。「為了讓經濟維持運作，聯準會願意投入的資金數額有沒有限制？」格思里問。

「唯一的限制是我們能從財政部獲得多少支持。」鮑爾冷靜而穩定地回答。「基本上你問題的答案是沒有，我們可以繼續提供貸款。真正重要的是支持經濟中的信貸流向家庭和企業。」[5]

鮑爾承認，聯準會在廣泛類別的市場上的權力限制正逐漸鬆綁。儘管如此，聯準會是否擁有充分支持市場和保護經濟所需的保險，仍然是一個現實的問題。

梅努欽竭盡全力爭取這些計畫的資金獲得通過，但在談判的最後幾天，財政部的五千億美元資金（在最後幾個小時金額還會變得更大）仍然是該方案中最具爭議的部分。鮑爾和他的同事宣布了三月二十三日的計畫後幾個小時，財政部長在CNBC上強調，這些行動「極其重要」，但「我們需要國會今天批准額外資金，以便我們能夠進一步支持美國經濟中的勞工」[6]。

接下來的幾天裡，一小群國會幕僚擠在參議院哈特大樓參議員查克・舒默辦公室外的走廊，與民主黨少數黨領袖的幕僚敲定最終的措辭。梅努欽本人在參議院多數黨領袖麥康諾和民主黨主要議員的辦公室之間穿梭，試圖爭取所有人的支持。基本上他是一個事必躬親的管理者，曾一度與兩名幕僚挑燈夜戰，逐字逐句地重新修改法案的關鍵部分。

民主黨利用最後的一連串協議以剔除條文上的漏洞，確保梅努欽必須使用巨額資金來支持聯準會緊急貸款，而不能用來支持共和黨政府的朋友，這凸顯出兩黨之間即使在合作時也存在深刻的猜忌。民主黨人也確保這項立法保留了敦促聯準會專注在他們的若干優先目標的條款。參議員華納的幕僚認為，聯準會三月二十三日宣布的主街貸款計畫是先發制人的攻擊，意在阻止國會主導聯準會如何對待中型企業，因為這一點讓有些人感到惱火。即便如此，該法案的最終草案仍包括規定聯準會應研究小型企業貸款計畫，以及如何支持州和地方政府的條款。

這兩項條款都不具約束力，但它們幫助該計畫順利通過終點線。

當《冠狀病毒援助、救濟和經濟安全法案》（CARES Act）於三月二十五日在參議院獲得通過時，支持和反對的議員為九十六比零，這種一致性對金額如此高的方案來說是前所未見的。麥康諾在眾議院解釋該法案獲得廣泛支持的理由：「我們的國家顯然正在經歷一場人們記憶中前所未有的危機[7]。」

聯準會最終設法取得四千五百四十億美元指定用於其計畫的資金，這不但安撫了市場，而且該法案帶來了震懾性的效果，從而使政府能夠宣傳其方案將為經濟提供超過六兆美元的協助[8]。方案中與聯準會無關的部分，將在充滿挑戰的時期為美國企業和工人提供必要的協助。員工人數少於五百人的公司將獲得可豁免的貸款，失業的工人將能利用擴大的失業保險計畫，低於一定收入門檻的人將獲得一千二百美元的支票來度過難關。

這些支出計畫將在未來幾個月內更新和延長，這與二〇〇八年危機比較起來是個巨大的突破，當年的政府因為擔心國家赤字膨脹而限制了其雄心。CARES法案的金額為二兆二千億美元，使二〇〇九年實施的八千億美元的《美國復甦和再投資法案》相形見絀。它的金額也是梅努欽和白宮最初宣傳的兩倍，而且幾乎沒有人問過國家是否負擔得起。

國會議員似乎普遍認為，對抗新冠病毒是一場值得投入資源的戰鬥。

梅努欽在聯準會努力緩解疫情影響期間一直是個主要合作夥伴，他的聲望也隨著新紓困法案的實施而顯著攀升。參與談判的人（包括那些非常不喜歡他的人）很快就承認，如果沒有他，法案絕不會如此快速達成和有如此大的規模。這次救援是確立他功蹟的機會。

梅努欽在初進華盛頓時，一直被描繪成一個渴求金錢的金融家，他曾在高盛和避險基金業任職多年，但最受關注的是他在金融危機期間的工作。梅努欽在二〇〇八年協助收購了總部位於加州的印地麥克銀行（IndyMac），這是一家銀行兼抵押貸款服務公司，政府已接管該公司並希望出售，梅努欽把它遷移到貝萊爾（Bel Air）的一棟豪宅來經營。持有大量抵押擔保證券、抵押貸款和商業貸款的印地麥克似乎已跌至谷底，在聯準會推出紓困計畫後應該至少有一些上漲空間。梅努欽和其他幾位富有的投資人，包括約翰・寶森（John Paulson）、喬治・索羅斯（George Soros）、麥可・戴爾（Michael Dell）和克里斯多夫・福勞爾斯（Christopher Flowers），把它和其他陷入困境的投資組合拼湊成一家名為OneWest的銀行。梅努欽在印地麥克所持有的各類證券方面是專家，曾擔任高盛抵押貸款部門負責人[10]。

與梅努欽的許多冒險一樣，從任何財務指標來看，這項操作都稱得上獲得驚人的成功。合作夥伴擴大了該銀行的資本，透過與洛杉磯湖人隊和天使隊的合作重新塑造它的品牌形象，也擴大了它的消費者貸款。但從社會的角度來看，OneWest是不是贏家則有許多爭議。銀行收回無法還款的抵押貸款者的贖回權在拖欠還款行為普遍存在的時期很常見，但OneWest的作法特別激進。二〇一五年，梅努欽和他的合夥人以三十四億美元把OneWest出售給CIT集團[11]，但除了收獲所有的財務利益外，OneWest在削減貸款壞帳上的成效也為梅努欽和該銀行在南加州贏得聲譽，而且盛名遠播直達華盛頓。

二〇一七年一月，當梅努欽出現在國會山莊參加財政部長提名確認聽證會時，他的眼睛在後退的烏黑髮線下顯得十分警覺，他有很多解釋要回答。

聽證會很熱鬧。梅努欽的團隊很快凸顯出他不是典型的華盛頓人物：當時還是他未婚妻的露易絲・林頓坐在他的右後方，她的瀏海完美地側分，口紅略帶虹彩，鑽石耳環對著環繞的攝影機閃閃發光。這位雄心勃勃的電影明星並不是參議院財政委員會聽證會的常客[12]。梅努欽在開場白中讚揚川普，敘述他參加的第一次川普集會，而這也預告了他任期內的基調。在印地安納波里斯舉行的這場集會是梅努欽「難忘的經歷」，兩萬人擠滿了體育場為川普歡呼，就好像他是滾石樂團（Rolling Stones）的成員。

梅努欽表示：「我與總統有相同的目標，也就是在經濟上賦予每個公民權力。」

審核梅努欽的民主黨政治人物並沒有放心。經過五個多小時的質詢，他們舉出他的許多明顯的罪行：他的避險基金已在開曼群島的離岸避稅天堂註冊（他說這麼做是應退休基金和其他投資人的要求，而不是為了規避個人稅負），他一開始未披露持有近一億美元的房地產（他說表格太複雜），而且他花了太長時間才提出完整的財務披露（非常、非常複雜）。但一再被提出的問題是梅努欽在OneWest銀行期間壓迫房屋持有人的作法。他始終以禮貌的語氣辯稱，他已盡最大努力讓借款人保留房屋，但政府的規則和當時嚴酷的現實卻讓他別無他法。

顯然梅努欽來到聽證會時就知道自己會面對壓力，並準備好了答案。在這段漫長而充滿爭議的時間裡，沒有人弄清楚的是，擁有如此財富和輝煌企業職涯的梅努欽為什麼要轉戰華盛頓。財政部長是最高階的政府職位之一，享有社會聲望和推動變革的權力。它的另一個特性是極其繁重的工作和幾乎隨時會遭到批評。有趣的是，梅努欽表示這個職務將是他金融生涯的延伸。

「在我的職業生涯中，我的努力是為我的客戶和股東。」他在參議院確認他的任命時說：「三十年後的現在，我的努力是為美國人民，我將藉由協助發展我們的經濟和創造就業機會，來為他們堅持不懈地工作。」

不管他的動機是什麼，一旦得到這份工作後，梅努欽馬上開始全力以赴。他很快就證明自己適合在川普領導下的華盛頓發展。他不斷讚揚這位毫不容忍的總統，無論白宮頒布什麼法令或採取什麼行動，他都表示忠誠。即使他的觀點似乎與川普不一致，他也都聲稱自己不是專家，或在公開場合對話題保持沉默。其他內閣官員相繼落馬，成為頻繁開革的受害者，每隔一段時間就佔據媒體的頭條新聞，但梅努欽保住了總統的寵幸和他偶爾出現動搖的信心。

當新聞聚焦在川普的邊境牆和拘留移民兒童時，梅努欽淡化或迴避了有關這個引發政治和道德爭議的問題，同時默默推動一項有意義但不引人注意的政策變革。他透過談判進行大規模減稅，開始弱化金融監管，並把他的OneWest前同事帶入其他政府和監管部門的高層職位。他沒有為財政部招聘滿額的幕僚，但仍然設法完成了許多自由放任主義的願望清單。

如今新冠病毒疫情威脅到他所承諾的經濟成長，梅努欽急忙擬訂一套保護政府所珍視的經濟的計畫。在法案通過後，他決心想被視為國家財政的優良掌櫃。伊莉莎白・華倫經常把撥給聯準會的資金稱作「行賄基金」，這讓財政部的許多人感到惱火。

當川普在三月二十七日簽署CARES法案時，麥康諾和梅努欽站在白宮橢圓形辦公室的堅毅桌後面宣布這項因應疫情的法案。這位財政部長在公開露面時總是一副不知所措的樣子，好像手臂不知道如何擺放。他把雙手放在身體兩側，在直視鏡頭時微眨著眼睛，臉上帶著一抹微笑。當總統介紹他時，他露出毫不掩飾的幸福表情[13]。

「史蒂夫・梅努欽，你們都知道他工作有多賣力。」川普說。

「總統先生，很感謝你的領導，也很感謝副總統的領導。」梅努欽微向前跨一步，頭略微搖擺一下。「上週你向我們明確指示過，我們要想做大事。這是一場針對病毒的戰爭。」

在CARES法案通過後，鮑爾領導下的聯準會仍奮戰不懈。它必須設計新的刺激計畫，同時需要繼續拉動其他槓桿以確保脆弱的金融平穩能夠持續。如果聯準會希望保持國內市場的良好狀態，就必須實踐身為世界央行的聲譽，而不只是美國的央行。

據外國央行的報告，它們的經濟體已出現美元融資極度短缺的問題，有可能加劇全球金融問題。在週五上午由國際貨幣基金委員會召集的一項電話會議上，一個由二十四個會員國的央行官員和經濟政策制訂者組成的小組針對世界金融體系進行討論，他們對當前的壓力十分擔憂。

國際貨幣基金總裁克里斯塔利娜・喬治艾娃（Kristalina Georgieva）和委員會主席萊西塔・丹雅格（Lesetja Kganyago）在會後發布的聯合聲明中表示：「全球疫情已演變成一場經濟和金融危機[14]。」國際貨幣基金將盡其所能緩解緊張局勢：它承諾利用其一兆美元的貸款能力來支持陷入困境的國家，並已公布對最貧窮國家的債務減免方案，同時正在改善信貸選項以協助遭受重創的國家借錢。儘管如此，針對美元短缺問題仍需要採取更多措施。

在二〇二〇年，美元在全球金融和發展中的角色已變得越來越複雜和經常受到批評，大約一半的國際貿易交易使用美元，遠超過美國在世界貿易中所佔的一〇%份額[15]。這在許多國家差異十分明顯：土耳其六〇%的進口商品以美元開具發票，儘管根據經濟學家吉塔・戈皮納特（Gita Gopinath）的研究，從美國進口的商品只佔該國進口總額的六%[16]。該國約三分之二的外匯準備以美元持有，且很大部分的公司債券以美元計價[17]。即將卸任的英格蘭銀行總裁馬克・卡尼前一年在聯準會的傑克森洞（Jackson Hole）會議上演講時，曾警告美元對全球經濟的「支配性影響」[18]。

世界各地的公司以美元借貸的現實可能在危機時期產生問題，例如，如果馬來西亞的一家棕櫚油公司背負大量美元債務，但突然無法把從顧客賺來的當地馬元兌換成美元來支付利息時，將導致它可能會拖欠債務。同樣的，如果馬元兌美元匯價突然大幅貶值，這家公司可能發現其債務一夕間從可以輕鬆應付變成沉重的負擔。馬來西亞貨幣貶值可能會迫使該國出售更多石油來支付美元利息。

各國可以保護自己的公司和經濟免於這種不穩定的影響。它們可以確保當地銀行擁有充足的美元資金，也可以嘗試推高本國貨幣兌美元的匯價。為了實現後者，一國的央行可以出售包括以美元計價的債務（美國公債）在內的外匯準備來換取本國貨幣，進而減少流通中的本國貨幣供應以提高其匯價。

到了二〇二〇年三月中旬，外國政府已開始大量拋售持有的美國公債，這對仍在試圖讓美國公債市場保持穩定和持續運作的聯準會來說是個利空。聯準會先是仰賴二〇〇八年的危機應變策略來解決國際問題，放寬協議以使聯準會能向外國央行提供美元，然後外國央行可以把這些美元流通給銀行和企業。在三月十九日，聯準會把協議範圍擴大到更廣的外國合作夥伴，使澳洲、南韓、巴西和墨西哥也加入能更容易獲得美元的國家名單[19]。

但美元繼續升值。美國銀行（BoA）分析師開始揣測，美國將需要干預市場以削弱美元，這在現代幾乎是聞所未聞的作法[20]。

美元可能變稀缺的憂慮是問題的核心。如果海外公司和機構難以獲得美元資金，它們將繼續從任何來源爭奪美元，進而迫使更多外國拋售美國公債。為了讓情況恢復正常，聯準會必須想出方法提供美元給各國政府，但它無法採用與這些政府建立互換貨幣的地緣政治措施。

這時候一種在危機時刻聽起來特別異想天開的方案登場了：一個被親切地稱為FIMA回購協議（FIMA repo）的計畫。

這個帶著技客式優雅的計畫正式名稱為「暫時外國和國際貨幣當局回購協議」，在三月三十一日公布[21]。它允許在紐約聯準銀行擁有帳戶的大約一百七十國央行和外國實體，以安全抵押品美國公債取得短期美元貸款。FIMA回購協議可以防止外國持有者把美國公債傾銷到市場，並把美元送到需要者手中。最重要的是，它可以透過現有的紐約聯準銀行關係來達成這兩點。從政治角度看，這不但沒有令人驚訝，反而感覺很無趣。

媒體界幾乎沒有人對這項新計畫感到興奮，因為它的名字注定只會引起冷淡的反應。記者邁克爾・德比（Michael Derby）在《華爾街日報》報導的標題是「聯準會新的外國央行回購工具有望緩解市場壓力」，這也是該計畫最聳動的標題了。大多數人甚至不想去揣測那可能產生什麼影響。路透社的標題則是「聯準會藉由回購協議擴大外國央行取得美元的管道」。

但FIMA發揮了作用。要確定是什麼最後讓市場平靜下來本來就很難，但和已經公布的干預措施一起看，新計畫似乎是世界需要看到的後援力量。到四月的第二週，外國投資人再度開始購買美國公債，並減少他們一直以來囤積的大量以美元計價的現金準備[22]。鮑爾領導的聯準會仍然沒有閒著，但終於開始得到回報。

三月下旬，卡什卡里在明尼亞波利斯的家中度過了瘋狂的幾週，觀察同事們的行動。雖然聯準銀行總裁們沒有對緊急貸款計畫進行投票，但他們仍隨時被告知進展。他很高興看到政府推出大規模支出計畫，並對聯準會在危機應對中似乎毫無保留感到鬆了一口氣。他還希望二〇二〇年引發的反對將遠小於他和同事在二〇〇八年所面臨的情況。當一個相互關聯的世界意外關閉時，沒有人會指望一切都能完美運作。他認為公眾不會把這套方案視為紓困。

他在疫情爆發初期與明尼蘇達州政界人士（參議員艾米・克洛布查爾〔Amy Klobuchar〕和眾議員伊爾汗・奧馬爾〔Ilhan Omar〕，都是民主黨人）交談，並與包括紐約聯準銀行董事兼金融家格倫・哈欽斯（Glenn Hutchins）等商界人士討論，後者正在研究二〇〇八年危機中的問題資產救助計畫如何接受監督（哈欽斯後來共同撰寫了一篇《華爾街日報》的評論文章，建議「由於時間很有限，也許可以從地區聯準銀行總裁和董事中選出一個監督小組，因為他們的資格和是否有利益衝突已經經過審查」。基本上他是在提名自己和他的同事）[23]。

監督正逐漸成為一個很真實的問題。即使金融機構這一次不是問題的禍首，但三月二十三日宣布要救援新市場（過去未曾救援過）可能引發一些令人不安的問題。

從一開始就很明顯，不管聯準會怎麼做都無法滿足所有相關人士的要求。參議員馬克．華納極力爭取納入CARES法案的文字說，財政部長應「致力於尋求」為中型企業和非營利組織設立聯準會貸款計畫，並在計畫中要求接受貸款者利用貸款來留住它們的受薪員工。如果理性的企業主對未來沒有信心，他們絕不會為了支付員工薪資而舉債。根據這種指導原則制訂計畫將是一種政治表演，但不這麼做顯然會招致批評。這是一個雙輸的局面。

法案本身要求定期提出報告，並設立一個國會監督委員會來看管救援工作，這個監督單位可以盯緊民主黨人關切的事，不讓這些錢變成川普政府政治親信的基金。聯準會內部準備更進一步有效地展示其工作，除了立即披露要點清單外，理事會也已經為大部分交易制訂幾近即時報告的計畫。

必須如此透明的原因與已經很明確的現實有關。二〇二〇年，比起財政部，國會可能更信任聯準會，但總體而言人們仍然對央行抱持懷疑態度。正如伊莉莎白．華倫在CARES辯論中的評論所表明的，國會議員期待它能夠迎合富人的利益。

對聯準會與華爾街關係的憂慮，一直困擾頭兩次創立央行的嘗試，導致哲基爾島集團假裝他們是在打鴨子而非擬訂貨幣改革綱要，並為聯準會一九一三年創立時的設計提供了方向，而這種憂慮一直持續到現今的大疫情。

從二〇〇八年全球金融危機以來，聯準會已為懷疑者獲得了充足的素材。前央行官員往往一離開聯準會就開始為銀行和資產管理公司提供諮詢，並收取豐厚的薪資：柏南克在卸任主席後不久就開始為太平洋投資管理公司提供諮詢服務，而葉倫離開聯準會後，則從金融機構賺取巨額演講費②。聯準會的前低階幕僚有時候會心虛地承認，他們在銀行和金融公司獲得的薪資遠超過他們的技能應得的待遇。公司很樂於為聯準會內部的專有知識付費。

官員們在央行任職時也可以從華爾街的興旺受益。許多人持有廣泛的金融資產投資組合，並在進入二〇二〇年時積極地管理這些資產。在三月二十三日，隨著央行加強救援市場和經濟，理事會的道德辦公室向各地區聯準銀行發出一紙通知，警告它們不要在央行做有關市場和經濟的決策時進行交易：「請考慮遵循交易緘默規定，至少在接下來的幾個月內避免進行不必要的證券交易，或直到聯邦公開市場委員會和理事會的政策行動恢復正常時為止[24]③。」

② 後來發現，她從二〇一九年和二〇二〇年的演講賺進近七百三十萬美元。
③ 這預示了後來發生的一樁醜聞，我們稍後會談到。

當聯準會與華爾街的關係如此密切時，指望聯準會不會特別偏袒華爾街讓許多國會議員認為是異想天開。這種懷疑肯定會讓注意力集中在這些計畫的設計方式和誰能從中受益上。

但當聯準會和它的友好者形成共識，認為坦率且清楚表明他們的行動有助於面對外界的批評時，他們對聲譽風險的關注本身卻帶著潛在的陷阱。正如葛林斯班幾十年前直覺地表示，更大的透明度有時意味著更小的迴旋餘地。如果財政部和聯準會因為擔心反對而只專注在不提供救援給不良業者，那麼它們可能因為進取不足以至於無法扭轉經濟受到傷害。

這有過前例。卡什卡里在二〇〇八年危機期間協助制訂和管理部分救援行動時，官員們因為擔心讓大眾感覺是在協助不負責任的個人和公司，以至於沒有採取必要的行動。

「我們最後沒有幫助到很多屋主，並且房地產市場因而下跌得更嚴重。」卡什卡里在三月底和四月初不斷地說：「我們必須避免犯不夠慷慨的錯[25]。」

在二〇二〇年春季，正當聯準會準備推出重新定義其角色的救援行動，以及與國會商議如何救援全國之際，卡什卡里親身目睹了正確推出因應政策的時間有多急迫。他的妻子克里絲汀（Christine Ong Kashkari）一直在一家商務旅遊管理公司工作，這家公司解僱了包括克里絲汀在內的大部分員工。四月一日是她失業的第一天。他們有能力承受經濟上的打擊，但克里斯汀是熱愛工作的人，她很可能再也無法重回工作崗位使他們的家庭蒙上一層陰影，就像全美國數百萬人的境遇一樣。卡什卡里當時告訴人們，裁員的消息讓他感到「驚嚇」。

第十章 加速跨越紅線

如果他沒有改變，任何對他始終如一的讚揚都毫無價值。這將是以經濟崩潰為代價來維持的始終如一。

——馬里納・埃克爾斯，論小羅斯福捨棄平衡預算原則，轉而支持新政支出計畫

四月七日，薩曼莎・史蒂芬斯（Samantha Stephens）在絕望中決定上網尋求協助。八天前她不知所措地發電子郵件給紐約市西村的商業房東，告訴他她將拖欠該月的租金。她的咖啡館「燕麥餐」（OatMeals）在三月中旬被迫關門。剛開始她嘗試繼續經營外帶餐飲。但她毗鄰紐約大學校園的店面突然變得門可羅雀，沒有顧客進來購買像是「熱約會」（The Hot Date；乾果、山核桃、花生醬、蜂蜜）和「松露燕麥粥」（Truffle RisOATto；帕爾馬乾酪碎、松露油、胡椒）這類自助搭配食材和創意澆醬的餐點。如果沒有學生在上學路上匆匆經過，也沒有辦

公室員工訂購別出心裁的早餐來給客戶留下深刻印象，就不會有足夠的訂單讓她採購不易貯存的食材。

史蒂芬斯回憶說：「我開門營業的成本超過我能帶進的收入。我真的想為了社區而繼續營業，我愛我的常客，他們每天早上都要吃燕麥餐。」

開燕麥餐咖啡館是衣著無可挑剔、笑容燦爛的史蒂芬斯長期以來的夢想。二〇〇〇年她剛來到紐約上大學時是一個美食愛好者，住的地方圍繞著一些世界上最好的餐廳。和她之前的許多大學新生一樣，她的體重以驚人的速度增加。為了保持健康和省錢，她開始吃燕麥片；除了便宜和健康之外，她還發現這種穀物還是一種未被充分賞識的食材。一般人都只是撒上肉桂就開始吃了，但史蒂芬斯可以用一碗燕麥搭配黑胡椒起司、南瓜派或其他一百種組合中的任何一種。她自認可以用她的燕麥創意餐開創事業，但她沒有立即進入餐飲業，而是在投資銀行擔任行政助理。但創業夢想一直縈繞在她腦海，她報名參加了晚上的烹飪課程。經過八年和數百小時的仔細規劃後，她終於準備好踏出這一步。她在時尚的格林威治村租了一個三百八十平方英尺的小空間並開了店，距離紐約大學旁邊那個著名的籃球場不遠。

生意從一開始就很艱難，因為要靠一碗三或四美元的麥片賺取的利潤來支付租金並不容易。但慢慢地她在這個地區建立了一批粉絲。她參加了ＣＮＢＣ的《創業鯊魚幫》（Shark Tank）節目，宣傳她的創業概念並尋求外部合作夥伴。她在節目中達成的交易最終落空了，但這次曝光幫助她與桂格燕麥公司（Quaker Oats）建立品牌合作關係，有助於貼補她開店的利潤。截至二〇二〇年初，她和她的員工每月營收約為四萬五千美元，足以支付她的薪資、進貨成本和每月六千三百美元的店租，外加償還開店的債務。

現在錢突然停止流入後，這些成本開始變成沉重的負擔。史蒂芬斯曾嘗試向她的保險公司提出理賠要求，但保險公司明確表示不理賠這類危機。她在前一個週六申請了災難救援貸款，但她不確定是否提供了必要的資訊：雖然她在填寫表格後曾截取螢幕頁面，但她從未收到確認電子郵件。她所有的時間都待在她紐約市的狹小公寓裡，對突然改變的世界感到迷失方向，沒有咖啡館可以去，沒有工作可做。她用谷歌搜尋想看其他餐廳經營的情況，這就是她找到群眾募資網站GoFundMe的由來。

她要求初期籌募二萬五千美元，打算用這筆錢支付租金、水電費和薪資。但四月一日那天她並不是在愚弄自己。群眾募資不太可能挽救她的生意和協助她讓員工回到工作崗位，或讓她能免受個人財務災難。

她決定嘗試申請薪資保護計畫貸款。新的可豁免小企業貸款計畫已經國會通過成為新冠病毒應對方案的一部分，但目前才開始要啟動[1]。史蒂芬斯透過她的銀行大通銀行提出申請，系統在四月十一日登錄了她的申請。但這個薪資保護計畫的錢在四月十六日就已耗盡，而史蒂芬斯還沒拿到任何錢。

「我的感覺是恐慌和擔憂，是恐懼。」她在當週稍晚告訴《紐約時報》。「但整體來說，我現在有點麻木，因為這一切都太怪異了。」

三月是美國疫情爆發的第一個月，所有人都人心惶惶。在美國和世界各地，公司解僱全部員工以及像史蒂芬斯這樣的商店業主面臨真正破產的可能性，很明顯的四月將是必須做痛苦決策的一個月。這也包括聯準會。鮑爾、布蘭納德和夸利斯意識到，要想保護仍然很脆弱的市場和經濟，他們將不得不做一些令他們不安的事情：跨越美國央行官員長期以來一直避免跨越的界線。

不過，經濟官員必須先應付一些技術性的挑戰。當像史蒂芬斯這樣的企業家看到他們的夢想在四月的第二週搖搖欲墜時，政府的應對措施卻施展不開。經過一個月分秒必爭的磋商和全面性的公開宣布後，梅努欽的財政部必須開始執行發放資金的艱鉅任務，而結果證明這是個棘手的後勤工作。薪資保障計畫在四月三日週五上午八點三十分啟動，向員工人數少於五百人的公司提供貸款，如果他們把貸款用來支付薪資以保住員工和支付水電費，則符合豁免還款的資格。從第一天起需求就很火熱。負責管理該計畫的小型企業管理局，被要求在短短幾小時內處理相當於繁忙的一年處理量的大量貸款。在隔週的週一該管理局的網站因為流量過大而當機[1]。

這項計畫透過商業銀行實施，商業銀行應該發放貸款並提供服務以賺取費用。透過私人部門實施該計畫有明顯的好處：政府缺乏快速承辦大量貸款的專業和能力，但銀行已經與客戶建立關係。不過公平問題已經出現，因為有傳聞貸款機構允許重要的大客戶插隊，而該計畫最想服務的小公司則焦急地等待協助。另外，根據簡單的數學計算，官員擔心一些貸款機構可能拒絕參與計畫。向客戶提供政府貸款會佔用它們的資產負債表，而獲得的收益可能不夠有吸引力。這個問題並非出於假設，美國獨立社區銀行家協會主席麗貝卡・羅梅羅・雷尼（Rebeca Romero Rainey）在週六致函財政部長，敦促他拿出解決方案來協助銀行騰出資產負債表的空間，以利於參與該計畫。

她說：「這項計畫不應受限於參與貸款機構的資產負債表能力[2]。」

如果大量銀行選擇退出該計畫或發現自己無法大規模推出該計畫，就會產生許多問題。和史蒂芬斯一樣，美國的許多小型企業都需要立即獲得協助，因此如果撥款管道不足將導致計畫陷入困境，帶來嚴重後果。如果這個問題兩、三個月後才能完全解決，會有許多小公司可能已經回天乏術。

梅努欽一直表示：「銀行做得很好，它們只是一時無法處理大量案件[3]。」

---

① 這附帶提醒，這是針對非常小型企業的計畫，不透過聯準會運作。聯準會的計畫是針對主街，即規模稍大的企業。

有一個明顯的方法可以確保貸款機構把小型企業計畫視為划算的業務，既能滿足客戶的需求，又能保留足夠的資產負債表空間來繼續發放其他類型的貸款。這個方法就是政府允許銀行把貸款交換成聯準會的信貸，貸款機構仍然可以賺取初辦費並讓客戶滿意，以使參與該計畫更具有吸引力。這些貸款對中央銀行或納稅人來說並沒有真正的風險，因為它們實際上是援款。國會已經指定資金來償還這些貸款，它們被視為貸款只是為了向僱主施加壓力，要求他們遵守貸款規則。

鮑爾和布蘭納德徵召卡什卡里的明尼亞波利斯聯準銀行來管理這項計畫：卡什卡里有華爾街經驗，而他也把事情辦好了[②]。鮑爾和梅努欽在週一上午七點與他通電話，到了下午二點這個消息被媒體披露。「聯準會將建立一項機制，提供由薪資保護計畫貸款擔保的定期融資。更多細節將於本週公布。」公告很簡潔，只有三十七個字，但表達了重點[4]。

向銀行承諾提供薪資保護計畫的方案是一個有用的步驟，使該機制得以被廣泛使用。這不是最後的一步。到了週二，一個新問題出現了，而且像燕麥餐這樣的企業已經身受其害。在需求激增的情況下，人們擔心三千四百九十億美元的小型企業貸款計畫規模太小，無法滿足所有想要或需要貸款的人。梅努欽嘗試勸告大家要保持冷靜。

「總統已經明確表示，如果我們的錢用完了，他將再向國會要。」梅努欽當天早上在《福斯商業頻道》上表示。到週三，為了證明政府進展的速度有多快，他已向國會請求撥款二千五百億美元來修改該計畫。

「我們不會耗盡資金。」這位財政部長在CNBC嘗試安撫憂心忡忡的美國人，他說：「錢就在那裡[5]。」

後勤問題遠非唯一遲遲無法解決的問題。到四月初州和地方債券市場已陷於停滯，這是只有在最糟的時刻才會發生的。利率已升高到各州和地方政府再也無法輕易發行債務來籌集資金。這是個惡耗，因為州和地方政府面臨銷售稅收入減少、所得稅繳納因為疫情而使聯邦政府延長申報截止日期、學校改成遠距教學導致費用飆升，以及公共衛生因應措施耗盡財政結餘的困境。羅德島就是個例子，據估計，該州將因延遲納稅而在三月和四月初損失三億美元的收入，而關閉賭場每天又損失一百萬美元；另一方面，光在那個週一它就在通風設備上花費七百萬美元[6]。

鮑爾知道聯準會可能需要幫市政債券市場一把，而國會也已在CARES法案中明確表示他們希望聯準會這麼做。法案的條文雖不具約束力，但鮑爾和梅努欽將無法解釋他們何以忽視這個政策方針。

② 基於紐約聯準銀行和波士頓聯準銀行與金融業的關係，加上波士頓聯準銀行總裁埃里克・羅森格倫在二〇〇八年的經驗和個人能力，它們負責管理其他計畫。達拉斯聯準銀行總裁羅伯特・卡普蘭（Robert Kaplan）也擁有長期的華爾街經驗，他為數項計畫的設計進行密切的協商。

但對於央行、尤其是對鮑爾來說，州和地方債券市場特別令人感到不安。多年來，聯準會刻意避免介入市政債券市場是有道理的，因為這類債券可以融資從城市公園、機場到學校的一切用途，而且它們距離標準化還很遠。它們從不同的收入來源來償還，且往往得遵守不同的條件。市政債券並不是簡單地在交易所報價和隨時可以自由交易，因此很難大規模購買。

它們也有一個政治雷區。拉希達・特萊布（Rashida Tlaib）是民主黨新人，也是當時眾議院民主黨進步派的一員，她長期以來要求聯準會承諾在下一次經濟衰退時救援市政債務。鮑爾經常反駁這些建議，認為這會迫使他的機構為挑選贏家和輸家而政治化。難道只有退休金管理良好的城市才值得救援嗎？如果每個城市都能獲得救援，這算不算是對因為管理不善而自陷於財務困境的州進行紓困？疫情爆發後這些擔憂可能暫時緩解，但並未完全消失。

除了這三個問題外，如果聯準會購買市政債券，大型基金經理最終可能成為主要受益者。貨幣市場共同基金和指數股票型基金大量投資在市政債券，貝萊德自稱是全球最大的市政債券管理公司，Nuveen和太平洋投資管理公司也是該市場的主要參與者。

儘管存在令人不安的原因，但擬訂市政債券救援計畫的現實和政治壓力都很大。三月三十日參議員華倫發表一系列推文表示，國會分配給聯準會計畫的四千五百億美元可以、而且應該用於幫助市政借款機構。她寫道：「梅努欽部長應該在讓執行長們變得更富有前，先滿足它們（市政借款機構）的每一個需求。」梅努欽在給鮑爾和他的副部長的電子郵件附上華倫的推文。他寫道：「讓我們討論一下。」

三月下旬有消息傳出，聯準會已聘請美國財政部各州和地方財政辦公室的第一位主任肯特・希特修（Kent Hiteshew）。理事會的官員也拜訪了十二個地區聯準銀行以了解當地的情況，而《華爾街日報》早在三月二十七日就報導，某個市政債券計畫正在進行中[7]。

對鮑爾來說，這個現實標記著徹底的轉變。

就在九個月前，特萊布曾追問他聯準會是否將在下一次經濟衰退時，為州和地方政府擬訂貸款計畫。他告訴特萊布：「我認為，我們沒有權力向州和地方政府提供貸款。我想我們也不要有這種權力，我認為那是國會應該做的事。我想我們不願意挑選贏家和輸家，我們希望廣泛地幫助經濟[8]。」

特萊布坐在提問者的長椅上，傾身靠近麥克風，毫不畏懼地繼續說。為什麼商業票據市場在二〇〇八年危機中得到救援，而對她所代表的底特律等城市至關重要的市政債券市場卻沒有得到任何支持？

「企業有什麼不同？為什麼會有不同的標準？」她問。

「我們制訂了重新開放資本市場的計畫。」鮑爾談到二〇〇八年的應對措施，並表示重點是向整個經濟領域的各類借款人提供資金。

「我們可以對州和地方政府做類似的事。」特萊布反駁說，並強調地做手勢。

「你知道，我們可以討論這件事。」鮑爾迴避地說，聲音中的張力顯出他有點惱怒，這對他來說有點不尋常。

在不到一年的時間裡，世界發生如此徹底的變化，以至於鮑爾領導的機構將大步跨越那條線。在不修改任何法律的情況下跨越這道障礙，將證明細心的聯準會觀察家和特萊布似乎在二〇一九年七月就已經知道的事：通常當聯準會表示不能做某件事時，真正的意思是它不希望這樣做。法律是可以擴大解釋的，但鮑爾想忽視這種彈性的理由仍然很真實而且正當，進入地方債券市場會招致政治化。

聯準會準備在四月初跨越的另一條紅線無可避免也會如此。在聯準會三月二十三日宣布廣泛的計畫後，正當財政部和央行官員密切注視公司債市場之際，有一個不幸的事實也變得越來越清楚。救援投資等級的證券，並不能解決那些介於投資等級和垃圾等級證券之間的公司遭遇的許多問題。在大公司面臨債信降評的同時，高風險債券市場已經幾近陷於停頓，而諷刺的是，聯準會的新計畫使垃圾債券陷入比獲得救援的投資級債券更糟的處境。對在疫情之前一直很健康的公司來說，信用評級可能成為決定其成功或失敗的關鍵。

貝萊德執行長芬克在三月三十日寄一封電子郵件給鮑爾和梅努欽，細述哪些大公司處於投資級和垃圾級的分界點，和哪些公司的評級已經下降。一些家喻戶曉的公司被列入最近降級的名單，其中福特汽車、西方石油公司和卡夫亨氏（Kraft Heinz）的降幅最大。

更糟的是，投資級債券和垃圾債券間日益擴大的差距，可能會加劇美國各銀行的問題。那些認為自己的債券可能被降級或擔心新債無法發行的企業，紛紛利用銀行信貸額度來支撐現金供應。雖然截至目前銀行完全有能力履行信貸承諾，但提款導致它們承接其他類型貸款和造市的能力下降。

有一個簡單的解決方法。聯準會可以購買垃圾債券。

聯準會可以解決這個問題，但這個計畫幾乎沒有其他的吸引力。鮑爾和梅努欽一開始主要是在彼此間討論這個問題，而這可能證明了該問題的敏感性。沒有任何政治人物會公開倡議協助自己借貸巨額債務的公司，不管他們從華爾街或大公司獲得多少財務支持都一樣。

在不協助特定公司下協助垃圾債券市場的方法，似乎是透過指數股票型基金購買評級較低的債券，類似於購買一大批各家債券中的小切片。遺憾的是這又製造另一個陷阱。最大的垃圾債券指數股票型基金，是由負責聯準會計畫的貝萊德公司提供的，而且它已遭到大規模贖回的打擊。聯準會救援這個市場將無異於拉抬一家它僱用來執行救援任務的公司所提供的產品，這種顧慮會讓任何政策制訂者感到不安。一項大範圍、以基金為主的垃圾債券購買計畫可能很快速，而且很有效率。它可能行得通，但保證會很難看。

這是在危機時期各種困難決定中最難的一個，但最終優點壓倒了缺點。業界人士向聯準會官員保證，如果他們靜觀其變，情況可能更惡化。官員們敏銳地意識到，僱用數百萬人的公司往往建立在層層高風險債券的基礎上：梅努欽和鮑爾本人在私募股權行業的經驗有助於奠定這種認知，現在他們需要防止這個基礎崩裂。

二〇二〇年四月九日上午，鮑爾繫上一條他最喜歡的淡紫色領帶，穿上了一件剪裁考究的藍色夾克。他的頭髮總是帶著幾縷銀絲，它們在他擔任聯準會主席的這幾年悄悄地增加。

當鮑爾坐上他的特斯拉汽車（在封鎖期間極少數他被迫要工作的日子，他會自己開車去上班[9]），他面對的是聯準會將正式跨越它長期守住的界線的一天。聯準會準備公布它一直在擬訂的市政債券貸款計畫，詳細解釋它將購買一些垃圾債券基金和最近降級的公司債券，並說明聯準會的每項緊急救援計畫佔梅努欽指定的新CARES法案資金的額度。財政部持有一部分資金當作準備金，但總額極其龐大：新的緊急計畫將擁有二兆三千億美元的總貸款能力。上午八點三十分，就在美國勞工部宣布前一週新增近七百萬人申請失業救濟的同時，聯準會發布了聲明[10]。

《紐約時報》的標題是：「聯準會注資二兆三千億美元，遠超過二〇〇八年的紓困計畫。」《財星》（*Fortune*）雜誌稱此舉「令人震驚」[11]，CNBC描述它為「更大的火箭筒」。九十分鐘後（在看到最初的反應後），鮑爾從陳列了許多書籍的聯準會工作室加入布魯金斯學會的網路廣播節目。他聽起來充滿希望，但肯定並不輕鬆。

「這些是我們在很短的時間內擬訂的計畫，我們沒有像平時那樣有從容不迫的餘裕。我們嘗試迅速救援需要協助的經濟。」他說：「我擔心事後看來你們會發現我們可以採取不同的作法[12]。」

然後他做了一件幾個月前完全不像他會做的事。鮑爾一直極力避免告訴國會該怎麼做，他認為堅守自己的職責是保護聯準會獨立性的重要方式，而且涉入政治可能招致黨派的強烈反對和干擾。但在那天他建議國會未來應該優先考慮的事項。

「在許多情況下，人們真正需要的是直接的財政救援，而不是貸款，而我們能做的就是貸款。」他在考量如何進一步提供救援時表示：「這不是我們的工作，但我認為很有可能必須這麼做。」

鮑爾說：「這就是強大的美國財政力量要做的事：保護人民，盡我們所能避免人們所面臨的困難。」他的話無疑的將在史蒂芬森彌漫著憂愁的曼哈頓公寓餘音繞樑。

它們也迫使鮑爾跨越他的另一條個人界線。

布蘭納德本人也在四月初發表了一些意義重大的談話。她在聯準會緊急貸款計畫的設計過程中扮演的主要角色，使她在二〇二〇年危機期間聯準會做的最關鍵、也最困難的決策中有重要發言權。如果貸款計畫有效，它們可能讓企業和市政當局順利度過難關；如果貸款失敗，就業機會將消失，經濟將蒙受不利影響。

從三月三十一日起，聯準會和財政部官員開始在每天下午五點的電話會議討論已宣布的各項計畫的實質內容。規劃從一開始就很緊張。布蘭納德、鮑爾、梅努欽、紐約聯準銀行總裁約翰・威廉斯以及聯準會和財政部的幕僚，包括由范德韋德領導的聯準會律師團體，和由萊納特領導的金融穩定幕僚，正嘗試針對各個計畫應承擔多少風險、誰有資格獲得協助以及貸款條件應如何達成安排。

每天晚上有一個小時，布蘭納德和鮑爾從他們位於切維蔡斯的家中通電話，而梅努欽則從他的辦公室打電話（他住在華盛頓特區麻薩諸塞大道高地附近、一棟價值一千二百六十萬美元的豪宅[13]，但疫情期間財政部官員都要去上班）。梅努欽對這些初期會議的對外描述是勤奮的合作。

「我們很專注在主街貸款計畫，為那些超過小企業管理局（SBA）的計畫、但低於大公司計畫的企業提供服務。」他在四月的第一週告訴《福斯電視台》的盧・道布斯（Lou Dobbs）。然而，在幕後的情況很快就變得充滿壓力。設計的選擇絕非易事，條文和條件的措詞也是一項緊張的工作。如果針對主街的這種計畫設計得太鬆散，它們最終可能圖利那些老練的投資人和導致負債累累的公司鑽漏洞，這會招致偏袒和走後門紓困的指控。梅努欽對這種風險很敏感，讓他變得格外謹慎，他也不願意在這些計畫上虧損太多錢。

他認為國會批准的四千五百四十億美元救援貸款是聯準會政策的某種核彈化。這筆錢金額如此龐大，使用起來顯然效力將極其強大，有了它就應該能弭平市場的震盪，所以計畫的設計方式不應該增添撥款的風險。政策圈內傳聞梅努欽嘗試效法漢克・寶森二〇〇八年的緊急貸款計畫，該計畫基本上償還了政府的每一分錢。早些時候梅努欽公開並坦率地表示，他不打算用這筆錢來賭博。

「我認為很明顯，如果國會希望我虧損所有錢，這些錢將被指定為補貼和贈款，而不是信貸。」他在四月下旬告訴一群記者[14]。

梅努欽的救援理論在公司債救援計畫上受到了檢驗，該計畫一推出就已經展現安撫市場的效果。但布蘭納德和她的許多同事認為，在市政債券計畫和主街救援計畫的條件上，財政部顯得太小氣了。布蘭納德認為，市政債券的條件至少應該像公司債計畫一樣慷慨，如果官員不願冒損失一些政府資金的風險，那麼主街計畫根本就做不到向中型企業提供現金救援。

「我們不想犯太膽怯的錯誤。」布蘭納德在電話會議中說。波士頓聯準銀行總裁羅森格倫因為他的個人能力和堅強的團隊，而成為受聯準會理事會之託負責主街救援計畫的官員，他支持布蘭納德的看法。聯準會在制訂這些計畫時冒著在市場上扮演的角色比預想大的風險，如果他們準備這麼做，布蘭納德和她的同事們希望確保這些貸款機制能正常運作。

布雷納德對這件事的顧慮有多大並不清楚，但她對救援危機的設計涉入極深顯然為她在華盛頓的聲譽帶來風險。她無法獨自做決定，因為這個過程必須與共和黨政府官員達成妥協。但即使是看似微小的設計選擇，也有可能引發強烈反對（例如川普的能源部長會在國家電視台表示，一項初期針對主街救援計畫的調整是為了協助石油和天然氣公司，這番談話立即引起民主黨人的不滿）。二〇二〇年危機時刻做的決定留下的陰影可能影響她未來的決策，和她出任更高職位的機會。正如卡什卡里十二年前學到的，你很難在危機管理中扮演關鍵角色而聲譽能毫髮無傷。

公眾不可能對她所扮演的核心角色一無所知，因為消息已經逐漸傳開。當時擔任CNBC記者的蘿倫・赫希（Lauren Hirsch）在四月稍晚的報導中說，布蘭納德是主街貸款計畫設計工作的核心人物。

赫希說：「基於她與民主黨的關係，她在共和黨政府領導下實施的這項計畫扮演的角色值得注意。但她參與主街計畫可能有助於紓解黨派緊張關係，因為對大公司貸款的檢視已經日益嚴格。」[15] 鮑爾和梅努欽將主導二〇二〇年的救援計畫。不管是好是壞，布蘭納德也將是主導人物之一。

隨著疫情因應措施的推出，夸利斯也發現自己面臨一個不安的時刻。

聯準會負責監管工作的這位副主席認為，政府不應該搞砸資本主義的齒輪。他喜歡遵循規則制訂的政策，而不喜歡自由裁量的決定，因為那將為參與市場的人帶來不確定性。但在二〇二〇年四月聯準會顯然必須加大力度利用它的非民選的權力，而且時機必須恰到好處。銀行即將開始它們的年度壓力測試周期，而聯準會規劃對它們資產負債表進行的假想狀況分析突然變得輕鬆得可笑，「嚴重壓力」假想情況下的失業率，遠低於疫情最高點可能達到的失業率高點。

要求銀行限制資本支出的呼聲已開始升高。在夸利斯的幕後施壓下，八家最大的銀行宣布將停止買回自家股票，必須使用這種勸說作法讓他感到侷促不安。但銀行仍然沒有停止發放股息，而聯準會經常得被迫為它沒有干預銀行停止買回股票做辯護。

鮑爾主席在四月九日說：「我認為我們的銀行資本充足。我認為目前採取這種措施不合適[16]。」

越來越明顯的是，聯準會將需要採取更多措施以確保銀行夠安全，能度過長期的資金乾旱期。布蘭納德對聯準會內部沒有採取限制股息的行動展開反擊，而且也得到廣泛的支持。前聯準會官員已開始以不尋常的力度介入這個問題，葉倫很少批評她以前領導的機構，但她明確表示贊成暫停銀行支付股息[17]。明尼亞波利斯的卡什卡里很憤怒：基於他在二〇〇八年的經驗，他無法相信聯準會甚至會考慮在危機可能惡化的時候讓銀行把資金往外送。

四月十六日他在英國《金融時報》的一篇評論中寫道：「大型銀行渴望成為解決新冠病毒危機的一份子。它們今天能做的最愛國的事，就是停止支付股息並籌集股本，以確保它們能承受嚴重的經濟衰退[18]。」

夸利斯仍然堅定表示，他不想過度或隨意限制銀行支出。即便如此，他也意識到，如果銀行未來遇到麻煩，不採取任何措施來支撐銀行的部位將受到批評。他和他的同事決定，二〇二〇年的壓力測試需要修改。

四月十日，夸利斯在大衛埃克爾斯商學院（David Eccles School of Business）的網路節目中首次解釋聯準會的計畫。除了一般的壓力測試外，聯準會還將對銀行進行一系列假想情況分析。分析的結果不具約束力，因此不會要求銀行籌集更多資本。這算不上是嚴苛，但它確實為銀行監管帶來了不確定性，而這正是夸利斯職涯中一直反對的事③。

「我們應該繼續進行壓力測試，但壓力測試應該包括分析銀行的投資組合如何應對當前真實的狀況，而不只是我們今年稍早宣布的假設事件。」夸利斯說，在他的私人辦公室裡，現代感的黑色大理石壁爐裡柴火劈啪作響。然後聯準會可以「利用該分析，為我們做有關金融部門監督和監管的決定提供資訊[19]」。

他暗示細節仍在制訂中。接下來出自華盛頓最強大的寬鬆監管倡導者之口所說出的話，更令人驚訝。夸利斯表示，在三月的市場動盪之後，聯準會和政府部門可能需要重新評估非銀行的規範——即管理貨幣市場基金和避險基金等儲蓄工具的法規。

他說：「隨著塵埃落定，重要的是要考慮我們是否針對金融部門的這一部分制訂了正確的總體框架，因為這個事件從一開始就需要大量的干預[20]。」

儘管不喜歡政府干預資本主義的運作，夸利斯更不喜歡的是資本主義要求干預。美國最高經濟官員在那段慌亂的日子裡發現，危機就是採用務實主義的時候，即使當時的決定可能開創先例並在日後帶來困擾。正如鮑爾有時候會引述說：散兵坑裡沒有無神論者。不管你的意識形態如何，你都會在戰壕中改變想法。

二〇二〇年四月對聯準會來說很不好過，對世界而言也是一場悲劇。新冠病毒死亡人數穩定上升，未來的不確定性仍然揮之不去，美國仍處於緊張狀態，唯恐情況進一步惡化。

③ 這個計畫在六月執行，假想情況設定為如果疫情出現更危險的轉變，一些銀行可能發現自己陷入困境。聯準會也暫時限制銀行發放股息，但並未要求完全停止發放。十二月的第二次壓力測試則允許恢復股息支付。

第十一章 文化戰爭和資本

美國……一方面是一個承諾平等的國家，一片成千上萬出身貧寒移民的機會之地；另一方面卻是一個極度不平等的國家，尤其是在種族方面。

——托瑪・皮凱提（Thomas Piketty），《二十一世紀資本論》（*Capital in the Twenty- First Century*）

「是的，每一個失去的生命都太多了。」二〇二〇年四月的第一個週日，賓州匹茲堡的電台主持人溫蒂・貝爾（Wendy Bell）對著她的臉書直播攝影機說，她的身體微微前後搖晃，顯然充滿被憤怒激發的能量。她的前面是一具廣播麥克風，但她無瑕的古銅色化粧和不斷對鏡頭做的手勢，在在顯示她正在錄製社群媒體影片。

「是的，這就是重點。這就是我們想要表達的。但最終錢的問題歸結為：『你會為了我們不到一%的人口而讓美國和未來破產嗎？』他們有許多人已經生病或年紀很大了？我不知道。」

貝爾對數十萬個本來可能免於一死的人的猶豫態度在社交媒體引起強烈抗議，但也反映出社會上存在一股暗黑的緊張。由於疫苗仍然是個遙遠的希望，而且醫院在新冠病毒病例的重壓下瀕臨崩潰，美國人已厭倦留在家裡。企業蒙受收入減少的重創，川普和他的政府越來越無法容忍封鎖，因為封鎖抹除了他們渴望的經濟進步，並把失業率推到大蕭條的水準。在貝爾所在的匹茲堡地區，州長湯姆·伍爾夫（Tom Wolf）的名字已成為一個髒詞，成為政府為遏制病毒而實施限制的代名詞；地區雜貨連鎖店巨鷹（Giant Eagle）的購物者顯然對要求手推車朝一個方向流動的規定感到憤怒；當地一家沃爾瑪的工作人員大聲抱怨必須戴口罩，只願意把面罩掩在鼻子以下。

到了五月初，隨著州和地方政府在部分限制措施仍然存在的情況下緩慢地重新開放，口罩演變成為一種強大的政治象徵。美聯社（Associated Press）和NORC公共事務研究中心進行的一項民意調查發現，七六%的民主黨人表示他們出門時會戴口罩，而共和黨人只有五九%[1]。川普總統出現在多次公共活動沒有戴口罩，違反了自己政府的指導原則，而到了五月下旬他還發表一則推文，嘲笑民主黨總統候選人拜登戴了口罩。

「他是個傻瓜。」拜登在CNN被問到這件事時說：「他以為這樣表示有男子氣概[2]。」

隨著疫情顯然很難控制，衛生危機可能會持續到疫苗問世或更久以後，聯邦、州和地方政府官員已開始計畫如何安全地、或至少某種程度上安全地在病毒持續緩慢散播到社區時恢復正常生活的主要部分。四月中旬時，川普的白宮發布了「再次開放美國」的指導方針[3]；紐約市正在設計一項分階段重新開放的計畫：「老饕紐約」（Eater New York）在四月下旬滿懷希望地報導，餐廳可能被允許在封鎖的街道上設置戶外座位[4]；喬治亞州已允許在四月二十七日恢復室內用餐。這些措施速度再快也難以滿足許多人的需求。當密西根州州長格雷琴・惠特默（Gretchen Whitmer）延長該州的居家令到五月十五日時，數百名抗議者湧向州議會大廈，其中許多人沒有戴口罩，有些人還攜帶槍枝[5]。他們稱這是「美國愛國者集會」，參加者大多是川普的支持者。群眾的照片處處可見「讓美國再次偉大」（MAGA）的鮮紅色帽子，政府懷疑論和民粹主義已把矛頭轉向反對口罩。

新冠病毒加劇了美國社會的裂痕，在從那個似乎永無止期的春天逐漸進入第一波疫情的夏季中，這個裂痕帶來了分歧和動盪。其中一些分歧是政治性的：民主黨人經常強調病毒帶來威脅，而共和黨人則經常淡化它。另一些分歧則是經濟性的：受過大學教育的白領員工在家工作，而藍領員工則失業或擔任曝露於病毒威脅的第一線工作。但那年夏天點燃社會大火的是種族問題。

到了五月，很明顯的在公共衛生和經濟結果上，黑人、西班牙裔和拉丁美洲裔美國人正悄悄承受最嚴重的疫情衝擊。這些族群在疫情期間因感染病毒住院的比率，幾乎是白人的五倍[6]。二〇二〇年五月，黑人員工的失業率飆升至近一七%，白人員工的失業率則在前一個月達到峰值，約為一四%，但到五月已開始下降。這些差異只是長期存在的不平等的最新展現，這種現象在一個以機會平等為建國理念的國家尤其刺眼。美國的少數族裔更有可能教育程度較低、從事低收入工作、生活在醫療保健較缺乏的地方，這些趨勢是由幾個世紀以來的歧視和處於劣勢演變而來的。在疫情之前的許多年美國就已出現一個殘酷的現象，即黑人經常被應該保護他們的警察殺害，有時候抗議活動會席捲許多美國城市。

二〇二〇年五月二十五日週二的那九分鐘，將讓長達數世紀對不正義的抗議轉變成一場更大規模的運動。就在這一天，明尼亞波利斯警方根據便利商店店員報案說有一名顧客以一張二十美元的假鈔購買香菸，逮捕了四十六歲的黑人喬治・佛洛伊德（George Floyd）。一名叫德里克・蕭文（Derek Chauvin）的白人警官跪壓在佛洛伊德的脖子上直到他死亡，這樁慢動作的謀殺被以影片記錄下來並在網際網路上流傳。

第二天有數百名抗議者走上明尼亞波利斯街頭，到五月二十七日，群眾已在從孟菲斯到洛杉磯的主要城市遊行示威。各種膚色和信仰的人們團結在一起，舉著印有佛洛伊德遺言「我無法呼吸」的海報，這些畫面和用木板封起來的店面與碎玻璃的照片，佔據了社交媒體的主要版面。

抗議活動很快就成為另一條黨派分界線，許多左派人士擁抱抗議活動，而一些右派則把它描繪為脫序的騷亂。五月二十九日，蕭文因為弗洛伊德死亡而被捕並被起訴，同一天川普發推文稱明尼亞波利斯的抗議者是「暴徒」，並警告說「當搶劫開始時，槍擊就開始了。[7]」這句話有種族主義的歷史淵源，可以追溯到一九六〇年代的民權運動，它因為美化暴力而遭到廣泛的批評。[8]

二〇二〇年「黑人的命也是命」（Black Lives Matter）抗議活動對美國來說是一個重要時刻。在一直緩慢演變以適應美國不斷改變的聯準會，這個運動標誌了一個轉折點。卡什卡里在整個社會運動震央的明尼亞波利斯的家庭辦公室裡，沮喪地看著事件的發展。長期以來，他為二十一世紀社會分裂的斷層深感不安，其中許多斷層既是經濟性的、也是種族性的——事實上他苦惱到在幾年前成立了一個機會與包容性成長研究所（Opportunity & Inclusive Growth Institute），以探索經濟如何分配其利益。該研究所的大部分研究反映了聯準會的十二家銀行系統正在進行的研究，但卡什卡里特別積極地溝通正在發生的事，吸引新聞報導，和引發社交媒體上的討論。

在佛洛伊德被謀殺初期的緊張氣氛中，卡什卡里看到他周圍城市的反應是震驚和悲傷，以及同情抗議者的憤怒，他決定在推特上談論它。五月二十七日，他發表兩個系列的推文譴責警方的行為。

「他們似乎在說：這就是我們被訓練要做的事。我們被訓練可以對黑人使用致命武力，如果他們死了，那是他們自己陷入這種境地的錯。」他寫道：「這顯示出體制性的種族主義正被積極教導和強化[9]。」

卡什卡里的聲明將在隨後的幾天和幾週內，成為全國政治左派和較溫和右派的共識。但當人們還在思索發生的事時，一向穩重的聯準會竟有一位決策官員說出令人震驚的言論。

聯準銀行總裁很少在公共場合對可能有爭議的話題發表宣告性的立場。在過去幾十年，央行基本上會迴避熱門的社會問題，尤其是帶有黨派之爭的問題。一貫的謹慎並非偶然：當聯準會被認為偏離它的跑道時，有時候會面臨強烈的反彈。二〇一四年葉倫談論不平等現象大幅升高，並質疑「這種趨勢是否與植根於我們國家歷史的價值觀相容」時，國會議員麥克・馬瓦尼痛斥她過於政治化。

馬瓦尼在二〇一五年的眾議院聽證會上當著她的面說：「你已經管到你不該管的事情。」他還提高聲量，戲劇性地強調他的憤怒。他的一位共和黨同僚也指責她有政治偏見，說這個問題是民主黨競選的主軸之一[10]。

葉倫以緊繃的聲音反駁，說這是經濟問題。

「我不是在發表政治言論。」她堅稱：「我在討論美國面臨的一個重大問題。」

二〇一五年的這次交鋒變成頭條新聞，並引發無黨派的聯準會在公平問題辯論應該採取什麼立場的討論，這顯然是一個經濟問題，但也無可避免的是一個社會和政治問題。卡什卡里在一些社會問題的評論上比葉倫更進一步，而其間只過了五年。雖然他作為聯準銀行總裁比她作為主席有更多自由，但這種鮮明的對比也凸顯聯準會在這段期間發生了多大的變化。

聯準會作為研究的主要提供者，越來越把自己視為一系列問題的重要聲音。更新、更多的資料使更深入研究種族、公平、教育和機會成為可能。而且越來越難以避免涉足政治領域：正如反口罩運動所凸顯的，到了二〇二〇年美國人生活的幾乎每一面都呈現出某種黨派傾向。即便如此，佛洛伊德之死仍然是一個轉捩點，它體現了聯準會在全國性的平等討論中呈現日益開放和重要的角色，並使討論變得具體化。到了二〇二〇年，聯準會有時候會在有歧異、但很明確的問題上站在政治左派這一邊（例如聯準會官員嚴肅看待病毒並主張戴口罩），但它從未在像二〇二〇年如此熱門的種族等問題上大聲疾呼過，平等的討論和「黑人的命也是命」抗議就是例子。

卡什卡里在聯準系統的同事紛紛發表各自的聲明，譴責明尼亞波利斯發生的事或者支持黑人社群。舊金山的瑪麗・戴利發推文稱：「當人們保持沉默時，仇恨就會滋長。因此對我們所有人來說，利用這個時刻大聲疾呼很重要。我們必須大聲說，這是不對的。」拉斐爾・波斯蒂奇（Raphael Bostic）是當時聯準會最高領導層中唯一的黑人，他寫了一篇對抗體制性種族主義對經濟和社會的健全發展極其重要的文章。他寫道，這些事件「再次提醒我們，我們的許多同胞承受了這個國家機構的不公正、剝削和虐待的負擔。在美國歷史上，這種體制化種族主義的例子處處可見」[11]。

鮑爾本人在六月十日的新聞發布會談到了這起謀殺案和引發的抗議活動，這對聯準會內部許多向來謹慎的人來說是個大膽時刻。他說：「我想承認這些悲慘事件再次讓人們關注這個國家存在種族不正義的痛苦……當我說聯準會沒有種族主義的容身之處時，我是代表整個聯準系統的同事發言，我們的社會也不應該有種族主義的容身之處。」

聯準會的許多官員顯然試圖展現道德領導力，但也有幾位官員把話題帶回央行本身的工作，從經濟層面發表他們的言論。

鮑爾在六月的聲明中表示：「每個人都應該有機會充分參與我們的社會和經濟……這些原則指引著我們所做的一切。」

卡什卡里和往常一樣，還更加直率。

「種族主義是現狀的暗流。」他告訴《紐約時報》：「我們有很大一部分人口沒有接受良好的教育，沒有良好的工作機會，這絕對會阻礙我們的經濟發展[12]。」

二〇二〇年聯準會的新基調反映的是務實的現況：儘管不平等可能帶有政治色彩，但它已成為塑造和定義美國經濟的巨大力量，以至於美國最重要的經濟政策機構無法再迴避此一問題。美國在財富和收入差距不斷擴大的新鍍金時代往往沿著種族界限割裂社會，資料不可避免地顯示了這個現實[13]。

典型的黑人勞工每週收入是典型白人勞工的八〇%，而在最好的情況下，黑人失業率是白人失業率的兩倍[14]。長年的收入較低和在就業市場的弱勢可能導致財富低落：二〇一九年黑人家庭的淨資產中位數約為三萬六千美元，而白人家庭的淨資產中位數約為十八萬八千美元[15]。

在黑人孩子出生前，這種分裂的經濟現實基本上就已開始堆積。他們較有可能是資源較少的父母的孩子，而這可能表示親子一對一時間減少，以及育兒上的個人關注較少。平均而言，黑人孩子在入學時處於劣勢（通常比白人孩子入學時平均的情況差），而且隨著他們的年級升高，這種劣勢只會越來越大[16]。上大學的黑人學生較有可能進入高學費但畢業率較低的學校，且遠比白人學生更可能輟學[17]。接著是實際的工作應徵過程，據研究顯示，少數族裔求職者受到不公平的對待：「看似黑人」的姓名接到回覆電話的可能性要低得多[18]。

到了二〇二〇年那個動盪的夏天，種族問題已成為美國經濟極為明顯的分界線，但它還不是唯一的分界線。種族財富差距的擴大，在某種程度上與更廣泛的分歧有關。在疫情爆發時，美國的富人與窮人之間已存在巨大且日益擴大的裂痕。

數十年來所得不平等持續攀升[19]，而財富不平等現象甚至更極端。二〇一九年，美國前一〇%的財富擁有者家庭淨資產（股票和房屋等資產減去抵押貸款等負債）為二百六十萬美元，位於分布中間的家庭淨資產為二十二萬六千美元，而最底層二五%的人只有三百美元。這意味窮人每擁有一美元，富人就擁有八千三百八十美元的財富，相較於在一九九五年窮人每擁有一美元，富人只擁有七百一十八美元。

這些數字顯示的是較溫和的不平等，也就是你在小學或當地購物中心可以看到和感受到的不平等。如果把注意力集中在前一%富人身上，這種差距更是令人難以置信。二〇一九年較貧窮的一半美國家庭僅擁有全國淨資產（儲蓄減去債務）的一・八%。根據聯準會的數據，最富有的一%家庭持有約三二%，高於一九八九年的二四%[20]。

聯準會在收入和財富不均的演變過程中扮演了複雜的角色。在一方面，把種族甚至整體財富不平等主要歸咎於聯準會政策（尤其是量化寬鬆政策）的簡化論據難以自圓其說。聯準會的資產負債表從二〇〇八年開始迅速擴張，而至少自一九九〇年代初以來，美國貧窮的一半人口擁有的國家財富比率就一直在穩定下降。儘管一些聯準會批評者認為，造成財富不平等的是低利率，而不只是債券購買，但這也不完全符合現實世界的資料。財富不平等加劇的趨勢仍在持續中，在多個經濟周期中幾乎沒有中斷，包括聯準會持續一段較長時間的大幅升息周期。

儘管聯準會的政策似乎不太可能成為財富不平等的主要或唯一因素，但這並不是說它根本沒有造成任何影響。特別是大規模債券購買顯然會因為促使儲蓄者尋求較高的回報而推高風險資產的價值，這使得股票等證券的報酬率升高。富裕家庭往往把較多淨資產投資於風險較高的證券等投資，因此有可能對富人較有利[21]。富人也更有能力聘請顧問和基金經理人，幫助他們把握低利率時代的投資機會。而當投資人在低利率世界中尋求回報時，他們常能創造出新的經濟模式，例如，華爾街協助把房地產市場變成了一個日益獨特的資產類別：截至二〇二〇年，私募股權和其他投資基金定期購買、租賃或購買並轉售房屋，不管是自己操作或是透過科技公司以演算法快速定價和買進有吸引力的房產。由於機構資金在某些市場加劇了買家的競爭並導致房價飆升，造成高昂的房價讓許多潛在買家無力購屋，進而迫使他們租屋，並把每月的住房支出變為純粹的消費而非投資。由於住房一直是美國中產階級累積財富的主要途徑，長期下來，這種情況可能使中產階級和上層階級之間的財富差距變得更加明顯[22]。

遺憾的是，要弄清楚廉價資金在多大程度上加劇了財富不平等卻很困難，因為經濟是一個龐大的系統，低利率會以很多方式產生影響。例如，聯準會的政策會降低安全投資的報酬率，這對資產持有者也很重要，特別是老年人和退休者。

另外，即使人們承認利率下降的長期趨勢會導致天平向富人傾斜，也很難弄清楚這在多大程度上應歸咎於聯準會。央行並非在隔離下設定借貸成本：利率下降的趨勢席捲全球，似乎是資本需求下降的長期結果，部分原因是貨幣政策無力改變人口老化等趨勢。

讓事情變得更複雜的是，貨幣政策可能對收入不平等（富人和窮人收入間的差距）有截然不同的影響，因為刺激經濟的政策有助於就業市場並增加勞工的人數。股市繁榮的另一面是，公司可以獲得更多資本來成長和招募。根據數十年的資料，很明顯的低利率有助於降低失業率，而如果勞工變得稀缺，還會加速薪資成長。更高的薪資可以讓靠勞力工作的人儲蓄更多，進而創造他們的財富。這就是為什麼從十九世紀的綠背紙幣運動以來，低利率往往是工人階級所偏好的政策。

長期或強勁經濟擴張的最大受益者，往往是就業市場中處於不利地位的人。例如，有許多黑人勞工、沒有大學學位的人，以及曾經坐牢的人，在疫情之前的長期經濟擴張期間找到工作。在因為低利率而增強的經濟中，所有人都能水漲船高，獲益的不只是金字塔頂端的人①。

不過，在景氣循環後期繼續維持低利率並不是一個簡單的決定，也不會明顯地對勞動人口和社會弱勢群體有利。寬鬆的聯準會政策可以創造一個活躍的經濟，廉價信貸可以讓家庭透過大量借貸輕鬆實現更高的生活水平，但如果他們失業或減薪並且無力支付大額房屋貸款或汽車貸款，這種債務會讓他們更容易受到傷害，正如全世界在二〇〇八年的發現。雖然低利率推高了股價，但這意味那些想藉由定期存單或公債等更安全形式的儲蓄賺取利息的投資人，將難以維持足夠的報酬。這可能會導致退休者和其他通常厭惡風險的儲蓄者，為了賺取更多利息而承擔更高的風險。

較低的短期利率也刺激在華爾街的冒險，使大型市場參與者進行較有利可圖的「利差」投資，它們會利用借來的資金來進行高槓桿交易，雖然放大了潛在收益，但也放大潛在損失。

簡而言之，廉價資金可能會吹出大泡沫。雖然幾十年來沒有發生，但它因為刺激需求和造成太多錢追逐太少產品而助長通貨膨脹，迫使聯準會必須壓抑過熱的經濟。

當資產價格或消費價格泡沫不可避免地爆破時，極富有的人將看到他們的帳面財富急劇下降，但受薪家庭卻會付出工作的代價。那些在強勁的勞動力市場中被拉進職場的人，很容易成為經濟衰退時第一波解僱的首選。二〇〇〇年達康市場崩盤和幾年後的房地產市場崩盤都始於過度的金融冒險，最終導致工作崗位流失和黯淡的前景。二〇〇八年後，股市的復甦比就業市場早得多，導致工人的景況好轉在時間上落後許多。聯準會二〇二〇年的救援計畫可能讓這種周期持續下去。由於央行的救援限制了價值資產在不景氣時的損失，這意味允許資產的價格（以及富人的財富）飆升到在不靠政府擔保的情況下就不可能達到的高價。

在低利率有利於富人並會造成過度冒險、但高利率又可能抑制勞動市場的世界中，聯準

① 偶爾會有人說，聯準會不會透過提高利率來大幅抑制就業。然而央行二〇一八年的升息周期和在二〇一八年底發出將在二〇一九年繼續升息的訊號，為這種說法提供了明顯的現代版反駁。就業成長在二〇一八年和二〇一九年顯著放緩，然後隨著聯準會緊急降息而開始回升。要了解更多歷史先例，可以參考伏克爾時代的高利率明顯推升了失業率。

會有哪些選項？一些聯準會批評者認為，聯準會應該在經濟繁榮時期把利率提到更高，以防範泡沫並消除財富不平等，但這種說法太過簡化。由於已開發經濟體的利率本來就處於較低水準，因此聯準會把利率提高到足以抑制資產價格而不傷害經濟成長的空間很有限。透過損害就業來減少極富有的資產擁有者的財富，卻使窮人和弱勢群體失去基本生計，這是讓每個人都成為輸家的組合。

聯準會原本可以嘗試制訂更嚴格的預防監管，以抑制繁榮與蕭條的金融周期，減少大規模市場救援的需要，以及促進更長期穩定的經濟擴張，使勞工階級受益。但它對影子銀行缺乏廣泛的監管權，而影子銀行卻是二〇〇八年和二〇二〇年脆弱環節的主要原因，而且這一點似乎不太可能改變。在市場崩潰最危急的時候，基本上所有人都同意阻止市場崩潰極其重要。但除了這些緊急時刻外，很少有足夠的動力和共識來徹底改變現狀。

從二〇〇八年提出、並在二〇二〇年得到加強的聯準會決策方法，似乎有可能降低收入不平等（假設聯準會仍然專注於達成強勁的勞動力市場），同時為市場提供一個可達成金融投資獲利的底限。這似乎是一個從央行內部就可以進行的合理設定。聯準會的工作是為繁榮奠定基礎，而不是決定如何分配。如果國會想要解決日益擴大的財富不平等問題，它可以利用稅收和移轉性支付來重新分配財富，其精確的程度將遠超過聯準會所能辦到的。雖然嘗試協助弱勢群體是一個崇高的目標，但聯準會官員堅稱，他們沒有好的工具來為不同教育程度或不同種族人口劃平遊戲場。

即使聽起來很合理，這種設定也注定會招致大眾批評。有些書籍的書名宣稱聯準會是「不平等引擎」（Engine of Inequality），另有一些評論則認為央行的「良善意圖」[23]加劇了貧富差距。更糟的是，儘管中央銀行的領導團隊竭盡全力與美國主街企業界人士溝通，但央行團隊卻由一個有利富人的社會中勢必會受益的人所組成，而且他們看起來與央行應該服務的一般民眾就是不太一樣。

二〇一八年當門羅・甘博（Monroe Gamble）首次在舊金山聯準銀行找到研究助理的工作時，他欣喜若狂。

這位二十多歲的年輕人在密蘇里州堪薩斯城長大，是那裡白人為主的學區中為數不多的黑人學生之一。在母親的鼓勵下，他進入維吉尼亞理工大學就讀，但他找不到方向，開始出現健康問題，最後退學了。後來他花了多年的時間尋找出路，其中包括一段短暫的無家可歸時期寄居在朋友家，到哪裡都用黃色垃圾袋拖著他為數不多的家當。

儘管經歷起起落落，他始終勤於閱讀，有一天他偶然在公共圖書館找到一本關於經濟學的書。這個主題讓他著迷。當他意識到這篇文章是一位黑人寫的時，他想：「我也可以辦到。」他花了六年時間，上了幾所大學，並五次嘗試研究多元微積分，他辦到了。甘博在二〇一七年從密蘇里大學獲得商科學位畢業，他主修經濟學，輔修數學。

他對在聯準會工作的想法很著迷，並向各地區聯邦銀行一再申請工作，但都遭到拒絕。他參加哈佛大學的經濟學培訓課程，希望能充實自己的履歷，以獲得夢想中的職位。把長春藤聯盟學校的名字納入他的教育經歷終於得到回報。

當甘博進入舊金山聯準銀行後，他很快就注意到了一個令人不安的現實。這是一棟優雅的現代建築，距離該市內河碼頭區的海岸不遠，建築裡一條走廊掛滿了現代畫和偉大思想家的肖像。他是該聯準銀行唯一的黑人經濟學家或實習經濟學家。甘博做了一些研究、打聽和回顧了過去幾年員工的照片，他很快就發現自己是這家聯準銀行僱用的第一位黑人研究助理。

多樣化和種族平等，可能已成為二〇二〇年聯準會熱烈討論的話題，但無論你是根據經驗、社經地位或種族劃分，從葛林斯班時期以來聯準會內部的代表性似乎並沒有多大改善。二〇二〇年聯準會的十二位地區總裁和五位理事，全部都是經濟學家或曾在銀行和金融領域工作過，一名是黑人（亞特蘭大聯準銀行的波斯蒂奇），一名是亞裔（卡什卡里），其餘都是白人。

二〇二〇年，聯準系統的八百七十名經濟學家中，黑人佔略超過一%[24]。種族只是多樣性特別可衡量的標誌之一，聯準會在其他方面的得分也很差。據非正式統計，許多在聯準會擔任最重要職務的研究人員都來自富裕家庭。這有一個無辜的原因：為了在經濟學領域取得成功，學生必須進入大學，並且多少要知道這是他們想做的事。那些在大一或大二就讀經濟學的學生都來自受過良好教育的高收入家庭，這些家庭讓他們在年輕時就有機會接觸這個領域。

還有一個不那麼無辜的原因。從最初級開始，聯準會的招募流程經常根據候選人就讀的學校來做篩選，而來自頂級經濟課程的人往往是白人和富裕階層。在準備銀行初級職位的招聘過程中，那些背景被認為不完美的候選人，即求學過程有中斷或從不同途徑進入大學的人，經常被提前淘汰出局。

聯準會也大量聘用總體經濟學家，而這個領域以嚴苛的文化聞名，那些無法立即融入的人可能不受歡迎。受歡迎的「經濟就業市場謠言」（Economics Job Market Rumors）等線上論壇暴露出該領域普遍存在的苛刻和厭女症特質。

聯準會的區域網路確實相當程度改善了思想和背景的多樣性。地區準備銀行的官員和經濟學家住在當地，銀行幕僚通常來自當地大學而不只是菁英大學，這為討論注入了不同的觀點。即便如此，至少央行本身仍然是不動如山：二〇二〇年央行大多數高階官員都擁有長春藤盟校的學位。

「我懂，這是一個訊號。」甘博在二〇二〇年離開地區聯準銀行、並開始在紐約大學攻讀經濟學課程後說。但當他用谷歌搜尋聯準會某位令他欽佩的人時，發現他們的學歷都鍍金如此厚，以至於追隨他們的腳步似乎毫無希望：他形容那種感覺為「維基百科帶來的失望」。

「這是聯準會的問題，但它與更大的社會問題有關。我不認為天花板是玻璃做的，它一定是用磚塊砌的。」

在把人們拒之門外的過程中，經濟學和聯準會也在內部固化了一套特定的信念，通常足以影響政策的制訂，即使聯準會正致力於提高反應能力。在許多名列前茅的大學中居主導地位的中間派自由主義意識形態，也是貨幣政策思想家的普遍信念。市場通常能順暢運作、全球化對世界有利、監管應該積極但不應該過度等觀點，往往較容易被視為真理，但是如果掌控內部權力的人大多數未能從這些體制獲益，那就很可能不被視為真理了。

聯準會官員在嘗試了解整個美國時也嚴重依賴冷酷的經濟模型，而當他們轉向軼聞證據時，這些證據往往來自企業而非企業的勞工。政策制訂者對褐皮書（Beige Book）的解讀方式，證明了這種偏袒商業、偏袒市場、偏袒專家的世界觀。

褐皮書這個毫不吸引人的名稱，是聯準會針對十二個地區的企業做的定期調查報告，每年發布八次。儘管名稱平淡無奇，但它有時候是大衰退後地區聯準銀行總裁如何看待經濟的重要參考。

調查中的對象早在二〇一一年十一月就開始抱怨工人短缺，當時全國失業率仍然在八・六%的水準，是那個經濟周期結束前三・五%的兩倍多。當時數以百萬計後來才重返勞動市場的人仍未找到工作。

儘管如此，里奇蒙地區的企業報告說「尋找技術工人仍然是一個主要問題」；北卡羅來納州的一家製造商表示「很難僱用到優秀的人才」。[25]

對勞動力短缺的抱怨此後愈演愈烈。在商業人士向地區聯準銀行總裁表達不滿之際，有些人開始擔心貨幣政策過於寬鬆，而勞動市場則越來越緊俏。

「無論是從統計數據還是從軼聞來看，我們現在從各種來源都得到一致的訊息，即不只是像德州這樣蓬勃發展的區域經濟體，而是整體的勞動力市場正在趨緊。僱用缺口變小的速度比大多數預測者料想的還快。」理查德・費雪（Richard Fisher）在二〇一四年的一次演講中表示。當時擔任達拉斯聯準銀行總裁的他，畢業於哈佛大學、牛津大學和史丹佛大學，在進入政策領域之前的早期職涯是在銀行業和投資領域度過的。他認為央行應該很快會開始減少經濟援助[26]。

他和其他憂心者的顧慮是錯的。在接下來的幾個月甚至幾年裡，勞工還陸續湧入工作崗位，薪資也只是慢慢上漲。到了二〇一七年，兩千萬人仍在積極尋找工作，或是因為灰心喪氣而放棄尋找工作，或是在更喜歡全職工作的情況下從事兼職工作[27]。聯準會當年升息三次，只有卡什卡里三次都表示反對，理由是就業市場還有更大的復原空間。

到了二〇二〇年，在經歷了多年勞動市場的情況出乎意料之外後，官員們開始考慮如何撒更大的網。地區聯準銀行向來都有社區溝通的議程，他們在疫情爆發之前的幾年裡擴大了交流的對象與方式。在舊金山，瑪麗・戴利是為數不多擁有勞工階級背景、沒有常春藤盟校學位的中央銀行官員之一，甘博稱她為導師。她錄製了幾季名為「郵遞區碼經濟學」（Zip Code Economics）的播客節目，在其中與來自她所在地區的勞工和學生交談。由埃里克・羅森格倫領導的波士頓聯準銀行，為其所在地區的小型後工業城市主持一項贈款競賽，目的是幫助它們協調和執行振興工作，這項努力促使聯準銀行幕僚定期深入當地社區。鮑爾、克拉里達和布蘭納德顯然正在努力解決如何在理事會層面加強與勞工對話和代表勞工：儘管一些地區聯準銀行總裁抱怨和不以為然，但聯準會標榜的政策檢討活動「聯準會傾聽」仍然取得了進展。

卡什卡里是剛開始擔心這會是作秀的人之一，怕它只會讓聯準會聽起來好像還沒有在傾聽。二〇一九年六月在芝加哥舉行的首場聯準會傾聽活動改變了他的想法，在疫情爆發之前，當時勞動力市場普遍被評估為處於或接近充分就業。布蘭納德主持了一場由芝加哥城市學院校長、國家技能聯盟執行長和大堪薩斯城美國全國勞工聯盟（AFL-CIO）負責人參加的小組討論，標題為：「你的社區或選區的充分就業是什麼樣子？」城市學院校長胡安・薩爾加多（Juan Salgado）指出，他的大學服務的芝加哥少數族裔社區之一失業率高達三五%，而且有四七%的人沒有被包含在勞動力之中[28]。

「當我聽說我們處於充分就業時，那與我的現實不符合。那不是我們這個充滿活力和不斷發展的城市社區的現實情況。」薩爾加多說：「我不希望任何人相信那些統計數據。這裡的人民擁有令人難以置信的能力、令人難以置信的才能，以及令人難以置信的可能性，他們實際上可以留在勞動力市場。」

這番談話成為會議剩餘時間私下交談的話題，顯然震撼了許多與會的學者和央行官員。卡什卡里對他們的驚訝感到震驚。這讓他意識到，即使他認為聯準會的地區分支機構已經在傾聽，但並非整個系統的每個重要決策者和經濟學家都一定在傾聽和有相同的了解。

美國各地的央行官員都嘗試更深入思考誰在現代經濟中被排除在外，無論是黑人和西班牙裔美國人、教育程度較低的人，還是落後地區的人。

當二〇二〇年夏季政策制訂者更加關注經濟機會的同時，他們也反思這對自己的工作有什麼意義。在一個低通膨的世界，他們是否有更大的空間來推動經濟走向一種幫助長期在勞動市場上遭忽視群體的僱用模式？他們能否制訂政策以更快實現某種就業成長，協助那些在二〇一九年在職場遭到邊緣化的人口？官員們繼續指出，他們的工具過於粗糙，無法幫助特定的勞工群體，但隨著失業率高得令人痛苦的夏季漸漸過去，他們越來越把目光集中在種族和教育性的失業率，以協助他們評估勞動市場的狀況。

當鮑爾在七月的新聞記者會上被問及聯準會是否可以明確地以種族失業差距為目標，他說：「緊俏的勞動力市場確實對少數族裔和收入較低端的人有許多好處。」這是一個拜登競選總統期間把它持續炒熱的主題。鮑爾指出，在金融危機之後，美國花了近十年的時間才讓失業率降低到足以協助邊緣勞工的程度。

「那不是一個好的策略。」他說：「我們將盡快縮短失業差距，因為這是我們能做的。」

央行的鐘擺正在更全面地偏離謹慎地防範通膨，轉向嘗試預防就業市場過熱，這也是從一九六〇年代凱因斯學派的微調導致高通膨以來的主流作法。為了應對價格緩慢上漲、不平等現象嚴重，以及社會熱烈討論誰從美國經濟機會受益的新時代，聯準會正轉向更雄心勃勃的作法，它即將對充分就業採取一種廣泛、而且具有包容性的理解。

第十二章 轉向更關注充分就業

儘管聯準會可以取得所有最新的統計數據，而且有優秀的幕僚來分析它們，但它還沒有找到解讀的法則。

——艾麗斯・里夫林（Alice Rivlin），前聯準會理事，一九九七年演講[1]

薩姆・貝爾（Sam Bell）在疫情期間大部分時間都花在推特上。老實說，這與他在感染新冠病毒之前的生活並沒有太大的不同。貝爾現年三十七歲，一頭亂髮，二〇一九年創立了一家稱作「僱用美國」（Employ America）的非營利組織，它的明確目標是迫使聯準會更專注於它的就業使命。僱用美國既是研究組織，也是倡議團體，還有一部分是好夥伴計畫，最初是一個由千禧世代組成的三人組，他們在網上撰寫文章，為國會議員提供質詢鮑爾的問題，並發表有關聯準會理事提名的推文，試圖影響誰最終可以在政策制訂桌佔有一席之地。很難得的是，它非常成功。貝爾協助扼殺了兩位特別不尋常的川普聯準會提名人的機會，即披薩大亨赫爾曼・凱恩（Herman Cain）和保守派專欄作家史蒂芬・摩爾（Stephen Moore）。他的作法是在他的華盛頓特區家中的電腦前花幾個小時，挖掘提名人的醜事，並透過社群媒體發布。

貝爾的妻子凱特・凱利（Kate Kelly）在二〇一九年告訴《紐約時報》：「我們家小孩子短短人生中的配樂是「巴士上的輪子」（Wheels on the Bus）和斯蒂芬・摩爾的採訪[2]。」

到了二〇二〇年八月，貝爾仍把大部分注意力和推文專注在反對川普的新提名人茱蒂・謝爾頓（Judy Shelton）。許多聯準會內部人士認為，選擇她擔任這個職位並不合理。謝爾頓是聯準會的長期批評者，也是回歸金本位或其他形式「硬通貨」的擁護者，她經常對川普總統大加讚揚。她的批評者擔心她會支持糟糕的政策，同時破壞聯準會所珍視的獨立於政治的地位。貝爾一點一點地透露她早已被遺忘的訪談內容，形成了一條連貫的、不討人喜歡的線。

史坎達・阿瑪納斯（Skanda Amarnath）是僱用美國駐紐約的聯合創始人，二十八歲，曾擔任避險基金分析師，還一度在紐約聯準銀行工作。他是財經媒體影響力人士如彭博社的喬・韋森塔爾（Joe Weisenthal）等人最喜愛的粉絲，對如何改進貨幣政策的具體方法有許多宏偉的創意。金・史汀斯（Kim Stiens）負責管理招聘和資金，該計畫的資金最初來自開放慈善（Open Philanthropy），是一個由臉書創始人達斯廷・莫斯科維茨（Dustin Moskovitz）及其妻子卡里・圖納（Cari Tuna）資助的慈善機構。

這個三人組是在一個已經形成的基礎上運作的。大衰退之後左派團體對聯準會產生了興趣，因為事實證明經濟的回升極其不平等。金融危機後僱用美國的前身Fed Up已開始推動央行關注「更充分」的就業。經濟界和中央銀行圈的許多人只知道這場運動是「綠衫軍」，因為它讓社區組織者穿著三葉草T恤，上面寫著「誰的復甦？」等口號，在埃克爾斯大廈外、聯準會國會證人面前以及在央行最大的年度研究會議上抗議。許多與會者對這群人抱著懷疑和困惑的態度，但有些聯準會高階官員會花時間聽取他們的論點。目前還不清楚Fed Up是否已經改變想法，但藉由施加來自左翼的壓力，幾乎可以確定會讓聯準會官員更願意談論充分就業的概念意味什麼，以及如何更廣泛地解釋它。

在二〇二〇年疫情之前，貝爾就覺得這場對話正在朝積極的方向發展。有一小部分原因是僱用美國和Fed Up倡導者的推動，而大部分原因則是三十年來的低失業率並沒有一如預期的刺激更高的通貨膨脹。聯準會在二〇一九年三次降息後，雖然失業率處於半個世紀以來最低的三・五%，但官員似乎滿足於讓利率維持在低水準一段時間。這與流行的經濟模型所建議的大相逕庭。

鮑爾在二〇二〇年二月初對國會議員說：「我們已經知道，因為我們一直在關注發生的狀況，失業率可能會低於許多人的預期，而不會引發通膨或其他問題[3]。」

然後新冠病毒感染在三月暴增，突然間美國失業率急遽攀升。四月底的失業率接近一五%的高峰，遠高於二〇〇七至二〇〇九年經濟衰退期間的一〇%。雖然許多裁員預料是暫時性的，因為是州和地方為阻止病毒傳播而實施的封鎖迫使企業關門，但經濟學家預測至少有一些裁員會長久持續。僱主通常會利用經濟衰退作為藉口來解僱他們原本就考慮解僱的員工，但如此多的裁員幾乎在一夕間被迫進行似乎可能加劇這種作法。截至夏季中期，官方失業率仍維持在一〇・二%，這低估了美國真實的失業率，因為許多人出於對疫情的恐懼而沒有應徵工作，或者因為他們在觀望是否可以重回自己的舊工作。

從政策角度來看，就業危機發生在一個有趣的時刻。聯準會幾乎完成了長達近兩年的框架檢討，其目的在於研究當危機來襲時如何應對經濟衰退及其後果。但傾全力防止市場和經濟崩潰使它暫時放棄了這項努力。

但到了夏末，聯準會的各種緊急計畫已經全面運作。企業貸款機制是根據聯準會自己設計的指數來購買已經發行的債券。主要的企業救援計畫是針對企業開放，但沒有公司利用它，原因是私人市場運作良好，受到政府全面經濟因應措施和聯準會支持的承諾所拯救。市政債券市場計畫已向伊利諾州和負責紐約市地鐵系統的紐約大都會交通管理局提供了貸款。主街救援計畫很少人使用，但至少可以用。聯準會許多支持市場流動性的計畫，例如從商業票據購買計畫到貨幣市場和證券化債券救援計畫，都成功恢復了整個金融世界的秩序。事實上，市場運作得如此順利，以至於三月的美國金融市場危機對大多數人來說似乎成了遙遠的記憶，是疫情中被遺忘的註腳。

就聯準會的貨幣政策來說，情況已基本受到控制。利率仍然接近零，而經過一段時期的大手筆購買之後，央行官員已把債券購買計畫穩定在每月一千二百億美元的公債和抵押擔保證券，以保持寬鬆的金融情勢[4]。有了如此多的救援，全面復甦只是時間的問題，而這相當程度取決於疫情的發展和民選政府的行動。國會已向小型企業薪資保護計畫挹注更多資金，但仍在爭論是否應該通過針對遭受疫情打擊的經濟提供額外的財政政策救助。磋商的進展緩慢，民主黨要求三兆美元的方案，而共和黨拒絕這個數字[5]。不過在聯準會，官員們已可以把注意力轉回到政策檢討上。

鮑爾和他的同事決定，主席將於八月二十七日在一個勢必引起注意的地點公布結果：堪薩斯城聯準銀行的年度傑克森洞貨幣政策會議。這項僅限受邀人士參加的活動，向來是全球中央銀行的重要會議，從一九八二年以來一直在懷俄明州傑克森舉行。贏得邀請是成為總體經濟界人士的終極標誌。每年八月，經濟界的領導人都會聚集在傑克森湖旅館，在那裡他們可以一覽提頓山脈（Teton Mountains）的美景，一邊享用燒烤晚餐和哈克貝利老式雞尾酒、一邊討論充分就業問題（有趣的是，除了提供西部令人讚嘆的山脈全景之外，傑克森也因為擁有眾多的億萬富豪而成為美國貧富差距最大的地區）。

在二〇二〇年，疫情將從根本上改變這項一年一度的會議。由於經濟學家無法聚集在一起參加會議，堪薩斯城聯準銀行決定在線上直播會議，首次向公眾開放。不管是否刻意凸顯這層象徵意義，鮑爾選擇在研討會上公布央行的未來計畫，一反過去這場研討會一直是央行菁英主義和祕而不宣的縮影，而準備在這個時候打破聯準會的排外之牆。

儘管對聯準會的這項決定表示歡迎和欣慰，但僱用美國對政策檢討的結果並不抱太大希望。阿瑪納斯那個週末要在紐澤西州中部的父母家裡舉行婚禮，所以在這場重大演講的整個上午，他把時間都花在家中客廳電視前的地毯上（為了慶祝宴會，所有的家具都已被搬走），修飾他準備在鮑爾演講後發表的一篇媒體貼文。這篇貼文將很嚴厲。分析師普遍預期聯準會會宣布它將以平均二%的通膨率為長期目標，但這並非一個絕對的目標。它的效應將是更長期的低利率，因為聯準會將允許暫時性的快速價格上漲。阿瑪納斯的貼文將批評聯準會花了很長時間進行檢討，得到的結果仍然是狹隘地專注在通膨上，而不是從更專注在就業的角度來思考其目標。

聯準會製造了這種低預期心理。領導這次檢討的副主席克拉里達在去年的大部分時間一直承諾，這些改變將構成聯準會履行職責方式的「演進，而非革命」。這是在打預防針。鮑爾知道他即將發表的聲明將標誌著他擔任主席期間最有意義的時刻之一。

危機應對措施把聯準會推入它從未進入的金融市場。鮑爾直言不諱地主張國會應採取更積極的支出來應對新冠病毒危機，這幾乎違反了美國央行「不要告訴我們如何做我們的工作，我們也不會告訴你如何做你的工作」的原則。但改變聯準會如何思考和制訂貨幣政策，然後在類似憲法的文件中將其正式化，將向全世界展現聯準會的優先順序。就像伏克爾因為通膨是幾十年前的問題而選擇專注在通膨問題那樣，二〇二〇年聯準會也準備塑造一個中央銀行的新時代，而在這個新時代的政策制訂者將把重點專注在就業上。沒有人能料到這次改變的時機將帶來多重大的影響。

鮑爾在傑克森洞會議那天在黎明前起床，華盛頓已經是炎熱的天氣，早餐前他已看過報紙，所以他知道大眾對他的期望是什麼。

「官員們已經發出訊號，他們準備採取一種以後來的高通膨來彌補先前的低通膨的新方法，鮑爾先生的演講提供了一個自然的場合來解釋聯準會準備改變什麼和為什麼。」《華爾街日報》的尼克・提米羅斯寫道[6]。

《華盛頓郵報》的蕾秋・席格（Rachel Siegel）指出：「當聯準會在二〇一八年十一月宣布對貨幣政策進行廣泛檢討時，沒有人預料到它會面臨毀滅性的衰退和公共衛生危機[7]。」

「官員們承諾，即將到來的調整將是更多的『進化』而非『革命』。然而它們將不只代表檢討的結果，也代表長達數年的過程，在這個過程中，經濟學家已被迫從根本上重新思考失業率與物價間的關係。」《紐約時報》預告這場演講的報導如此宣稱[8]。

鮑爾重看一遍他的講稿，然後在埃克爾斯大樓成排書架的背景前準備就緒。考慮到當天的炎熱天氣和傑克森洞會議慣常的休閒氣氛（出席大會的總體經濟學家可以假裝自己是牛仔），當幕僚帶領他坐到鏡頭前時，鮑爾決定放棄他標誌性的紫色領帶，西裝外套下穿著扣緊鈕扣的平整白襯衫。

他的幕僚長米歇爾・史密斯問他是否已準備好。

鮑爾點點頭。

按照慣例，媒體已提前收到演講內容，上午九點剛過，彭博社、路透社和道瓊通訊社都已用頭條做了報導。正如聯準會官員所預期的那樣，媒體的意見很分歧。但基本的訊息已經傳達：聯準會的目標是平均通膨率為二%，而不是固定的二%。就在鮑爾開始演講時，一些前聯準會官員則在接受記者採訪，以確保他們沒有錯過另一個重點。

鮑爾在網路直播中讀著演講稿：「我們修訂後的聲明表示，我們的政策決定將取決於我們『對就業不足與最高水準間的差距所做的評估』，而不是像過去的聲明那樣，取決於『與最高水準的偏差』。」負責溝通的團隊也強調這點。這個改變似乎無害，甚至有點老套，就像央行在重大時刻經常說的話。

事實上，它標誌著革命性的改變。聯準會實際上是說，它不會純粹因為懷疑勞動市場過熱而升息。官員現在只關心「不足」，就業太少將成為維持低利率的理由。他們已放棄嘗試了解「過多」就業是為什麼，希望低通膨時代能再次讓美國享受極低失業率所能帶來的所有好處。

「我們修訂後的聲明強調，最大限度就業是一個廣泛且具有包容性的目標。」鮑爾解釋說：「這個改變反映我們讚揚強勁的勞動力市場的好處，特別是對低收入和中等收入社群中的許多人。」

委員會的一些成員一度擔心新的表述太過分，以至於讓聯準會與低利率綁在一起將使政策制訂者後悔。但經過數十通電話的溝通，並強調聯準會仍將密切關注金融泡沫，鮑爾和克拉里達成功地爭取到整個委員會的同意。

在與演講同時發表的框架內容裡，制訂政策的聯邦公開市場委員會指出，「可持續地實現最高就業和價格穩定取決於穩定的金融體系」。政策決定將權衡「風險平衡，包括可能阻礙委員會達成目標的金融體系風險」。

在紐澤西州中部的阿瑪納斯感到又驚又喜。貝爾原本猜測聯準會可能會做出某種調整以表明充分就業很難評估，但阿瑪納斯不太有把握。聯準會實際上是在表示，在不推高物價的情況下，它無法可靠地估計失業率會下降到多低，並且在制訂政策時不會再嘗試這樣做。那是巨大的改變。聯準會不再接受自一九七〇年代停滯性通膨以後經濟學家米爾頓・傅利曼（Milton Friedman）的觀點所主導的政策共識，這種觀點強調央行不應追求過低的失業率，因為這會升高通膨的風險。

「Photoshop請求。」阿瑪納斯在推特私訊中對貝爾說：「鮑爾和傅利曼，套用艾佛森跨在泰魯上的照片。」

貝爾回覆了請求的圖像。這是一張標誌性的籃球照片，其中費城七六人隊球員艾倫・艾佛森（Allen Iverson）在投籃得分後，跨過洛杉磯湖人隊球員泰隆・魯（Tyronn Lue），一個極度不尊重和硬上弓的表現。現在，這表明聯準會主席不再是「自然」失業率的倡導者。這個迷因的重點是什麼？傅利曼的方法已經結束，被跨過它的鮑爾擊敗。

儘管如此，兩人並沒有給這次框架改變明確的高分。

「你對這個改變有什麼看法？」貝爾在私訊中詢問阿瑪納斯，強調演講中新的金融穩定表述。「這像是傾向鷹派的許可嗎？」

「這是一個免責條款。」阿瑪納斯回答。他的意思是，如果官員認為需要在通膨大幅走高之前提高借貸成本，他們可以說是金融穩定風險，並以此為藉口升息。

阿瑪納斯仍然發表了他的媒體文章，對持續強調專注於通膨的政策制訂框架表達失望。但在與總體經濟政策播客主持人兼喬治梅森大學莫卡圖斯中心經濟學家大衛・貝克沃斯（David Beckworth），以及前聯準會經濟學家總體經濟諮詢公司創辦人朱莉亞・科羅納多（Julia Coronado）的網絡直播討論中，阿瑪納斯和貝爾似乎勉強表示欣慰，並且與那些以批評聯準會為己任的倡議者一樣滿意。

科羅納多說：「這是這裡運作順序的大翻轉，現在的目標是最大限度的就業，這是首要目標。」她把這個改變歸功於鮑爾。「我認為他把葉倫的教訓深深融入了他的靈魂，他走向人群並傾聽他們的聲音，他的用心表露無遺。」

「阿瑪納斯和我一直在反覆討論我們對這個改變應該多滿意。」貝爾說。「鮑爾現在的演講大部分都令人滿意」，但「如果你實際上不是以勞動力市場的結果為目標，這樣足夠嗎？」

「我會大聲說『也許』算吧。」貝克沃斯回答[9]。

聯準會的新框架並沒有阻止政策制訂者在通膨飆升時藉提高利率來讓經濟降溫：它只是表示，只要通膨維持在二％以下，那麼只有失業率下降就不足以成為改變政策的理由。不過在聯準會二〇二〇年九月的會議當天，官員們再往前邁出一步。

九月十六日，聯邦公開市場委員會在下午二點發布聲明時，一向改變很慢的政策聲明出現了重大調整。正如預期的那樣，聯準會承諾容許以通膨上升時期來抵消通膨疲弱時期的影響。但聯準會決策者也表示，他們預期將把利率維持在最低水準，「直到勞動力市場情況達到與委員會對最高就業的評估一致的水準，以及容許通膨率已升高到二％且可望升到略高於二％一段時間[10]」。這種調整的意義深遠。這些用語暗示了即使物價開始加速上漲，官員們在達成充分就業前不會提高利率。

維持零利率的承諾如此強烈，以至於引起達拉斯聯準銀行總裁羅伯特・卡普蘭（Robert

Kaplan）的反對。卡普蘭是前哈佛商學院教授，他擔心央行正在作繭自縛。聯準會試圖證明它將遵循它的框架並安撫懷疑者。評論家一直在問，在過去十年來一直無法把通膨率提高到二％的情況下，要如何達成二％的平均通膨率。但卡普蘭擔心，如果經濟情勢出乎官員們的意料，新的表述將使他們難以做出反應。

卡普蘭在投反對票後對《華爾街日報》說：「如果你做這樣的承諾，那麼履行承諾對聯準會的信譽將很重要。長期把利率維持在零是要付出代價的。而且我也擔心世界正在改變[11]。」

卡什卡里則抱持不同看法。他希望能有一個更堅定的承諾。他認為央行應該保證只有在通膨率確實達到二％一段時期後才會升息，而不只是因為通膨已步上正軌就升息。

卡什卡里在一份解釋他不同看法的聲明中說：「這個新表述仍然仰賴委員會來評估我們是否處於最大就業狀態，以及通膨是否預期會攀升。這是很難即時做的判斷[12]。」

卡什卡里在二〇二〇年疫情爆發前的幾年一直認為，經濟學家不應再如此自信地宣稱經濟已達到或接近充分就業。這位明尼亞波利斯聯準銀行總裁已養成一個古怪的習慣，當商界領袖抱怨勞動力市場短缺時，他會公開問他們是否願意支付更多薪資來吸引工人。答案通常是一番爭議，最終歸結為「不」。

卡什卡里擔心，如果未來的通膨跡象讓他的同事們感到驚慌，這個政策聲明會給他們太多空間，讓他們重蹈上個景氣周期的覆轍。但卡什卡里的同事們擔心，如果他們讓聯準會做太過絕對的承諾，但世界卻以他們無法預測的方式發生變化，那麼央行將無法做好因應的準備。一旦通膨壓力開始上升，它們可能陷入惡性循環，導致價格難以控制。

「當時，我稱這些理論為鬼故事，因為沒有證據顯示它們真的會發生，雖然也不能排除它們的可能性。」卡什卡里在那年九月的反對聲明中抱怨：「我相信這種描述在今天仍然適用[13]。」

遺憾的是，對於卡什卡里以及鮑爾領導的整個聯準會來說，這個特定的鬼故事已開始成真。從聯準會調整政策當時的背景來看（物價上漲溫和且經濟長期不慍不火），這種調整及其戲劇性的執行是合理的。但不到一年內這種背景即將改變。

然而，即使在全面的經濟改變浮現前，疫情還將為央行帶來幾個更近期的挑戰。

第十三章 聯準會橫遭阻礙

在不受到政治壓力的情況下，央行應該在間接為預算赤字提供融資，和影響廣泛經濟的信貸分配上做到什麼程度？

——保羅・伏克爾，論中央銀行的核心問題，《堅持不懈》（*Keeping at It*）

到了二〇二〇年初秋，佛羅里達州顯然正經歷一場可怕的經濟瘟疫。大量造訪當地的遊客是該州商業的命脈，但現在已減少到寥寥無幾。飯店、購物中心，甚至迪士尼世界都向政府提報大規模裁員通知。該州緩解困境的最大希望是疫苗，而這種希望是有根據的：疫苗開發的突破意味疫苗將從二〇二一年開始慢慢上市。但許多佛羅里達州的企業已開始尋找短期的對策以因應它們的現金流問題，它們比國內其他公司更早開始開始利用聯準會的中小型企業貸款計畫。在主街救援計畫最終發放的一千八百筆貸款中，最大的一部分（約三百五十筆）

來自陽光之州[1]。

部分原因是當地陷入的困境，部分原因則是佛羅里達城市國家銀行（City National Bank of Florida）積極提供貸款，宣傳貸款的運作方式並向客戶推薦該計畫。決定申請貸款的顧客利用主街救援計畫來為營運的續命爭取時間：貸款必須在五年內償還（本金支付從貸款第二年才開始[2]），屆時來自南美、歐洲和亞洲的遊客可望再次擠滿街道和酒吧。該計畫是公司延續營運的希望。

夜總會老闆喬許・瓦拉克（Josh Wallack）打的正是這種算盤。他和他父親在兩個地點擁有並經營芒果熱帶咖啡館（Mango's Tropical Café），一家位於奧蘭多的主要旅遊區，另一家在邁阿密的南海灘。兩個夜總會通常每年收入五千萬美元，但隨著新冠疫情爆發，它們幾乎在一夕間被迫關門。瓦拉克父子申請了薪資保障計畫貸款，但這不足以讓他們度過危機。他們已經解僱四百一十五名員工的大部分，但仍然僱用人員來維護建築物。這兩個大型場所的維護和抵押貸款成本不斷累積，但已經沒有人付費來上莎莎舞課程或點百香果調酒。當過去五十年一直擔任家族銀行的城市國家銀行提出申請主街救援計畫時，瓦拉克仔細查看了條款並同意很適合他的公司。他在二〇二〇年八月申請了一千萬美元的貸款。

「當時的情況就是生死存亡關頭。」他後來回憶道：「這為我們開了一扇門，讓我們不必病急亂投醫。」即便如此，他看得出為什麼該項計畫申請的人很少。

主街救援計畫的借款人首先不能背負巨額債務，而且必須在更廣泛的財務上情況良好。很少有銀行像佛羅里達州城市國家銀行一樣做廣告，雖然該銀行似乎把這個計畫當作對客戶的一項服務，而且可能在過程中賺取一些費用，但其他同行並不這麼想。許多銀行從一開始就抱怨該計畫行不通，因為它們必須承擔一部分貸款，如果碰上有風險的公司，它們就可能陷入困境。如果一家公司沒有風險，而且銀行本來就想貸款給它，那麼銀行何必做那些額外的文書工作和為主街救援計畫的規定操心？

前聯準會幕僚比爾・尼爾森（Bill Nelson）當時為一家銀行遊說公司工作，他在該計畫擬訂過程的早期（三月二十五日）寄了一封有六個要點的電子郵件給夸利斯，詳述聯準會主街救援計畫注定會失敗。「銀行不想參與任何帶有紓困味道或增加自身曝險的事，所以我們昨天討論的機制可能行不通。」

如果沒有銀行的支持，了解該計畫的借款人就會相對減少。即使是了解計畫的人也往往認為這是一個沒有吸引力的選項。在最壞的情況下（即經濟沒有重新開放），該計畫將使他們負債更多，或增加一筆附帶了限制高階主管薪酬和其他條件的銀行貸款。

該計畫的規則和定價也是一個問題，因為厭惡風險的財政部採取了嚴格的標準。聯準會理事會、波士頓聯準銀行（負責該計畫）和財政部的官員花了幾個月時間，透過沒完沒了的電話為其條款和條件爭論不休。儘管他們費盡心力但沒有人能說服梅努欽擴大規模和承擔更多風險，讓主街救援計畫變得更具吸引力，無論是布蘭納德、波士頓的羅森格倫、聯準會幕僚，還是財政部自己的幕僚都一樣。

該計畫在一來一往的激辯中進展緩慢，直到七月才啟動，啟動後也經過反覆修改[3]。經過財政部和聯準會團隊數月的設計調整和長時間的工作，該小組在夏末秋初提出並同意的最佳方案，將主要適用於沒有太多債務、健康、尋求大額貸款，和期待疫情結束後生意能像芒果咖啡館這樣迅速恢復正常的企業。

這家夜總會不但能存活下去，而且還能生意興隆。該公司已有約三十年歷史，它的兩間分店是當地夜生活的地標。瓦拉克父子擁有自己的建築物，因此雖然需要償還抵押貸款和支付水電費，但在關閉期間不必負擔月復一月的沉重租金。較新、負債較多或利潤較低的公司不太可能得到貸款。

截至十月底，主街救援計畫只使用了其六千億美元能力的不到一％，雖然部分原因是經濟狀況比預期好，但媒體上對該計畫的評論卻十分嚴厲[4]。學者、政界人士，甚至偶爾有未透露姓名的聯準會官員，都在向媒體發表的或含蓄或公開的聲明中攻擊梅努欽。

「聯準會內部的許多官員希望制訂一個企業實際會利用的計畫，但財政部的一些官員認為該計畫更像是對已經走投無路的公司所做的最後紓困。《紐約時報》在七月初報導：「財政部長梅努欽抗拒承擔太大的風險[5]。」《華爾街日報》幾天後說：「一些聯準會官員私下表示沮喪，因為曠日費時的磋商使這項計畫浪費了幾週的寶貴時間才啟動[6]。」國家公共廣播電台（NPR）《Planet Money》的一篇文章難堪地以「主街上的麻煩」為標題[7]。

前伊莉莎白・華倫的幕僚、也是負責監督CARES執行計畫的國會監督委員會成員巴拉特・拉馬穆蒂（Bharat Ramamurti），在該委員會二〇二〇年八月的首次聽證會上抱怨：「無論以何種標準衡量，主街計畫都是失敗的[8]。」

聯準會的其他計畫運作得更成功。新的公司貸款機制發揮了真正的後盾作用：它們的存在本身就具有安撫效果。彭博社把這些計畫稱為「非紓困計畫」，宣稱聯準會「沒有花一毛錢就拯救了波音公司」，並稱公司信貸計畫對這家陷入困境的飛機製造商是「遊戲規則改變者」[9]①。甚至連偶爾會因為不夠慷慨而引起進步主義者憤怒的市政債券購買計畫，也似乎有助於安撫陷入困境的州和地方債券市場[10]。

但也許是聯準會把緊急信貸救援擴大到華爾街銀行和金融機構之外最明顯體現的主街計畫，同時凸顯出央行可以提供協助的潛力和實際遭遇的障礙。這個計畫顯示，聯準會確實可以在危機時期向規模較小的公司提供信貸。然而它也顯示，即使在二〇二〇年聯準會和財政

① 波音公司在CARES法案審議期間一直在爭取政府資金，但在聯準會三月二十三日和四月九日的聲明後，卻能從獲得紓緩的私人市場籌集二百五十億美元。

部基本上可以取得無限的資金，但規避風險和政治現實也可能限制這類努力的範圍。

梅努欽在主街計畫上的保守不只是短暫的內部分歧的例子，它也是二〇二〇年下半年有關聯準會應在美國扮演什麼角色的政治辯論的預兆。

國會監督委員會是為了監督聯準會的計畫而設立的，從CARES法案通過和各種貸款計畫啟動以來的幾個月，該委員會已成為這場辯論的核心。它有四名成員，除了拉馬穆蒂外，還包括賓州共和黨參議員派帕特里克・圖米、來自阿肯色州的共和黨眾議員弗倫奇・希爾（French Hill），以及來自佛羅里達州的民主黨眾議員唐娜・夏拉拉（Donna Shalala）。它本來應該有一名主席，但這一職位最後懸缺。圖米和拉馬穆提共同填補了領導空缺，也帶進極度分歧的關注方向，並引發一場原本不可能影響華盛頓的爭鬥。

在左派，拉馬穆蒂希望聯準會更關心平民和更積極行動。他為主街計畫在協助小企業的差勁表現感到苦惱，同時也擔心如果國會對大企業的救援條件太寬鬆的話，會讓它們獲得過多的利益。他希望聯準會的州和地方政府貸款計畫能提供超便宜的貸款，填補CARES法案的空白，因為到二〇二〇年中聯邦政府一直沒有兌現對州和地方政府的支持。與許多進步主義的民主黨人一樣，拉馬穆蒂越來越認為聯準會的權力可以用來實現央行向來忽視的社會目標。在二〇〇七到二〇〇九年的經濟衰退中，聯準會紓困了貝爾斯登和美國國際集團，為什麼在二〇二〇年的危機卻沒有紓困紐澤西州和伊利諾州？拉馬穆蒂在監督聽證會上推動對企業貸款和大公司救援計畫採取更嚴格的限制，但也要求對聯準會作為最終貸款人的角色做更擴大的解讀。

拉馬穆蒂在與首次擔任民主黨眾議員的阿亞娜・普萊斯利（Ayanna Pressley）共同撰寫的一封信中，批評了他所稱的錯誤的野心。

「你們都承認，新冠疫情對黑人和棕色人種社區以及婦女造成巨大影響，而聯準會最近宣告它的充分就業任務（適用於CARES法案計畫）是一項『廣泛和包容性的目標』。」兩人寫道：「然而，你們這些計畫的設計似乎是在擴大種族和性別差距，而非縮小它們[11]。」

另一方面，圖米參議員則以憂慮的懷疑態度看待民主黨的議程。他希望確保聯準會繼續專注於控制通膨的使命，並且不希望聯準會擴大成一個能決定資金流向、規模和影響力越來越大的機構。他認為央行總裁並非民選產生，不應該試圖解決所有社會問題，決定誰獲得廉價信貸的社會政策是民選官員和市場的任務。

在從事政治生涯前，圖米曾是一名衍生性金融商品交易員。他向來是協助自己致富的新奇金融產品的擁護者，也是寬鬆監管的熱烈捍衛者，即使在其他共和黨人同意需要更多監管時也是如此。二〇〇八年，一連串抵押貸款擔保的金融衍生性商品出問題，幾乎導致整個金融體系崩潰，並在過程中引發了嚴重的經濟衰退，但圖米警告不要過度控制華爾街。圖米在二〇一〇年接受《晨報》（*The Morning Call*）採訪時表示：「我很近距離地觀察了哪些經濟體獲致成功，哪些經濟體沒有成功，而且兩者之間存在明顯的相關性。那些受到嚴格監管和中央控制的企業表現不佳。而像香港這樣的經濟體雖然有監管，但監管是合理的，所以它們可以欣欣向榮[12]。」圖米得到華爾街捐款人的大力支持。

圖米支持在危機發生時利用聯準會的最終貸款人職權來支持廣泛的市場。他從華爾街的聯絡人聽到梅努欽要求提供二千億美元來支持緊急貸款計畫後，在參議院的午餐會上站起來告訴其他議員，這個計畫必須做得更大。但他把聯準會視為第一道防線。到了夏季，他得到的結論是這套作法有效。市場在支持下正常運轉，恐慌性拋售已經停止，而且隨著企業和家庭似乎漸趨穩定和經濟慢慢邁向重新開放，全面性的崩潰似乎不太可能再次發生。隨著金融危機成為記憶，即使是最近發生的痛苦記憶，他也開始對公司債計畫在企業債券市場造成的扭曲表示擔憂。他曾一度在一項共和黨的法案中加入一些條文，以確保那些由國會在三月撥款四千五百四十億美元的計畫必須在一月結束。到了秋天，他更進一步要求馬上結束它們。

鮑爾和他的同事們一年中的大部分時間，都在嘗試折衝於截然不同的黨派意見，包括來自民主黨對聯準應會為小市民做更多事情的壓力，以及右派堅持聯準會應該避免跨越的政治界限。梅努欽也被夾在中間，雖然共和黨是他明顯的支持者，但如果財政部長希望在國會獲得更大的刺激方案，他就需要與民主黨盡可能地保持友好。

通過更多立法是一個日益迫切的優先事項。在十一月三日大選之前的幾週，聯準會和財政部官員開始相信市場可能已完全擺脫困境。對照之下，一般家庭仍然一點也不安全。

國會一次又一次未能批准更多支出來協助勞工和企業度過一個可怕而危險的冬天。國會在三月已通過救濟的立法，目標是協助美國承受短期的打擊，但不是從一再暴發的疫情深淵裡緩慢復原。更多救濟的政治共識已經很難達成。民主黨人在五月提出了一項斥資三兆美元的方案，內文長達一千八百頁，包括了許多共和黨人認為無關緊要的條款，例如移民措施。參議院多數黨領袖麥康諾發表聲明稱它為「昂貴且不嚴肅的願望清單」[13]。

共和黨人在七月提出自己的一兆美元議案，其中最引人注目的是，沒有為州和地方政府提供額外資金。經過幾個月的激烈磋商，部分沒有達成妥協。川普在八月採用一種創造性的法律解讀，單方面擴大即將到期的修正版失業救濟，但這顯然是治標不治本的方法：它只支付三百美元，即之前救濟金的一半，持續時間最長為六週[14]。

在十一月大選前的幾個月，梅努欽繼續在國會大廈努力尋求某種解決方案。部分挑戰是經濟超出預期減輕了政治人物的一些壓力。由於封鎖導致員工回家，就業市場立即失去約二千萬個職位，但好轉的速度比任何人預期的都迅速和強勁。二〇二〇年五月，美國經濟增加了二百五十萬個工作，而華爾街原本預期該月就業將減少八百萬個[15]。同樣的，經濟學家數個月來預測的破產浪潮也並未發生。大規模的聯邦支出和分階段的州和地方重新開放，加上市場恢復運作和股市大漲，使經濟和金融損失得到控制。儘管如此，仍有數百萬人失業，食物分發站大排長龍證明有些人仍然是救濟網的漏網之魚，許多美國家庭生活在一種怪異的困境中，不知道隨著疫情持續顛覆他們的整個生計，國會會不會在經濟上提供支持。

民眾只要夠關注聯準會，就會讚許該機構的危機應對措施，但國會的情況卻並非如此。喬許・巴羅（Josh Barro）為《紐約》（*New York*）雜誌寫道：「鮑爾的成功與我們這個時代的民粹主義政治論述背道而馳：聯準會不可靠的技術官僚取得了成功，而我們的政府理論上更能量具政治責任的部門卻失敗了。」[16] 民意調查顯示，人們對生活的滿意度降到近十年來的最低水準，幾乎與大衰退時期的最低點不相上下[17]。

然後是二〇二〇年總統選舉來臨，一些微妙但很根本的變化發生了。

華盛頓在週二選舉前的幾天氣氛緊張，在經歷了一個夏天的「黑人的命也是命」抗議、反抗議和動亂導致宵禁和迫使地方商店以合板封住門窗後，華盛頓已經做好應對一切的準備。在初期開票結果顯示拜登勝選後，川普總統宣布準備對選舉結果提出法律質疑。選舉日當天的結果尚無定論，但看起來從一開始就對川普不利。到了週三，民主黨的前副總統拜登似乎贏得了總統競選。

到了十一月五日，拜登的競選團隊表示競選結果對拜登有利只是時間問題[18]，民主黨也顯然贏了眾議院，儘管似乎不太可能拿下參議院。突然之間，在川普重新打造共和黨四年後，美國似乎有了一位民主黨總統，但政府卻分裂了。

那個週四也提供一個明顯的暗示，在不斷變化的政治風向中，共和黨對新冠疫情救援工作的想法可能正在發生重大變化。

在圖米接受《政客》雜誌的維多利亞・吉達（Victoria Guida）獨家採訪中，他對左派面對國會分裂的前景開始興起的一個想法感到擔憂。如果參議院的共和黨人不同意通過包括州和地方救濟在內的立法，聯準會可以透過提高各州對貸款計畫的吸引力來填補這個空白。這種計畫似乎行得通。如果民主黨入主白宮，他們可以嘗試任命一位能大幅改善聯準會計畫條件的財政部長。聯準會擁有無限的資產負債表，以及基本上未動用的四千五百四十億美元後備資金，可以在政治妥協無法達成的情況下介入提供救濟，因為聯準會知道它的信用風險有這筆資金當後盾。

吉達引述圖米談到民主黨人的想法說：「如果有人找理由說我們需要政府向陷入困境的人或企業提供資金，那麼你不管如何都能找到理由。但這不是聯準會的作法[19]。」

到了次週，新聞媒體宣布拜登將當選。而《紐約時報》報導，圖米的辦公室已開始推進他的論點一小步：民主黨依靠聯準會向受青睞的選區提供貸款不但不合適，而且是非法的。這位參議員辯稱，國會原本打算在二〇二〇年十二月三十一日結束聯準會的計畫[20]。

法條不是這麼說的。它明確禁止梅努欽在十二月三十一日後提供額外的直接貸款，但允許未償還的貸款繼續保持未償還的狀態。任何對聯準會緊急貸款權力有基本了解的人都知道，財政部已經發放數百億美元的貸款來支持聯準會計畫的合法工具。央行可以用這筆錢來救援主街計畫的借款人，或透過公司債計畫來購買債券，而不需要財政部指定額外的支出。事實上在當時之前，聯準會官員一直公開表示這些計畫可能會延長到年底之後。梅努欽在財政部的同事也同樣向記者明確表示，他們正在考慮延長聯準會的部分貸款計畫，雖然不是全部[21]。例如，他們可能延續公司債和主街計畫，同時結束爭議激烈的市政債券計畫。不過，當圖米提出他的主張時，情況開始改變。

十一月十九日週四，財政部正式寫給「親愛的主席鮑爾」一封簡短的信，同時也在當天下午四點三十分透過梅努欽的推特向全世界發布訊息，明確顯示出扼殺聯準會計畫的努力早已悄悄進行了多時[22]。

「我親自參與立法相關部分的起草，並相信第四〇二九條中概述的國會意圖是有權發放新貸款或購買新資產（直接或間接），且該權力將於二〇二〇年十二月三十一日到期。」梅努欽寫道，顯然全心全意支持圖米的論點。

「因此，我要求聯準會將未使用的資金退還給財政部。這將使國會能夠重新撥款四千五百五十億美元，其中包括用於聯準會機制剩餘的四千二百九十億美元財政部資金，和二百六十億美元未使用的財政部直接貸款資金。」他繼續寫道。

這引發聯準會內部一波震撼。電話不斷響起。電子郵件大量湧進。直到十一月初《紐約時報》和《華爾街日報》連續報導這個消息前，大多數聯準會官員完全不知道有關終止部分計畫的討論已在進行。事實上這個決定已經做出，這出乎幾乎所有人的意料。

在紐約聯準銀行，深入參與這些計畫的人士在看到梅努欽的推文，或不久之後在一項電話會議上聽到他們的國會事務官員的話時發現，聯準會即將終止這些計畫。

「這封信是什麼意思？」會議中有人問。

「為什麼我們沒有先聽說這件事？」有幾個人表示不明就裡。

鮑爾當天稍早與財政部長談過，因此他提前得知該消息即將發布。他和理事會的同事決定以極不尋常的篇幅發表一份聲明來回應梅努欽的信，因為聯準會的政策制訂者希望明確表示，財政部的決定並未提到他們決心繼續支持經濟。在整個危機期間，聯準會官員一直試圖不公開與財政部的衝突，這使得第三封直截了當的信格外引人注目。

聯準會在發給記者的電子郵件中表示，「聯準會傾向於繼續執行在新冠疫情期間建立的全套緊急機制」，認為它們將繼續發揮重要作用，可以「作為我們仍然緊張和脆弱的經濟的後盾」。

梅努欽聲稱他想收回資金以便「重新撥款」只是國會施放的煙霧彈，國會交給聯準會的一大筆錢並沒有讓國家付出任何代價：只有在聯準會的大量貸款出現問題時才會使用這筆錢，但預計這種情況不會發生。國會預算辦公室在計算立法成本時並沒有將其視為支出[23]。如果把這些錢「改變用途」成為實際支出而不是聯準會貸款，那麼它實際上就和花用新資金相同。

在此同時，一些官員和分析師擔心梅努欽的行為可能造成嚴重後果。當然，投資人可能泰然處之，因為即將推出的疫苗和央行大規模購買債券足以安撫投資人。但梅努欽不但要結束這些計畫，還要收回備用資金，這意味公司債計畫將很難大規模重新啟動。九個月前幾乎導致全面金融危機的監管性和結構性弱點從那時候起一直沒有改革。現在如果新的變種病毒或疫苗失敗導致市場暴跌，不但不會再有任何救援，而且要獲得資金以重啟救援計畫，在政治上也可能難以達成。

如果終結聯準會的計畫有潛在風險（即使法條並未要求結束它），而且想藉此削減赤字並不切合實際，那麼為什麼梅努欽要這麼做？他肯定了解風險，而且似乎很想把事情做好。

梅努欽在接下來的幾天和幾週的一連串採訪中再三回答說，他認為這是他的法律職責。國會原本希望這些計畫是短暫的。一個對梅努欽的行為更不寬厚的解釋在華盛頓像野火一樣蔓延，民主黨人聲稱，梅努欽已屈服於川普總統的意志，並嘗試在卸任前重創經濟。事實上，後來根據他的行事曆顯示，在川普出人意料地宣布這個消息前的幾天裡，這位財政部長已經與川普進行多次交談。川普也等到選舉結果明朗後才宣布這項消息，這個時機的選擇更是被所有人看在眼裡。

據彭博社報導，俄勒岡州民主黨參議員榮恩・魏登在十一月二十四日的聲明中表示：「梅努欽部長正在從事經濟破壞活動，並試圖束縛拜登政府的手腳[24]。」

但與梅努欽關係密切的人斥責他企圖破壞經濟的說法，並指出梅努欽很在乎自己的名聲，對聯準會的計畫感到自豪，而且一直把CARES法案的原始要點協議書放在他的辦公室裡[25]。此外，還有更多人以迎合的方式來了解財政部長的所作所為。認識他的人表示，梅努欽真的不希望聯準會的計畫持續太長久：他擔心這些計畫會扭曲市場，而且怕將來很難結束它們。雖然「改變用途」的策略是一種政治手法，但很難令人理解。把一筆巨額資金重新分配的概念，可能讓那些厭惡赤字的共和黨參議員更容易支持一項龐大的支出計畫。

「過去四個月我一直在努力與國會合作以通過更多立法。」梅努欽本人曾在眾議院金融服務聽證會上辯稱：「這些計畫沒有被使用，而我每天都在努力讓國會通過更多立法[26]。」

如果情況變得更糟，市場可能再次需要聯準會的協助，但實際情況似乎可能好起來。事實上，梅努欽為這些計畫留了一些錢，以便在緊要關頭時以較小的規模重新啟動。數以百萬計的失業美國人將度過一個難熬的冬天，他們必須在還不安全的情況下重返工作崗位、或放棄工作間做艱難的選擇。對政府支出的需求比繼續支持聯準會的需求更強烈。

不管梅努欽的策略是出於政治目的還是實際需要，這齣戲並沒有為他贏得很多粉絲。在他十一月十九日致函要求聯準會歸還這筆錢之後的幾週，民主黨人不斷憤怒地反對這項作法。

眾議院民主黨議員阿亞娜・普萊斯利在十二月初的聽證會上說：「我知道這裡正在進行

什麼陰謀，但我們知道我們的目的是什麼，而且我們知道什麼是白紙黑字。」在這次聽證會上，梅努欽和鮑爾都在國會有關CARES法案的委員會前作證。

來自加州的凱蒂・波特（Katie Porter）進一步指出，直到二〇二六年（法條明確規定的結束計畫的日期）前，梅努欽都無權收回CARES法案指定的資金。

「今天是二〇二六年嗎？是或不是？」波特在家裡對著網路攝影機問，她的左肩後面有一只橙色和紅色鬱金香花瓶，創造出一個誤導人的歡樂背景。

梅努欽坐在國會山莊一個壓克力玻璃擋著的證人席上，他湊近麥克風，臉上表情不甚愉快。

「當然，現在不是二〇二六年。問我這個問題真是太荒謬，浪費我們的時間。」他責怪道。

「好，梅努欽部長，我認為你沒有法律學位卻假裝自己是律師，這很荒謬。」波特反駁道。

「財政部有很多律師為我提供建議，所以我非常樂意隨後向你解釋所有的法律條款。」梅努欽辯駁說。

波特指出，雖然梅努欽沒有法律學位，但鮑爾卻有法律學位。而鮑爾明確表示，他認為不需要終止這些計畫。

「你和一個實際上是律師的人意見分歧。」波特繼續說道。

「你是律師嗎?」梅努欽打斷了她的話,他的聲音提高了,顯然不再冷靜。

波特總結道:「你沒有聽取國會的意見,而法律實際上是由國會制訂的。」(波特沒有提到這一點,但她擁有哈佛大學的法律學位)[27]

隨著年底接近,衝突進一步升高。在財政部發出結束聯準會計畫的信函之前,加強主街計畫和市政貸款機制,一直是較具政治傾向的民主黨人議論的話題,後來這些計畫逐漸成為許多進步派人士的福音。政治左派的知名成員希望要回那些數額龐大的錢,而如果他們要回了錢,他們已經想好怎麼利用它。

國會研究處十二月十七日的報告發現,聯準會可以繼續根據法律提供貸款[28]。該報告發表後,華倫在聯準會和財政部監督委員會的盟友拉馬穆蒂,很快發推文稱「拜登政府明年可以重啟這些貸款計畫」[29]。Fed Up在推特上表示,新任財政部長「可以利用CARES法案的聯準會貸款機制來協助經濟[30]」。

民主黨人對與聯準會有關的資金看法一致,因為他們似乎不太可能通過對州和地方政府的額外協助,雖然民主黨已贏得眾議院,但可能無法拿下參議院(喬治亞州的第二輪選舉訂於下個月舉行,共和黨人預料會獲勝)。許多保守派仍然反對向州和地方提供更多救援。目前尚不清楚聯準會會不會同意加強市政計畫,事實上,所有跡像都顯示它不會這麼做[31]。但來自民主黨的推動肯定會加大要求央行擴大權力和解讀其職權的壓力，並為地方政府借款人提供更多協助，這對央行的政治立場來說會很棘手[32]。

但真正相信聯準會職權有限制的圖米參議員並不這麼想。這就是為什麼在經過十個月美國蒙受過去幾個世代未曾見過的痛苦和磨難後，國會在二〇二〇年議事期的最後幾天討論了一套繁複的規範聯準會的規則。

十二月中旬，國會正在為迫切需要的紓困計畫進行激烈辯論，而且這一次似乎最終有可能獲得通過。這項九千億美元的支出計畫包括向家庭的一次性支付、延長小型企業救援，以及延長更慷慨的失業保險計畫。

不過圖米堅稱，他不會投票支持這套方案，除非它也能排除聯準會重新獲得梅努欽收回的資金，和防止聯準會今後設立「類似」的機制。他說服他的共和黨同僚加入他的目標。圖米的條款在十二月十七日週日正式提出，使整個法案頓時很有可能因而功虧一簣[33]。

圖米當天接受記者電話採訪時稱，與聯準會有關的條文對他來說是「最重要的事」。他說完這些話後，電話彼端的記者們都沉默了片刻，似乎不確定自己聽到了什麼。失業率仍維持在六・七％，幾乎是疫情前的兩倍。無數家庭陷入困境，新冠病例再次攀升。有人提出要求他說清楚的問題，把聯準會的條文當成優先要務似乎很奇怪。

「把這些計畫改變成別的東西將是個糟糕的主意。」圖米解釋並警告說：「根據一些民主黨人的計畫，聯準會將不再是最終貸款人，而是第一貸款人。」

緊接著是一連串的演講、打電話和磋商。民主黨人指責圖米在最後時刻插入這些條文以阻礙討論，而共和黨人則在背後支持他，即使他們似乎不明白該條文的作用或為什麼重要。民主黨人最擔心的是禁止未來「類似」計畫的圖米條款，什麼才稱得上類似？任何協助中型企業或防止公司債市場崩潰的計畫是不是都符合該標準？

國會有可能如此絕對地限制聯準會的權力引發了政治圈外的恐慌。負責二〇〇八年金融危機計畫的前聯準會主席柏南克，週六發表聲明警告說：「聯準會對信貸市場破壞性的干擾做出迅速反應的能力不應受到限制，這一點極其重要。」他表示：「在CARES法案即將通過前，救援行動至少應該保證聯準會的緊急貸款權力絕對不會改變，並能用來因應未來的危機。」[34]

政治人物說話更直白。「這是他們用這種方式對拜登說：『我們綁住你的手腳了。無論發生什麼事，你都無計可施。』」眾議院議長裴洛西當天在與民主黨同僚的電話會議上表示。梅努欽在那個週末與鮑爾交談的次數比他幾個月以來的次數還多，週四、週五和週六各四次[35]，主要是討論情勢的發展。但參議院幕僚的磋商代表已經認定，梅努欽完全有意在表述上跟隨圖米所起的頭。這個賓州人是圖米最需要說服的人，而他的心意已定。

在那個天氣寒冷而陰沉、距離耶誕節還有大約一週的參議院審查中，民主黨安排參議院多數黨領袖查克・舒默和圖米，以及似乎較容易妥協的猶他州共和黨人米特・羅姆尼坐在一起。當有一群共和黨人圍繞著他們時，談話很明顯地演變成一場全面的討價還價。圖米、羅姆尼和舒默以及其他幾位發言人，決定把討論轉移到舒默的辦公室。

等議員們在幕僚的簇擁下就座、準備達成一項計畫時，來自紐約州的舒默先發了一頓火，一度指控圖米試圖破壞即將上任的政府，並在激烈的辯論中大聲咆哮。過了半小時後，同意修改議案措辭的共和黨人離開辦公室，情況似乎有了轉機。

然而等到下午六點三十分收到修改後的措辭，卻幾乎沒有什麼不同。舒默退回它，堅持把禁止「類似」的機制改成禁止「相同」的機制。他一直定期與鮑爾、葉倫和柏南克等前聯準會官員以及他的幕僚交換意見，他知道較廣泛的措辭可能變成對聯準會權力擴大的限制。

圖米很快就回覆「不行」。他不想限縮措辭。

當週六深夜談判進入最後階段時，梅努欽穿梭在鮑爾和圖米的通話中。他的行事曆後來顯示，他在晚上八點四十五分與圖米交談，在八點五十分和八點五十五分與鮑爾交談，九點十五分與圖米交談，九點二十分和九點四十分與鮑爾交談，以及在九點四十二分與圖米交談。後來相關各方都沒有人願意透露那些談話究竟是怎麼回事，只是說梅努欽和圖米達成了某種協議。

在最後一次通話後不到一個小時，圖米的辦公室開始打電話給記者，告知他們已經達成解決方案。該法案將禁止聯準會未來設置完全「相同」的機制，條件是現在的計畫要有所改變，而聯準會在二〇二〇年協助救援市場的能力將保持不變。

圖米的發言人史蒂夫・凱利（Steve Kelly）在聲明中告訴記者：「這項協議將維護聯準會的獨立性，並防止民主黨出於政治和社會政策目的挾持這些計畫。[36]」沒有人知道是什麼改變了圖米的想法：是與民主黨的談判、渴望達成協議的共和黨同事的調解，或者是《福斯》新聞大肆報導這則新聞和登出他的照片，並宣稱「一個新阻礙」危及協議的達成。不管是什麼原因，民主黨人、聯準會官員和關心的旁觀者私下和在媒體上都鬆了一口氣。

如果另一場災難動搖金融業，引發一場抹除財富、危及企業和民眾生計的崩潰，聯準會仍會像二〇二〇年那樣扮演強而有力的危機因應角色。對短期的未來更重要的是，達成協議意味三月的救援方案後第一個全面的後續行動將通過立法，使近四百萬名長期失業者得以維持生計。當全國大部分地方的餐廳只能維持部分營運或只能在戶外用餐，以及許多沙龍和其他服務業者仍然無法重新開業時，這將為企業提供額外的資金來彌補缺口。聯準會的支持可能規模極其龐大、甚至是無限的，但它太粗鈍而無法進入經濟最需要的角落。國會和白宮可以彌補這一點，而且在拖延了幾個月後他們確實做到了。

「我認為這將帶領我們度過復甦期。」梅努欽在最終投票之前幾個小時對CNBC說。

隨著耶誕假期開始和疫情繼續肆虐，鮑爾再次在危機模式下度過了一年。但這與二〇一八年不同，當時的困境是一場不斷發展的貿易戰和他自己促成的市場崩潰。這也與二〇一九年不同，當時他必須面對一位把他描繪成敵人的總統，並且必須完成一個短期降息周期的最後一步，而那是一個似乎重要且需要高度技巧的操作。二〇二〇年迎來一場巨大的悲劇，它對經濟的挑戰不同於鮑爾的前任經歷過的任何困難，使聯準會的權力面臨重大考驗。到了十二月底，它也迫使社會思考聯準會應該扮演何種更積極的角色，這也許是多年來（也許從馬里納・埃克爾斯的時代以來）未曾經歷的，一些民主黨人推動聯準會進一步擴張，而強大的共和黨人堅稱聯準會的角色應保持限制。

央行則開闢了一條中間道路：它比以往任何時候向企業和市政當局提供更多協助，但它嘗試在誰能從它的行動獲利和損失的問題上盡可能保持中立，方法是設定廣泛且有時候嚴格的標準，並在這個過程中與負有政治責任的財政部保持合作。決策和劃定界線並不容易，而且經常引起爭議。有關聯準會在現代美國、尤其是在危機時期應該扮演什麼角色的辯論，似乎注定會在未來再度興起。

然而隨著那個悲慘和保持社交距離的冬季假期臨近，聯準會相對安然度過了二〇二〇年底的這場喧鬧。公共衛生狀況仍然令人憂心，但美國經濟在新冠疫情的第一年保持了穩定，許多人希望第二年仍能繼續保持下去。政策制訂者所擔心的拋售潮從未發生，就業市場正在好轉。梅努欽終止聯準會貸款計畫的決定並未擾亂市場，或許是因為投資人期待更光明的未來。在華盛頓和整個美國，脆弱的平靜似乎正在形成。聯準會堅定地維持利率在零的水準，並在年終的聲明中承諾繼續以每月一千二百億美元的步調購買債券，直到看見經濟「進一步取得實質進展」[37]。國會的妥協意味將對家庭提供更多經濟援助。醫療方面的突破為二〇二一年的世界帶來了更光明的前景，疫苗已經在試驗中發揮作用，預計將在新年度上半年廣泛使用。鮑爾以樂觀的態度結束艱難的一年，而這似乎已成為他的模式。

「最近有關疫苗的消息很令人鼓舞。」他在年終新聞記者會上表示：「我認為很多人都預期到明年下半年經濟會有強勁的表現[38]。」

第十四章 危機悄然接近

改變是困難的，但卻不可避免。

——蘭德・夸利斯，二〇二一年十月五日

夸利斯在二〇二〇年十二月結束時忙於解決自己的問題，而這個問題在疫情第一年的記憶逐漸淡去後很久將成為聯準會的夢魘。如果追溯得夠遠，他的政策問題可以回溯到二十世紀初賓州的斯普林代爾（Springdale）。大約在埃克爾斯接管他的猶他州家族企業時，一個名叫瑞秋・卡森（Rachel Carson）的女孩出生了，她父親是一名保險推銷員兼教師。長大後她寫了《寂靜的春天》（*Silent Spring*）這本書，描述殺蟲劑DDT如何破壞自然，因而點燃了環保運動，並讓公眾相信不受政府監管的盲目追求利潤可能破壞我們共同的世界[1]。到了二〇二〇年，環保人士的焦點已經從化學中毒轉向一個更大的問題：汽車、工廠和空調不斷向大氣排放的碳，已經降低了地球的自然防禦能力。冰川正在融化，海平面上升，天災日益嚴重。隨著卡森的傳承者追蹤環境危機，關心的公民和民選官員開始相信，像夸利斯這樣的人可以在做好世界因應危機的準備上扮演重要角色。

從二十世紀到二十一世紀，全球的中央銀行已發展成資本主義的守門人。它們為許多類型的金融監管定下基調，並且研究如何維持金融穩定。它們在國際間合作，而且這些連結往往比一般的外交關係更深入，也較不曲折迂迴。全球央行會議經常是一些共同完成研究生課程和共同撰寫論文的老朋友間的聚會。這些機構顯然是討論金融在全球暖化該扮演什麼角色、銀行和市場可能面臨氣候變遷帶來的風險，以及世界應該如何應對等議題的絕佳場所。

大約從二〇一五年起，全球主要貨幣政策當局開始關注氣候變遷，特別是英格蘭銀行。該央行的總裁馬克・卡尼（Mark Carney）在那一年發表演說，警告氣候變遷最終將引發全球金融危機[2]。

「當前氣候變遷帶來的威脅，將使未來可能發生的嚴重挑戰顯得微不足道。」他在勞埃德保險社（Lloyd's）的演說中說：「那麼為什麼我們沒有採取更多行動來解決這個問題？」

卡尼接著回答了自己的問題，指出了他所說的「地平線上的悲劇」。他的想法是眾所周知的「共有財悲劇」（tragedy of the commons）的延伸：人可能不會去做讓眾人受益的個人改變，因為他們可以從儘量利用自然資源獲得個人利益。例如，鮑伯可能知道過度捕撈當地湖泊對他的社區是一件壞事，但如果他靠為遊客炸新鮮捕獲的鱸魚謀生，那麼這種認知可能不會改變他的行為。卡尼的「地平線上的悲劇」觀點說明了能幫助預防或緩解氣候變遷的人和機構，不管是政治家、企業還是央行總裁，通常會根據相對近期的分析和誘因做決策。氣候變遷可能在十年、五十年或一百年後對世界產生最強烈的影響，但做出助長氣候變遷選擇的人卻只會權衡未來兩到三年的利弊。當時擔任全球金融穩定委員會主席的卡尼曾被二十國集團財長問到，金融機構該如何應對氣候風險。那天他告訴保險業者，他發現有很多事要擔心。

隨著洪水變得更加頻繁、野火把社區夷為平地，海平面上升導致曾經看似安全融資對象的建築風險升高，這些都將使銀行和保險公司面臨高昂的成本。然後是責任風險，煤和天然氣公司可能因為它們今日造成的環境破壞而面臨訴訟。最後還有轉型風險，每當發生大規模、系統性的情況改變金融投資類別的報酬以及成本和機會的所在，結果可能就是不穩定。去碳化可能也難以避免。

「倫敦勞埃德保險社的研究估計，在所有其他因素保持不變的情況下，光是從一九五〇年代以來曼哈頓尖端的海平面上升了二十公分，就使超級風暴珊迪（Sandy）在紐約造成的保險損失增加了三〇%。」卡尼提到二〇一二年席捲美國東海岸部分地區的大規模洪水和破壞時如此表示。

「雖然我們仍然有時間採取行動，但機會之窗是有限的，而且正在縮小。」他得出這個不祥的結論。

這些言論是在氣候行動主義風行於全球舞台的時候發表的，距離二〇一五年十二月聯合國大會通過所謂的《巴黎協定》（Paris Agreement）還有兩個月，該協定的長期目標是控制全球平均氣溫上升以減少全球暖化的影響[3]。它們也正值美國即將突然放棄卡尼言論背後的基本前提。隨著川普在二〇一六年入主白宮，對氣候變遷和人類所扮演角色的懷疑論將暫時找到它在美國政策的立足點。

世界各地的金融監管機構都認同卡尼的擔憂並採取後續行動，但部分原因是政治背景，以及美國央行在接下來的幾年裡改變了方向。二〇一七年十二月，卡尼、法國央行總裁弗朗西斯・維勒魯瓦・德加羅（Fran?ois Villeroy de Galhau），以及荷蘭央行總裁弗蘭克・埃爾德森（Frank Elderson）宣布創立綠色金融體系網絡（NGFS），這是一個全球性機構，將分享研究和最佳執行方法，並進行與氣候金融風險相關的分析。在來自荷蘭、中國、德國、法國、墨西哥、新加坡、瑞典和英國的創始央行和金融當局中，美國的缺席格外引人注目[4]。

事實上，隨著川普政府開始退出《巴黎協定》並擁抱高碳工業，聯準會領導人在氣候問題上抱持著介於謹慎和沈默間的態度。而由於聯準會的央行同業加強遏制與碳和環境相關的金融風險，美國與全球趨勢的背離變得更加明顯。在疫情爆發前，英格蘭銀行已開始設計所謂的氣候壓力測試和假想情況分析，銀行可以利用這些分析來了解它們在極端天氣事件下的恢復能力，以及它們在世界轉向低碳未來時對產業的曝險可能面臨的壓力。

川普本人並不是聯準會不熱衷的唯一原因。與當時美國文化中的許多事物一樣，這位總統代表了社會更深層的分歧。氣候變遷在美國是一個黨派分歧的問題，民主黨人通常會接受現實並推動法規來防範它，許多共和黨人則質疑人類活動是否導致極端天氣事件變得更加頻繁。甚至那些接受人為氣候變遷前提的人，也經常認為必須審慎制訂遏制氣候風險的法規，以避免給企業增添不必要的負擔。麥康諾在九月曾表示，他相信人為造成的氣候變化，但「問題是如何解決它」。這位肯塔基州參議員表示：「要以符合美國價值觀和美國資本主義的方式解決它，就要透過科技和創新……不要關閉經濟，讓人們失業[5]。」

鮑爾本人也有環保意識。他的上一個工作是在私募股權領域，任職於他姐夫創立的全球環境基金（Global Environment Fund）[6]，該基金投資於永續能源。他開一輛特斯拉汽車，並參與以保育為宗旨的非營利組織。但如果他領導的央行涉及氣候討論的自由主義領域，將面臨共和黨的攻擊。此外，許多政治左派人士確實希望央行官員不只是評估氣候風險，他們希望聯準會確保有害環境的人和機構難以獲得融資。

在鮑爾看來，這似乎超越了聯準會的職責，即安全、穩健、流動性保護，而且是跨入決定誰可以獲得信貸的領域。這可能會使聯準會政治化，危及它的獨立性。聯準會不可能是社會所有問題的答案，如果它嘗試這麼做，它可能失去完成手頭重要工作的自由。

「氣候變遷是一個重要議題，但不是聯準會的問題。」鮑爾在二〇一九年十一月對經濟聯席委員會表示。「我們不會成為決定社會如何反應的機構。那是民選官員的事，不是我們的。」[7]

隨著一年一年過去，幕僚對聯準會應對氣候變遷的緩慢作法抱怨越來越大聲。一些聯準會研究人員指出，氣候是我們這個時代的生存問題，監管機構在確保金融體系做好準備方面應該扮演明確的角色。一些焦慮已經透過地區聯準銀行浮上檯面，它們作為「私人」機構的地位，長期以來使它們有能力解決由政治任命和受到密切關注的聯準會難以解決的問題。舊金山聯準銀行在二〇一九年主辦了聯準系統有史以來第一次氣候會議，儘理事會採取不參與的立場，但當時唯一的民主黨人理事布蘭納德仍在會上發表談話。它登記參加人數如此多，以至於聯準系統內想要參加的經濟學家都被拒之門外。媒體根本沒有受到邀請。

布蘭納德在題目為「為什麼氣候變遷對貨幣政策和金融穩定很重要」的演講中堅稱，「為了支持強勁的經濟和穩定的金融體系，聯準會需要分析並順應經濟和金融體系的重大變化。就這點來說，氣候變遷的重要性不亞於全球化或資訊科技革命」[8]。她並不是建議聯準會阻止銀行向化石燃料公司放款，她建議聯準會有責任控制已經無可避免的全球暖化所帶來的風險。

當聯準會針對應該在氣候討論中扮演多積極的角色進行角力時，夸利斯發現自己處於這件事的中心，他既是監管副主席，又是卡尼從全球金融穩定委員會主席卸職後的繼任者。他傾向於認為私人部門應該盡可能謹慎地自我監管，並且在公開言論中呼應鮑爾的謹慎態度。然而到了二〇二〇年，他的立場越來越難保持。

幕僚、許多聯準會官員，甚至政府其餘部門的監管組織，包括商品期貨交易委員會等監管單位，已經開始推動聯準會加入其他央行發起的綠色金融體系網絡。這個網絡從成立之初就蓬勃發展，成員包括幾乎世界上所有其他主要央行。成為成員之一是一個重要的象徵動作。

不過，加入NGFS可能在川普領導下的華盛頓引爆政治地雷，所以聯準會嘗試採取中間立場：它要求只做「觀察」，就像世界銀行和其他全球多邊機構一樣。這對個別央行來說沒有多大意義，而且該網絡並未同意把聯準會列為觀察員，雖然它允許聯準會官員非正式參與論壇和資訊交流。民主黨人經常敦促夸利斯採取更具體的行動。

「你有這方面的最新消息嗎？」來自夏威夷的參議員布萊恩・沙茨（Brian Schatz）在二〇一九年底詢問夸利斯加入NGFS的進展。夸利斯戴著金絲框眼鏡，表情嚴肅地正在參議院銀行委員會作證。他以防衛深重的語氣應答。

「我們已經參加會議，類似在正式註冊前先了解課程內容。」他告訴參議員，並解釋聯準會正在「研究」如何加入[9]。

但隨著二〇二〇年大選到來，對氣候變遷的政治關注再度升溫。這個轉變為聯準會加入這個全球組織創造了機會。夸利斯本人是由川普任命的，他的職位正是做這項改變的人。由於他個人的政治觀點，很少人預期他會這麼做。

這就是十一月十日他在參議院銀行委員會的證詞令聯準會觀察家和氣候活動人士感到震驚的原因。沙茨參議員重問一次他的問題，夸利斯則直率而明確地回應。

「這實際上取決於NGFS，我們已經要求加入，我懷疑它會被批准。」夸利斯告訴那位夏威夷議員。

這對參議員和媒體來說都是新聞。華盛頓新聞媒體很少關注沉悶的金融穩定聽證會，但夸利斯的意外聲明卻引爆一連串的報導。《新聞周刊》把夸利斯的談話視為聯準會已承認拜登還未被官方公告的選舉勝利的跡象，而這凸顯出這個問題已變得多政治化①。這篇報導的標題是「聯準會似乎承認拜登在選舉中獲勝」[10]。

在夸利斯發表談話的當時，聯準會還未實際提出申請，但它在隨後的幾週內匆匆完成了這項程序。官方的宣布在十二月十五日發表[11]。

對於關心氣候的經濟學家和政策專家來說，這是一場勝利，但當時還不清楚這項決定在政治周期中能持續多久，以及它對聯準會的實際政策和監管方式來說意味什麼。當一場選舉就可能改變美國應對氣候風險的基調時，例如川普下台拜登上台，或拜登換成其他政治人物，聯準會是不是也可以修改它的規則手冊？

「既然他們已經加入這項國際努力，我希望他們能採取進一步的具體措施來管理氣候風險。」沙茨回應這則新聞[12]。

夸利斯證明自己不像許多左派人士所形容的是一個有黨派的理論家，而這讓許多人感到驚訝，也許他是在效法馬里納叔叔有彈性的思維。儘管如此，很明顯的他為加強評估金融體系的氣候風險而採取的步驟將是聯準會跨出的第一步，而非最後一步。

進入二〇二一年時的布蘭納德正在思考另一個改變世界、當然也改變聯準會的問題：貨幣的未來會是什麼樣子？

對布蘭納德來說，今年注定是怪異的一年。在秋季接近選舉時，她被許多人視為擔任拜登政府財政部長的候選人。她是民主黨人，比任何人都擁有更多經驗，而且在川普政府期間她一直是聯準會的一名好戰士，她以最進步主義的民主黨人讚賞的積極態度反對放鬆金融管制。但諷刺的是，她妥協的習慣卻傷害了她的機會。

進步雜誌《美國展望》（*The American Prospect*）的一則報導宣稱她「很有自由主義風格」，這基本上概括了民主黨最左派對她的看法[13]。布蘭納德在財政部和白宮任職期間曾與中國進行

①雖然當時的媒體報導經常說，聯準會在川普執政期間無法加入NGFS，因為美國已不再參與《巴黎協定》——這就是為什麼加入NGFS的決定相當於承認拜登獲勝，美國會重新加入協定。從來就沒有一條規則禁止聯準會加入NGFS，全看聯準會願不願意加入。

談判，一些進步派人士認為她應該在這些談判中更加積極。其他批評者指出，聯準會的公司債購買計畫對化石燃料公司紓困，而一些進步派民主黨人主張聯準會應該凍結那些救援，他們認為布蘭納德未採取任何措施來阻止它。那年秋天發表的一篇評論文章嚴厲地批評：「我們不能有一位不採取一切辦法應對氣候變遷的財政部長[14]。」布蘭納德的聲譽注定會因為二〇二〇年的危機應對而受到影響，而且果真如此。

到二〇二〇年十一月底，政府似乎仍將與分裂的國會合作——喬治亞州的第二輪選舉似乎很可能讓共和黨成為參議院多數黨——因此提名一個能獲得全部民主黨和部分共和黨支持的人選十分重要。布蘭納德似乎不太符合這項要求，因此她沒有得到這份工作。前聯準會主席葉倫獲得該職位的提名，進而使她不但是美國第一位女聯準會主席，也成為第一位女財政部長②。

不過，很明顯的不久之後聯準會就會有其他備受矚目的職位空缺：鮑爾必須再獲提名，否則將被取代。克拉里達的任期將於二〇二二年初屆滿，夸利斯作為監管副主席的任期將於二〇二一年結束，不過如果他願意的話可以繼續擔任理事。布蘭納德仍被困在央行，在她等待揭曉她多年的忠誠會不會得到更高職位的回報之際，她也忙著因應從半個多世紀前金本位制結束以來所面臨的最大的一波貨幣巨變。

比特幣在二〇〇八年盛大登上金融舞台，多年來它一直被金融專家、學術界和聯準系統內的經濟學家視為一個笑話。不過在二〇二〇年之前的幾年，人們已經清楚意識到至少可以把它當作一項資產類別來投資，而且其背後的技術（分散式帳本）可能具有能廣泛應用的安全特性。全球對加密貨幣的關心顯示，人們看到加密貨幣在其他地方找不到的好處，不管是隱私、易於轉移和兌換、流行的吸引力、非法使用和避稅的可能性，或是完全想像不到的用途。

世界各地的中央銀行已開始發展自己的數位貨幣。瑞典央行在電子克朗（e-krona）的研究上做得尤其深入，巴哈馬央行則開發並推出了數位「沙元」（Sand Dollar）。歐元區似乎可能發行數位歐元，其公民將可能在數位錢包持有有限面額的歐元。數位中央銀行貨幣與加密貨幣不同，它得到國家政府信用的充分擔保：它是法定貨幣。儘管許多交易已經以數位形式進行，不管是在線上商務還是在購物時刷信用卡，這些數位貨幣都得到銀行系統的支持。而數位貨幣將由央行支持，這是實體現金的電子版本。

在研究和考慮開發這類技術上，聯準會落後其他央行。這讓布蘭納德很惱火。她知道美國央行有充分的理由在數位貨幣問題上放慢腳步，最主要的理由是任何數位

② 嘻哈歌手黛莎（Dessa）以一首名為「現在葉倫又是誰？」（Who's Yellen Now?）的饒舌歌來迎接葉倫的任命，其中包括如下的歌詞：「她只有五英尺高，但我敢發誓，她可以翻起衣領，她可以搖滾女力鮑勃頭。」

美元都必須在第一次嘗試時就不會出錯。一個小國搞砸數位貨幣的推出不太可能導致全球動盪，但對主導世界的國家來說，任何失誤都可能是災難性的。但聯準會還有一股更單純的勢力反對數位貨幣：布蘭納德的同事不太喜歡這個主意。

夸利斯有時候把數位美元形容成是一種尋找不存在的問題的解決方案。銀行已經以數位形式發行貨幣，理論上聯準會的版本會更安全，但由於從大蕭條以來聯邦存款保險公司已經在一定限度上為銀行存款提供了保險，因此你在富國銀行或美國銀行的數位貨幣價值不可能消失。市場拋售潮仍然是現代美國金融的常見特性，老式的銀行擠兌則不然。

夸利斯在二〇二一年六月的一次演講中，把聯準會發行數位貨幣的構想比喻成傘兵褲，那是一種他年輕時不太了解的流行現象。在解釋了他一直在反思美國對新奇事物的熱情後，他說：「特別是美國人又很愛湊熱鬧和怕錯過流行，造成我們的批判性思維有時候會大規模暫停，以及偶爾會衝動、過度狂熱或趕流行。」他說，央行數位貨幣可能成為「吸引人的網路攻擊目標」、「助長非法活動」，或「成本高昂而且讓聯準會難以管理」。總之，他總結說：「即使其他央行成功發行央行數位貨幣，我們也不能認為聯準會就應該發行[15]。」

正如經常出現的情況，儘管布蘭納德發現夸利斯的評論很精彩，但她堅定地不同意他的觀點。

她看到風險，但也看到機會。雖然聯準會正在開發一種即時支付系統，但央行數位貨幣

FedNow也可能有助於快速交易和跨國匯款。也許最關鍵的是，布蘭納德無法忽視這個問題的全球地緣政治層面。貨幣的未來看起來將與過去有所不同，布蘭納德認為聯準會必須走在不斷發展的技術第一線，了解並利用這種改變可能攸關保持主導的貨幣地位、監控日益增長的風險，或了解世界各地私人部門的創新。美國的央行官員不能坐視數位人民幣、數位歐元和企業數位貨幣成為跨國交易的可行替代品。美國不需要急於發行數位美元，但布蘭納德認為需要徹底研究可行性和技術。

由於疫情仍在肆虐，她在二〇二一年五月透過網路直播發表的演講中，敦促「美國參與制訂跨境標準極其重要」[16]。

在二〇二一年的當時，布蘭納德的同事們已開始接受她的觀點。兩年前的二〇一九年，臉書正在研究自己的數位加密貨幣（即Libra和後來的Diem）的消息敲響了警鐘。面對強烈的反對，這家科技公司放慢速度，最後改變了該項計畫[17]，但這次經歷迫使央行官員意識到，他們很快就會發現自己與擁有龐大平台的私人貨幣發行商競爭。布蘭納德在二〇二〇年八月（就在鮑爾出現在傑克森洞的幾週前）發表演講，討論聯準會對數位美元的最新研究[18]。她概述了整個聯準系統做的分散式帳本技術研究，以及波士頓聯準銀行和麻省理工學院正在合作檢討技術的選項。布蘭納德表示，目標之一是「為我們提供實務經驗，以了解數位形式中央銀行貨幣可能採用的技術的機會和限制」。

她明確表示，創造數位美元將是一個嚴肅的過程，可能需要國會的支持，因為目前還不清楚聯準會法案是否允許發行數位貨幣。她概述了初期可以採取的謹慎步驟。

然而，隨著數個月過去，趕上數位創新的急迫性越來越大。網路上一些著名的「迷因」股票在二〇二一年迅速崛起，加密貨幣也是如此，一般投資人和大銀行紛紛湧入。穩定幣（Stablecoins）是由多種貨幣或其他資產支持的私人部門數位代幣，也在這種大勢下呈指數性成長，主要因為人們使用它們來進行各種新加密產品的交易。它們幾乎不受監管，因為還沒有監管的制度，許多這類產品的結構類似不久前才崩盤過的貨幣市場共同基金。它們嚇壞了監管機構，也顯示出貨幣的未來是否是數位化將由大眾和市場力量來決定。聯準會希望緩慢而深思熟慮地採取行動，但世界並沒有給它這個選項。

二〇二一年五月，鮑爾發表一項令人驚訝的聲明。長期以來鮑爾對這件事的評論似乎更接近夸利斯，而非布蘭納德。

「今日我們正處於一場從根本上改變我們世界的科技革命。」他在預錄的影片中說。他指出加密貨幣和穩定幣迅速發展和演變，而「隨著穩定幣使用的增加，我們也必須關注適當的監管與監督框架」。

聯準會準備調整的不只是監管。央行正在就是否應該發行數位貨幣徵求意見。這並不是一個決定性的步驟，但它顯示聯準會正在更認真地對待貨幣的未來。美國的央行正在一如既往地進行變革，以跟上世界的步伐。

當聯準會嘗試在現代美國找到自己的位置時，政治人物將注意到它不斷擴大角色的風險也隨之升高，並嘗試利用或削弱這種改變。儘管央行在二〇二〇年底最後一刻的立法，成功地逃過民主黨推動的市政貸款計畫和共和黨限制其緊急貸款權力的努力，但川普執政時期即將結束時的另一個政治事件，卻發出一個更持久的警告訊號。

當川普總統將失去白宮的情勢逐漸明朗後，參議院接受了茱蒂・謝爾頓出任聯準會理事的提名。謝爾頓是一位擁有商學博士學位的經濟評論員，長期以來倡導回歸黃金支持的貨幣體系。這使她成為一位不同尋常的央行理事人選。主流經濟學家普遍認為她對黃金的想法既不切實際，更糟的是可能破壞穩定。民主黨人嘲笑她是個庸醫。

俄勒岡州參議員榮恩・魏登諷刺說：「賦予她對美元的管理權，就像讓中世紀的理髮師負責疾病管制與預防中心[19]。」

然而謝爾頓的信念並不是她候選資格的唯一問題，甚至不是主要問題。細心的聯準會觀察家對謝爾頓的憂慮在於她與白宮的政治關係。多年來，她一直主張採取更嚴格的貨幣政策，但隨著川普上台並推行寬鬆貨幣政策，她的立場也突然改變。謝爾頓有時候會公開質疑聯準會獨立性的概念，她在二〇一九年華盛頓的一項活動中接受採訪表示：「我在定義聯準會角色的立法中沒有看到任何提及獨立性的內容。」反而該法律「要求聯準會理事會與國會和總統攜手合作，實現美國的某些戰略經濟目標」[20]。事實上，她有時候會為川普總統霸凌聯準會的行為做辯護。有一次她說：「我認為，從某些方面來說，白宮的公開批評更為健康。至少我們知道總統的感覺[21]。」

如果謝爾頓獲得提名，她忽視聯準會的獨立性將帶來兩個潛在威脅。第一，這可能會在聯準會的討論中為川普提供一個忠實的代表，這個代表可以傳達聯準會的想法，也可以利用公開言論來試圖阻礙聯準會官員參與關鍵決策。川普已在選舉中落敗，但沒有任何跡象顯示他即將從美國的政治舞台上消失。此外，雖然謝爾頓的理事席次將於二〇二四年初屆滿，但如果川普在那一年稍晚再次贏得大選，曾被確認進入聯準會的她，可能更容易重回聯準會並出任主席。近幾十年來的聯準會主席清一色是前央行理事。

剛開始謝爾頓在國會山莊遭到包括共和黨在內的許多人反對。來自路易斯安那州的共和黨參議員約翰・甘迺迪（John Kennedy）很早就直言不諱，沒有人想任命一位「滿腦子瘋狂想法」的聯準會理事。但他到了十一月已經決定支持謝爾頓。包括賓州人帕特里克・圖米在內的其他早期懷疑者也紛紛站在謝爾頓這邊。雖然來自猶他州的米特・羅姆尼和來自緬因州的蘇珊・柯林絲（Susan Collins）仍然保證會投票反對她，拉馬爾・亞歷山大（Lamar Alexander）宣布他將在她的提名確認投票日當天出遠門（他也反對提名她）。把所有這些變化都考慮進去，整體計算的結果是她應該有足夠的票數來通過參議院。對謝爾頓的確認初步投票訂於二〇二〇年十一月十七日週二進行，隨著日子逐漸迫近，她看起來似乎會驚險通過投票並最終獲得確認。

機運突然發生逆轉。當天早上，愛荷華州共和黨參議員查爾斯・格拉斯利（Charles Crassley）宣布他感染冠狀病毒，將無法出席投票；佛羅里達州共和黨參議員里克・斯科特（Rick Scott）也處於隔離中。兩票「贊成」票的損失讓天平發生了傾斜：在戲劇性的最後一刻，新當選的副總統卡瑪拉・哈里斯（Kamala Harris）趕赴華盛頓投下將讓謝爾頓失去機會的一票。新當選的民主黨參議員訂於下週就職，這意味謝爾頓可能不會再有機會獲得確認。

儘管如此，戲劇性的最後一刻確認逆轉，還是凸顯出現代聯準會的一些關鍵問題。如果謝爾頓獲得聯準會理事確認，並不代表她一定會成為川普的奴僕，更不用說她會不會被拔擢成為聯準會主席了。她對獨立性的看法聽起來很模糊，但許多被提名者在爭取確認時說的話，往往到了真正確認後會軟化。不過國會在二〇二〇年底幾乎任命了謝爾頓，這個事實凸顯出一位被聯準會激怒的總統或許有辦法把一位忠誠者送進位高權重的理事會。這是一個值得注意的風險。

聯準會在二〇二〇年已經證明它擁有極其強大的權力。它正在小心探索的新領域包括氣候政策和數位貨幣，而這些新領域有可能使它的影響力變更大。然而，隨著職責的增加，聯準會的結構基本上並沒有改變。聯準會的大部分權力仍然集中在華盛頓的聯準會理事會，而理事會只對國會負責，並且可以自己決定是要聽取或是忽視白宮的意見。但如果聯準會出差錯，國會只能立即要求官員到國會山莊作證和以恫嚇他們作為懲罰。聯準會的實際改變將需要參眾兩院通過立法，然後需要總統簽署才能成為法律。假設央行主席本身相信獨立性和聯準會有更廣泛的使命，這種實質的自由可以使主席不受黨派影響，並允許他們制訂良性、有前瞻性的政策。鮑爾在二〇一八年和二〇一九年抗拒白宮的施壓已清楚顯示這一點。

但聯準會在埃克爾斯時代得來不易的自主權是一把雙面刃。如果參議院的主導黨派確認一位有強烈黨派傾向且想達成政治議程的央行主席，那可能製造出大麻煩。讓聯準會得以避免外部干預並能為國家長期未來利益而做出艱難政策決定的設計，同樣也可能讓它成為一個強而有力的政治角色，一個幾乎沒有人能立即節制它、而它卻有無限資產負債表的角色。

半個世紀前，亞瑟・伯恩斯就已經展現出一位政治忠誠的聯準會主席可能會為白宮的利益而制訂糟糕的政策，導致在短期內提振經濟卻刺激通貨膨脹上揚的後果。在現代，政治化將帶來更加巨大的威脅。央行在二〇二〇年已經證明，在財政部的批准下，它的緊急貸款權力可以在危機時期向幾乎任何人提供資金。即使在發生嚴重危機且沒有財政部參與的時候，大規模購債也已成為央行工具箱的常備組成部分。這些證券購買可以協助政府以低廉的成本取得融資，並且可以影響美元在全球市場上的價值，使其成為貿易戰中的強大武器。

就像最高法院擁有可以在黨派目標上發揮作用的全面權力一樣，如果聯準會官員願意的話，聯準會對資金的控制也可以用來實現某個議程。

巨大權力和有限責任的結合，說明了為什麼聯準會高層官員堅持相對狹隘地解釋央行的角色，即使不斷改變的世界正把它推向新的方向。正如民主黨不希望聯準會根據川普的意見設定利率或向大公司提供後門紓困，共和黨也不希望央行制訂的法規使石油和天然氣公司無法獲得貸款。對聯準會來說，在政治權力周期中保持獨立極其重要。

當被問及二〇二〇年氣候問題時，鮑爾表示：「我們不是一個要評論、辯論和解決當今所有重大問題的論壇。」他指出：「因為我們的職權範圍很窄，而且因為我們堅持國會賦予我們免於直接政治控制的寶貴獨立性。」

謝爾頓可能被任命凸顯出，美國可以放心國會議員會把完全獨立於政治之外視為聯準會官員的基本特質。疫情期間的幾年既強調了聯準會自主權的價值，這種自由使它得以在二〇一八年升息，在二〇一九年降息，並在二〇二〇年救援市場，同時還維繫了公眾的信任，不過，也暗示其潛在的脆弱性。

隨著二〇二一年的開展，新經濟時代正悄悄來臨，這將進一步證明為什麼聯準會已被賦予可以做痛苦選擇的自由。

第十五章　令人不安的一年

聯準會制訂貨幣政策的有效性，取決於公眾對我們會只為他們利益行事的信心。

——珍妮特・葉倫，二〇一七年擔任聯準會主席的最後一次演講

到二〇二一年四月，聯準會的新問題已開始在全國各地的赫茲租車（Hertz）和企業租車（Enterprise）據點浮現。美國人又開始旅行了，於是汽車租賃價格飛速上漲。不久之後，二手車市場也出現價格上漲，然後是家具展示間；接下來，雜貨店的帳單開始攀升。幾乎令人難以置信的是，一反過去二十年來普遍的趨勢，美國和世界發現自己正處於通貨膨脹爆發中。

消費者需求大幅回升，但供應卻難以跟上。由於台灣、越南、中國和世界各地爆發新冠疫情，工廠已間歇關閉數個月。從半導體晶片到自行車內胎和櫥櫃把手，所有東西突然變得

難以買到。對沙發、汽車和電視等商品異常的高需求，使得全球港口和貨櫃船不堪重負，運輸成本隨之飆升。當一艘名為長賜輪的貨櫃船擱淺在蘇伊士運河時，情況更加惡化，主要貿易路線堵塞數天之久。由於公司為海運進口零件支付更高的費用或被迫採用空運（另一個昂貴的選項），它們開始提高釣竿和女裝等產品的價格。

企業提高產品價格並沒有阻止消費。政府的救濟支票和擴大失業保險，讓許多消費者手頭上有比平常更多的現金，而冬天的休眠也讓他們準備好大肆消費。他們願意接受更高的價格。

通貨膨脹的出現恰逢新上任的政府和國會通過數項政策[①]。拜登在二〇二一年一月下旬就職，完成了戲劇性的權力交接；幾個月來每個人都認為政府將面對分裂的國會，但一月五日喬治亞州的第二輪選舉跌破政治評論家的眼鏡，結果是參議院由民主黨控制。這次勝利為新總統提供了通過雄心勃勃的立法所需的支持[②]，拜登迅速採取行動，兌現了喬治亞州選舉期間候選人承諾的新一輪經濟刺激。

拜登政府和民主黨控制的國會通過一項一兆九千億美元的方案，其中包括一千四百美元的刺激支票和向各州提供的資金，以及延長後續的失業保險，這是對川普政府通過的二〇二〇年十二月救援計畫與二〇二〇年三月CARES法案的補充。湧入經濟的資金為許多家庭帶來需要的救濟，也受到那些不真正需要資金的人歡迎。誰不喜歡政府寄支票給他們？

一些民主黨人對政府沒有因為擔心赤字擴大而抑制大規模的救濟感到高興。在利率極低的時代，經濟學家和政策制訂者開始以不同的方式思考政府支出。在一個政府不需要花太多錢來支付利息的世界裡，邏輯越來越變成只為了平衡預算而限制需要的政策協助並不合理[1]。

然而，即使最新一輪的法案在眾議院和參議院獲得通過，一些著名的評論家仍擔心它的規模太大。經濟正在復甦，而法案將把錢低效率地花在短暫的刺激上。許多家庭已從川普白宮通過的兩項紓困計畫累積了積蓄，太多的美元追逐太少的商品可能使價格上漲，而該計畫將使未來花在更重要的基礎設施法案的支出空間變小。

前財政部長、哈佛大學教授勞倫斯・桑默斯，在二〇二一年二月四日的《華盛頓郵報》專欄批評說：「這套總體經濟刺激方案的規模比起正常衰退時期，更接近二戰時的水準，這有可能引發我們這一代人從未見過的通膨壓力。」

他認為，聯準會的新框架在這種隱憂中扮演一個角色，因為它讓央行更不可能對物價上

---

① 值得注意的是川普也一直支持再一輪大額支票。

② 就在這個轉變即將到來之際，川普的支持者暴力闖入國會大廈。計算選票是選舉後程序的一部分，他們試圖破壞它。一月六日的騷亂震驚了全國，凸顯出美國社會日益惡化的深刻分歧以及潛在危險。他們也可能終於打破了梅努欽對總統的忠誠：《美國廣播公司新聞》的喬納森・卡爾（Jonathan Karl）在《背叛》（*Betrayal: The Final Act of the Trump Show*）書中報導，因為這個事件，這位財政部長和其他內閣成員曾討論過援引第二十五修正案把川普趕下台。

漲做出快速反應。

他也指出：「聯準會所做的承諾，以及政府官員甚至否認通膨的可能性，加上要動員國會支持增稅或削減支出的困難，使得通膨預期存在大幅上升的風險。」他呼籲拜登的計畫應該「以既不會威脅未來的通膨和金融穩定，也不會危及我們藉由公共投資重建經濟的能力」的方式來執行[2]。

桑默斯的評論引起廣泛的注意，但也遭到幾乎同樣廣泛的反駁。「這是風險平衡的問題。在我們看來，做得太少的風險遠大於做得太多的風險。」白宮經濟官員賈里德・伯恩斯坦（Jared Bernstein）在二月國會通過該法案時表示[3]。在物價開始上漲的六月，國家經濟委員會副會長莎米拉・法茲里（Sameera Fazili）在簡報中說：「我們預期這些瓶頸本質上是暫時性的，並且會在未來幾週內自行解決[4]。」到了八月通膨仍然居高不下，白宮新聞祕書珍・莎琪（Jen Psaki）表示：「我們仍然預期明年將恢復正常水準[5]。」

但到了二〇二一年秋季，桑默斯已經能夠舉出大量數據顯示他的警告是有先見之明的。通貨膨脹越來越難被視為暫時現象，整體價格和去除食品和燃料等波動較大項目的所謂核心物價，雙雙大幅攀升。薪資迅速上漲，尤其是低薪勞工的薪資，因為僱主很難僱用足夠的服務員、工廠工人和店員來滿足顧客的巨大購買需求。政府的救濟措施是造成失衡擴大的唯一驅動因素。疫情繼續擾亂全球各地的工廠，而人們仍然花大把錢在商品而非服務上，導致產品短缺惡化。當企業面臨成本上升並把它轉嫁給消費者時，它們發現實際上可以收取更高費用進而增加利潤，而不會失去顧客。

即便如此，家庭的支票帳戶上有這麼多錢可以用來購買新家具或度過一個愉快的假期，這顯然助長了需求激增和企業新發現的定價能力。極低的利率鼓勵更多家庭購買汽車或房屋，然後他們可能必須裝修或添購家具並因而進一步刺激消費，所以聯準會的政策也明顯地扮演一個角色。而且這個問題顯然在某種程度上是全球性的，因為許多經濟體同樣有著價格飆升的現象。

隨著物價上漲，消費者信心和拜登總統的支持率也大幅下降。幾十年來通貨膨脹首次成為餐桌上的話題。儘管財政政策沒有重複二〇〇八年的錯誤，當時財政提供的協助太少，導致央行只能靠自己來刺激經濟，但它是否重蹈一九六〇年代末和一九七〇年代的覆轍而造成經濟過熱，仍有待觀察。和當年的情況一樣，答案可能有一部分要看聯準會採取什麼因應對策。

到二〇二一年底，情況變得令央行深感不安。通貨膨脹再起的結果，無疑的將變成對自疫情以來官員制訂的政策方案以及央行新政策框架的公民投票。此外，出乎意料地，央行官員突然必須決定以多快的速度撤回對經濟的支持。

鮑爾和他的大多數同事在二〇二一年的大部分時間都預測，物價上漲將隨著疫情的異常現象逐漸平靜下來，並且把通膨描述為「暫時」現象。鮑爾在那一年的傑克森洞會議上發表演說，列出通貨膨脹最終可能自行消退的原因。他指出，汽車等高價商品的價格快速上漲似乎不太可能持久。更根本的是，在過去十年或更長時間裡，全球經濟體一直處於疲弱的通貨膨脹，而推動這個現象的人口和經濟趨勢並未突然逆轉[6]。

同時他也指出「要達到最高水準的就業還有很大的空間」。這意味對可能很快消退的通膨採取不假思索的政策反應將是個壞主意，可能導致正在復甦的經濟陷於停滯。聯準會已經學到前十年的教訓。

然而儘管鮑爾表現出一種警覺的冷靜，但一些聯準會官員已開始表達對通膨消退幅度太小和太慢的疑慮。他們聽到所在地區的企業談論成本上升似乎可能會持續一段時間，也聽到勞工和工會談論薪資成長，這在過去十年的大部分時間是難以想像的。他們擔心央行將發現自己陷入通膨難以遏制的慘狀。

證據很零星，但理論上如果消費者預期物價上漲速度更快，並要求加薪，可能會引發薪資和物價的螺旋式上漲，從而使央行難以把通膨率降到二%的目標。在每月購買大量政府債券的同時把政策利率保持在最低水準似乎越來越不明智，聖路易聯準銀行的詹姆斯・布拉德幾乎重述了他在二〇一五年的話，他警告「是時候結束這些緊急救援措施了」。

「控制通膨預期將是一項挑戰。」他在七月對彭博電視表示。聖路易聯準銀行總裁並不是唯一主張政策正常化的人。達拉斯聯準銀行總裁卡普蘭和堪薩斯城聯準銀行總裁埃絲特・喬治（Ester George）等其他官員，很快就開始對潛在的嚴重通膨問題發出警告。

到二〇二一年秋天，通膨鷹派甚至連他們最關注充分就業的同事也加入這個行列，即使他們在過去十年的大部分時間都錯了。夏末之後，價格上漲再次加速。租金價格上漲，這很難用疫情的供應問題來解釋，住房成本上升將導致未來幾個月通膨走高。勞動力短缺現象十分普遍，儘管企業和學校完全重新開放以及有些老年勞工退休，許多工人仍徘徊在經濟邊緣。越來越多職業的薪資開始大幅上漲。聯準會一直在努力避免太快撤回支持，但漸漸的危險似乎是取消它們已顯得為時太遲。

聯準會在二〇二一年九月表示可能很快縮減購債規模，而鮑爾在十一月心意更加堅定[7]。十一月底，他承認高通膨令他感到驚訝，聯準會必須更快撤回對經濟的援助。當時聯準會每個月仍購買一千二百億美元的債券，同時藉由維持較低的抵押貸款利率來支持可能過熱的房地產市場，這些措施無異於為通膨火上添油。十一月三十日當鮑爾在國會作證時被問及通膨是否是暫時性的，他列出了通膨可能持續的原因。

「我認為現在可能是收回這個詞的好時機。」他解釋說這個詞曾被廣泛誤解為「短暫的」。事實證明美國在通膨方面的經驗肯定不是如此[8]。不過，收回超級寬鬆的政策需要時間。

柏南克在二〇一三年表示聯準會將開始放緩購債速度，此舉引起全球市場一波震撼和撻伐。沒有人願意在二〇二一年重複這種經歷，央行官員已經學到避免這種波動的最佳方法，是在數週和數個月慢慢釋出明確的政策改變訊號，讓投資人適應改變。此外，官員們認為他們必須維持信譽。聯準會曾承諾以特定方式制訂政策，例如購買債券直到看到經濟取得實質進展，如果它想讓市場相信未來類似的承諾，就必須兌現承諾。

在利率方面，聯準會官員曾於二〇二〇年九月承諾，在經濟恢復充分就業前不會升息，而政策制訂者幾個月來一直表示勞動力市場還未達到這個水準。到了秋季，他們開始修改說法，暗示升息可能會比之前的預測早。

鮑爾在十一月的記者會上表示：「復甦初期的誘惑是看著二〇二〇年二月的數據，然後說，好吧，這就是目標。我們現在的情況完全不同，通膨居高不下，我們必須與就業市場的情況一起做平衡的考量。」

聯準會遲遲才退出寬鬆貨幣政策的原因，不只是政策作法固有的謹慎慣性[3]。聯準會官員對於對二〇二一年不斷改變的環境反應猶豫不決，部分原因是他們已習慣於把自己視為美國經濟的核心參與者。他們是在伏克爾對抗通膨的戰爭期間開始扮演這個角色，並在二〇〇八年危機後，推動經濟復甦中發揮主導作用時進一步強化它。

鮑爾於二〇二〇年八月公布的框架宣告充分就業是一個「廣泛且包容的目標」，並把聯準會的通膨目標改成長期的平均水準，但新框架本身並沒有承諾在物價上漲時聯準會應該減少對經濟的支持。聯準會選擇的執行方式又是另一回事。當聯準會在二〇二〇年九月承諾在勞動市場沒有康復前不會升息，其假設是需求不足仍會是這個時代的問題。它沒有預料到二〇二一年春季的支出計畫或干擾全球的供應鏈危機，因此也沒有預料到旺盛的需求和普遍的短缺碰撞時會導致通貨膨脹。簡而言之，政策制訂者沒有考慮到聯準會無法控制的力量，在就業完全恢復前持續加速通膨的可能性。

如果聯準會更快意識到通貨膨脹是真的，會有幫助嗎？到了二〇二一年底這已是一個開始讓各國央行官員不安的問題。提前幾個月減少債券購買和升高利率，並不足以迅速減緩需求以因應已經形成的供應鏈混亂，而更高昂的資金成本顯然無助於讓面對半導體晶片短缺的汽車公司生產更多汽車。但更快的反應可能可以開始減緩需求並改變經濟關鍵部門的行為（尤其是房地產），從而降低通膨持續的可能性。央行的不作為可能沒有大幅改變經濟歷史的進程，但肯定對局勢沒有幫助。隨著二〇二二年接近，鮑爾和他的同事似乎可能更加積極地撤回政策支持，因為他們已經在對抗物價上漲方面行動太慢。

聯準會的政策仍然有其效用，對抗通貨膨脹的需要可能會使它再次成為核心。但在一段

---

③ 聯準會最後一直購買債券直到二〇二二年三月，並且到了二〇二二年夏季尾聲才把利率提高到它預期不會再刺激經濟的水準。

短暫而重大的期間，美國央行卻成為經濟的焦點。

在明尼亞波利斯，卡什卡里一方面對復甦因應措施的成就感到自豪，一方面則對快速上升的通膨感到憂慮。他已回到辦公室工作，那裡擺滿了有關亞伯拉罕・林肯和內戰將軍尤利西斯・格蘭特的歷史書，而不是一般聯準銀行總裁較常擺的經濟學書籍。在二〇二一年十一月下旬天氣寒冷的一週期間，他在他莊嚴的辦公桌與明尼亞波利斯地區的大型僱主舉行電話會議。

有一個傳聞讓他特別擔心。一家僱用大量員工的公司表示，公司工會因為最近的通貨膨脹而變得更加大膽。它通常要求在三到五年內加薪三％，但現在它要求每年加薪一〇％。

如此大幅度的加薪無疑的會促使公司向顧客收取更高費用以支付成本。卡什卡里長期以來把自己定位為勞工捍衛者，但就連他也擔心大規模的疫情救援方案和通膨快速攀升可能開始改變人們的行為，進而使物價的快速上漲持續下去。

政策制訂者成功地避免重蹈二〇〇八年的覆轍，正如卡什卡里所希望的那樣。這並不意味著他們沒有製造新的錯誤，事後看來，鮑爾投票反對聯準會二〇二〇年九月政策指引的理由似乎是錯誤的。聯準會二〇二一年的問題並不是因為畏懼通膨的鬼魅而過早阻止勞動市場復甦。他在那次投反對票時說，通膨可能會開始長期存在的說法是一個「鬼故事」，然而每新增一項數據似乎都增添一項它似乎不是短暫現象的證據。

這是貨幣政策永遠的挑戰。當你開始相信自己已經知道經濟下一步會怎麼走時，它就會開始出乎你的預期。

隨著通貨膨脹加劇，民眾和企業在聯準會的外展會議上表達的擔憂開始發生轉變。生活成本上升和供應的不確定性，已取代就業成為主要問題。在紐約聯準銀行二〇二一年十一月舉行的聯準會傾聽活動中，小型企業和勞工團體指出，升高的糧食不穩定性和房價攀升是社區面臨的問題。在聯準會漫長的歷史中，勞工通常要求聯準會專注在就業上，早在聯準會一九一三年創立之前，勞工運動就認為寬鬆的貨幣政策有助於他們的目標。但有強勁的就業市場而沒有相對穩定的物價，感覺就像是一場空虛的勝利。如果你的薪資上漲無法跟上房租和雜貨帳單，那對你有何助益？消費者信心開始重挫。蓋洛普的調查顯示，通膨躍居美國最令人擔心的問題之首。對許多人來說，經濟狀況已比高失業率時期還糟。雖然失業嚴重影響了一部分人口，但通貨膨脹卻侵蝕幾乎每個人的薪資和儲蓄（幾個月後，隨著俄羅斯在烏克蘭的戰爭開打，食品和燃料價格大幅上漲，加劇了通貨膨脹，食品分發站和施粥所再度大排長龍，因為窮人特別感受到他們無法跟上日常必需品的成本上漲速度[10]）。

不過，儘管價格上漲造成極其真實的問題，鮑爾和他的同事認為，如果二〇二〇年三月的拋售潮演變成類似二〇〇八年或一九三〇年的金融危機，經濟的情況可能遠為糟糕。到二〇二一年底，失業率預期將恢復到危機前的水準，職缺數量超過求職人數。雖然薪資跟不上物價上漲的幅度，但仍在上漲，而且軼聞證據顯示，員工在有關福利的談判佔了更多上風。

鮑爾在二〇一九年底訪問的東哈特福德，是經濟仍不完美、但感覺充滿機會的地方之一。

在聯準會傾聽活動中與聯準會主席交談過的高中畢業生潔思敏・阿亞拉仍在普惠公司上夜班，這是她在整個疫情期間一直維持的工作。她用自己賺來的錢交學費，花時間在課堂上學習犯罪學，同時也取得了銷售房地產的證照。她忙碌到以至於很少賣房屋，但一旦賣出房屋就有一筆不錯的意外之財。

這場疫情擾亂了她成年初期的生活，但並沒有讓她的生活脫軌。她和她的朋友們都找到工作，開創職涯，善用了這段勞工似乎有優勢的時期。她說新冠疫情爆發對她的社區來說是可怕的時刻，但並不是世界末日。

像東哈特福德這樣的邊緣社區，可以從近乎完全的經濟關閉中恢復過來，雖然遭到衝擊，但相對沒有受到太大影響，人們仍陷於困頓，但偶爾也取得勝利，這要歸功於華盛頓前一年推出的政策。鮑爾領導的聯準會、國會以及財政部提供的全面救助，確保了許多公司賴以取得資金的信用市場，使它們能繼續僱用人員並生產商品和提供服務。支票和失業救濟金使家庭在財務上有消費的餘裕。這種結合確保了像阿亞拉和她朋友這樣的人不致於對未來感到絕望。不同於二〇〇九年高中畢業的人相信經濟衰退將很快結束，結果卻是多年疲弱的經濟帶來的低薪和壓榨的僱主，如今阿亞拉這一代人面對的是經理人急於僱用且極力留住他們的情況。

與上次經濟衰退時期相比，聯準會採取更快的行動來阻止金融市場受到損害，部分原因是這場危機大不相同，而另一部分則是人們對早期災難的記憶猶新。先前的經驗為央行提供了因應的工具和誘因，政府支出有助於維持家庭免於衝擊。

這並不意味二〇二〇年的方案完全有效，即使是不考慮造成通膨快速上揚的明顯缺陷也是如此。在與聯準會無關的國會直接支出計畫方面，這些資金雖被廣泛分配給家庭和大小企業，但往往是為了快速或達成政治目標而效率低落，無法滿足實際需求。如果深入稽核將發現巨額資金被詐騙。不管政府的因應措施有多好，國會和聯準會的救援都不足以讓遭到疫情徹底打翻的企業渡過難關，因為這場瘟疫似乎將持續數年而非幾個月就會過去。整體的破產數字出乎意料的低，但城市中心空蕩的櫥窗，明確顯示一些公司已經無以為繼。

紐約西村燕麥餐咖啡館的薩曼莎・史蒂芬斯，終於在二〇二〇年十二月下旬面對現實：她不得不關門。這家公司不斷虧錢，曼哈頓下城已經沒有人外出吃早餐，辦公室外燴訂單已成為遙遠的記憶。紐約大學的學生曾經是穩定的需求來源，現在還只是慢慢恢復中。

史蒂芬斯最後獲得了她在三月申請的紓困和可豁免的薪資保護計畫貸款，但它們也只提供一段時間的協助。桂格燕麥公司曾注意到她有一個群眾募資網頁，並捐贈了二萬美元。然而隨著她的租約在一月到期，而銷售額只有疫情爆發前的二五％，她發現已經無法堅持下去。如果為了拯救這艘正在下沉的船，她勢必進一步深陷個人債務。她警告了剩下的兩名員工，並試圖幫助他們尋找新工作。她找到了一個存放餐廳設備的空間後，開始自己求職，並應徵一家食物雜誌編輯的兼職工作，也續簽了桂格公司的供稿合約。

「這不是一個輕鬆的過程。我愛我的店，我很傷心，但我必須接受現實。」二〇二一年一月初（停止營業之前三週），她打烊後在紐約市潮濕的黃昏裡走回家時對著電話說。

她認為從財務上來說這是正確的選擇，但就個人而言，這並不容易。當史蒂芬斯告訴一位老顧客她要把店關掉時，一股難以承受的失落感襲上心頭。這是她的夢想，她曾經憑著自己的努力和創造力實現了夢想。如今這個夢想破滅了。

「我還在我的員工面前痛哭失聲。」她說。儘管政府做出一切努力，疫情時代仍將留下經濟的傷痕，包括燕麥餐使用的空蕩店面。

除了通膨出人意料的快速攀升和美國商業的樣貌巨變外，疫情還帶來了另一個遺產。在無限制的救援計畫推出後，部分市場看起來充滿了令人擔憂的泡沫。二〇二一年初出現一個轟動的例子。

「我喜歡這檔股票。」別號咆哮小貓（Roaring Kitty）的 YouTube 投資人基思・吉爾（Keith Gill），在二月的眾議院金融服務委員會虛擬聽證會上對議員說。他通常在額頭上纏一條頭巾，但他在與國會的視訊會議上放棄了頭飾，改繫一條領帶。

吉爾和美國各地的投資人在之前幾個月向遊戲商店遊戲驛站（GameStop）股票投入了大量資金，導致價格急劇上漲，最後終於出現雲霄飛車般的下跌。它和其他迷因資產引起國會注意，例如比特幣和連鎖電影院AMC的股票，正如羅賓漢（Robinhood）應用程式和其他平台上小額交易的爆炸式成長也是如此。一般投資人已開始參與涉及選擇權、融資交易等複雜的交易，甚至發起與避險基金對作的群眾募資。在遊戲驛站的例子裡，Reddit論壇的小額投資人發動一項阻擋華爾街基金放空該股票的計畫。

在國會聽證會一份以「遊戲停止了？」為題的備忘錄中，該委員會宣稱這個事件引發一些「重要問題」，即「技術和社交媒體的發展是否超越了監管，導致投資人和市場暴露在不必要的風險之中」[11]。

這個現象的參與者會告訴你，二〇二一年成為全國大新聞的迷因股票在某種程度上確實可以追溯到聯準會。「Ty Jpow」（翻譯：謝謝你，傑洛姆．鮑爾）的貼文在這個現象的核心Reddit討論版WallStreetBets上頻繁出現。迷因到處流傳，許多人截取聯準會新聞發表會的真實CNBC畫面，並在鮑爾說話的地方疊上了「鮑爾：F***你的賣權」的字眼（華爾街人士的翻譯：鮑爾的政策不利於賣出選擇權賣權，這對持有股票的投資人在下跌時提供保護。只要鮑爾還在，股市就永遠不會下跌）。寬鬆的貨幣政策把安全債券的利率保持在極低的水準，驅使投資人投資風險較高的資產以獲得更高的報酬，進而推高了股價。到二〇二一年，似乎整個網際網路都了解到了這個現實。

聯準會因應疫情而採取低利率和大規模債券購買措施，所導致的體系弱點之一就是股市泡沫。而且它遠非唯一的弱點。

聯準會幕僚在二〇二一年十一月的政策會議上告訴官員們：「在強勁的盈餘預期、仍處於較低水準的公債殖利率，以及高風險偏好的支撐下，股價持續上漲。」貨幣市場共同基金也仍然易受贖回潮影響，這類贖回潮已迫使聯準會在十二年內兩度干預。聯準會幕僚解釋說，避險基金的債務是二〇二〇年三月部分市場崩盤背後的禍首，如今已再次膨脹至「值得注意」的水準，特別是在最大的業者的情形更是如此。疫情爆發後許多公司已減少債務，但商業貸款規模仍然龐大且情況不妙。

疫情初期的崩潰不是任何人的錯。這並不代表救援行動沒有製造、或至少強化一個先例，即金融市場參與者知道如果情況惡化，聯準會就會從旁提供協助。如果不改變監管，很可能未來的危機都將需要同樣的救援。證券管理委員會和葉倫的財政部已開始研究如何使體系更具韌性，並特別專注在貨幣市場基金。這些改革會不會比二〇〇八年後全面、但事實證明不完善的改革更成功，仍有待觀察。

國會在二〇二〇年和二〇二一年採取的應對措施，也使政府的債務超過二十八兆美元，相較於疫情爆發前只有約二十三兆美元。儘管最近的歷史表明，沉重的國家債務未必是政治人物和評論家經常聲稱的災難，過去數十年日本的債務佔GDP的比率還高得多，卻沒有陷入任何重大危機，美國累積如此高的債務至少部分原因是假設未來幾年利率將維持在低水準。如果通膨持續走高，聯準會將必須大幅提高借貸成本來遏制通膨，進而升高政府發行或延續債務的成本，使美國的利息支付增加，並可能促使反對高赤字的國會議員阻擋其他類型的支出。隨著低利率的結束，鮑爾給南希・裴洛西的建議（更大的規模）可能突然變得不明智了。

隨著二〇二一年底接近，出於政治和制度的原因以及越來越明顯的經濟原因，夸利斯開始擔心聯準會在疫情期間所做的努力所帶來的影響。夸利斯的任期已剩下沒幾天，而拜登的勝選，幾已確定他的四年任期於二〇二一年十月屆滿時不會再次被任命。儘管夸利斯曾考慮過繼續擔任理事的可能性，但他在十一月宣布將在次月全球金融穩定委員會主席任期結束時辭職。當他思考他的繼任者將面臨的挑戰時，他忍不住憂慮聯準會在試圖拯救國家的過程中出賣了自己的靈魂。

從埃克爾斯的時代起，央行大多數時候把自己視為金融艱困時期廣泛的最終貸款人。它的工作是保持金融體系運轉，在沒有其他資金可得的情況下，它將為各種機構提供最終的寶貴資金來源。二〇〇八年的銀行紓困計畫背離了這個原則，但國會認為這是一種異常狀況，並且已迅速採取行動以確保不會歷史重演。二〇二〇年的危機讓聯準會扮演了更積極的角色，從支撐市場轉向支持市場內部的信貸流動，而國會似乎不但不限制這些權力，反而舉雙手贊成並進一步將其擴大。

夸利斯擔心，現在政治人物會把央行視為向特定選民提供協助的管道，而且不經過辯論和協商。聯準會可能成為一個新的、權力極大、非經選舉產生，但帶有政治色彩的機構。

夸利斯在離開聯準會前發表的演說中警告：「不可避免地會有一些人有宏偉的計畫，但對民主問責缺乏耐心，他們會開始問，為什麼聯準會不能為翻修老舊的基礎設施提供資金，或為修建邊境圍牆融資，或購買數兆美元的綠色能源債券，或承諾提供火星殖民計畫資金。」

雖然他的擔憂與圖米和梅努欽在二〇二〇年底結束這些計畫時說的話相呼應，但夸利斯顯然不認為迅速關閉這些機制足以封住救援公司債市場的潘朵拉盒。主街計畫、市政貸款計畫以及更廣泛的危機應對措施已被動用（有理由懷疑它們可能會再次被使用。聯準會在結束市政計畫後的幾個月仍繼續研究如何改善，以便未來可以再度啟動，它將可以按照一個指數公式購買債券，類似於公司債計畫的作法。團隊既然已經展開工作，所以他們認為乾脆把它做完。即便如此，改善一個沒有人認為會復活的計畫實在沒有意義）。

夸利斯警告說，政治壓力可能「使我們從一個技術官僚性、擁有重大但焦點明確的使命，並在追求這個使命的過程擁有巨大自主權的非政治機構，變成美國政治糾葛最嚴重的組織」。

鮑爾受到的考驗是通貨膨脹以及聯準會在疫情艱困時刻採取因應措施引發的種種問題。他擔任聯準會主席的四年任期即將結束，如果他希望繼續留任，就必須獲得拜登總統的重新任命，而這會不會發生還不清楚。

鮑爾的機會和聯準會內部的和諧在那個秋季都遭到打擊。就在重新提名程序開始之際，《華爾街日報》記者邁克爾・德比爆出一則有損聲譽的報導。不久前提交的財務申報資料顯示，曾深入參與聯準會救援計畫設計的達拉斯聯準銀行總裁卡普蘭，在二〇二〇年交易了數百萬美元的股票。隨著其他聯準會記者開始更深入挖掘這些新聞，他們發現他還進行了期貨交易，且基本上是押注聯準會的行動將決定的股市方向。

彭博社發現波士頓聯準銀行總裁羅森格倫在二〇二〇年也交易了房地產證券，而聯準會的行動對該市場產生了巨大影響。這家媒體隨後指出，聯準會副主席克拉里達在鮑爾二〇二〇年二月宣布聯準會將因應新冠疫情風險的前一天，把他的投資組合重新調整為偏重股票④。

這些交易造成惡劣的公眾印象：官員似乎有可能利用他們的特權地位來謀取自己的經濟利益。卡普蘭和羅森格倫首先保證，將投資共同基金等性質較廣泛的標的，然後隨著公眾

④《紐約時報》後來報導，根據更正後的政府報告，克拉里達在買入該股票基金的幾天前才出清該基金，引發人們對這是否稱得上他最初解釋該動作為「計畫中的調整」的嚴重質疑。後來的一項聯準會監督報告排除他涉及不當行為，但未解釋他為什麼進行該交易。

憤怒的加劇，兩人相繼辭去職務。羅森格倫的理由是他的健康狀況，卡普蘭則在聲明中表示「近日對我的財務申報的關注可能分散我的注意力」[12]。

聯準會的道德監督機構對這幾位總裁和克拉里達展開了調查，鮑爾迅速轉入損害控制模式。他在九月的聯準會會議後的記者會上說：「聯邦公開市場委員會沒有人樂見有人處於這種情況和面對這些質疑。這對聯準會來說是一個重要時刻，我決心我們會挺身面對這個時刻。」

聯準會未有效監督官員立即招來公眾和國會山莊的強烈抨擊。當《紐約時報》報導理事會已警告官員們不要在二〇二〇年初進行交易時，伊莉莎白・華倫在十月二十一日發出一封措辭嚴厲的信，要求提供有關事件和為什麼容許發生這些情況的更多訊息。聯準會官員顯然已對可能的公眾觀感和實際問題保持警惕，但還是繼續進行交易。同一天聯準會宣布一項新道德準則，開始禁止其政策制訂者積極交易除了最保守類別以外的所有投資[13]。以聯準會的標準來看，這項內部的檢討措施快得令人稱奇。

儘管採取了迅速的修補措施，但聯準會官員漫不經心做一些明顯有問題的事反映出該機構的文化。對許多人來說，它凸顯了聯準會的菁英形象，甚至可能是自私自利的形象。這樁醜聞一時似乎可能威脅到鮑爾和布雷納德的機會，因為這兩人原本可以阻止或至少勸阻這些活動。

諾貝爾獎得主、自由派經濟學家約瑟夫・史提格里茲（Joseph Stiglitz）寫了一篇評論文章說，醜聞是鮑爾必須下台的原因之一。

史提格里茲寫道：「長期以來，我一直擔心鮑爾對利益衝突似乎不太敏感，包括在管理聯準會的一些疫情應對計畫上。川普執政四年已經削弱人們對美國許多機構的信任，對聯準會清廉的信心很可能也進一步遭到削弱。」[14]

除了醜聞引發的反對外，反對鮑爾連任的許多論點都圍繞著一個主軸：他在使用聯準會權力上不夠積極。他為聯準會促進勞工的利益方面做了很多事，即使是他最刺耳的反對者也得勉強承認，但他並沒有反對夸利斯放鬆金融監管的運動。

伊莉莎白・華倫表示：「重新提名你就意味我們必須賭賭看：在接下來的五年共和黨人會不會在聯準會佔有多數席位，以及會不會有一位經常投票支持放鬆華爾街監管的共和黨主席，會不會再次把經濟推下金融懸崖。」這位很有影響力的麻州參議員九月在參議院作證時告訴鮑爾。

進步派人士指出，鮑爾支持二〇二〇年的巨額財政支出，但他遲遲未利用聯準會的權力來阻止氣候變遷。儘管他迅速救援了央行以前從未救援的市場，但為小公司和地方而非華爾街服務的計畫，並沒有像一些民主黨人希望的那樣達成目標。當夸利斯對央行逾越的界線感到擔憂的同時，一些民主黨人則認為，如果信心更堅定些就可能突破界線的障礙。

有關鮑爾的爭論終歸是一場關於聯準會應該扮演什麼角色的爭鬥。從馬里納・埃克爾斯時代以來，美國央行是否注定要成為一個安靜的經濟木偶操縱者，嘗試制訂廣泛的政策和著眼於整體經濟，並試圖盡可能不干涉私人部門？或者它作為政府的一個強大部門更能為公眾謀福利，利用其權力來幫助推進去碳化和為州及地方政府提供低廉融資等目標？聯準會應該狹隘地遵循法律和傳統，還是應該在政治人物難以通過經濟政策時挺身提供幫助，填補民主程序的空隙？

這是夸利斯等人長期以來主張的不插手經濟賦能，與許多進步人士和布雷納德某種程度默默支持的⑤更直接追求公益目標之間的哲學分歧。

正如經常出現的情況，鮑爾的立場介於兩者之間。

⑤ 布雷納德在許多中央銀行議題上採取中間偏左立場，例如，她一直熱烈支持讓市政計畫像公司債計畫一樣慷慨，但她一直沒有努力爭取一些進步派想要的支出式計畫。同樣的，她希望確保銀行了解氣候風險，但沒有公開敦促利用氣候壓力測試作為阻止銀行向石油和天然氣公司貸款的工具。

後記

我們沒有人能奢侈地挑選我們的挑戰，命運和歷史已為我們做好安排。

——傑洛姆・鮑爾，二〇二〇年四月九日演講

拜登總統在二〇二一年感恩節前、一個陽光明媚但充滿活力的週一宣布，他將讓鮑爾繼續執掌聯準會四年，只待參議院的批准，他提到美國在從疫情封鎖中復甦取得了驚人的進展。白宮在公布這個決定的聲明中表示：「我們在讓經濟復甦和讓美國人重返工作方面取得了巨大進展。」這個結果「驗證了鮑爾主席和聯準會為緩解疫情影響、讓美國經濟重回正軌而採取的果斷行動」。

有關重新任命的考慮已經拖延了很長時間，使評論家猜不透拜登究竟會選擇鮑爾、布雷納德或其他人來擔任這個職位。

從某些方面看，這項決定為疫情初期的經濟政策畫下休止符。梅努欽早已離開政府，重回金融界累積他的財富。他於二〇二一年中創立一個二十五億美元的投資基金，很快從沙烏地阿拉伯主權財富基金募得資金，這筆交易與他的政府工作密切相關，以至於看起來有點像是賄賂。這導致一些道德專家建議美國應該規定，高階政府官員在重回與其公共經驗有關的私人工作前應有強制的冷靜期[1]。

從二〇二〇年大選後就很明顯的是，同樣由川普任命的聯準會副主席克拉里達，在任期於二〇二二年初屆滿將不會贏得連任。在大選後到夸利斯十一月宣布將從聯準會退休的這段期間，拜登有機會改組在華盛頓的聯準會領導團隊，任命全部三位最高領導人和至少三位新理事。

事實上，夸利斯決定離開可能增加了鮑爾的機會（這個現實情況影響了夸利斯決定是否辭職的想法）。進步派的《美國展望》雜誌記者羅伯特・庫特納（Robert Kuttner），在夸利斯宣布退休後寫道：「這會引發骨牌效應，即使拜登繼續讓鮑爾擔任主席，他也還能任命大多數聯準會理事[2]。」

拜登在宣布決定留任鮑爾的同時，也宣布將提拔布雷納德接替克拉里達擔任副主席，成為聯準會的第二把交椅。川普在二〇一七年選擇鮑爾，作為白宮延續前任葉倫的方針而不保留民主黨人的方式。拜登並沒有採取類似的策略，以他親密的民主黨盟友布雷納德取代鮑爾，因而強化了聯準會與黨派政治程序的分隔。在歷屆政府中保留有能力的聯準會主席的傳統再次復活。相較於過去幾年聯準會的獨立性岌岌可危，如今它至少暫時再度得到彰顯。

拜登的決定並不像它原本可以有的那種政治擴展性。他曾承諾讓聯準會看起來更有美國特性，也曾表示將繼續提名其他人進入理事會，包括經濟學家麗莎・庫克（Lisa Cook）與菲利普・傑佛遜兩位黑人，他們將使聯準會的領導團隊比以往更加多樣化。鮑爾和布雷納德共同建立了優先照顧勞工的聲譽，這也是拜登政府為央行設定的另一個目標。

白宮在新聞稿中解釋說，「鮑爾和布雷納德與拜登政府一樣致力於確保經濟成長能廣泛地惠及所有勞工」，並稱聯準會的框架檢討是一項對其優先順序的「里程碑式」的重估。但這種以勞工為中心的立場正面臨考驗，因為這意味聯準會必須有一位超越政治且獨立的領導人。通貨膨脹籠罩這次選舉，正如它籠罩當時華盛頓的一切事物，這是選民和政治人物心中最大的擔憂。就鮑爾的中間派形象而言，正是這種中立性使他能夠把事情做好，而且他擁有意識形態上的靈活性，這將使他願意加息並壓抑就業市場，以減緩經濟成長和恢復物價穩定。隨著成本以幾十年來最快的速度上漲，務實主義似乎將成為一項必備的美德。

鮑爾和布雷納德搭檔在某些方面類似他們久遠之前的前輩埃克爾斯，他們都能在社會分歧嚴重的時期權衡輕重而跨越意識形態界線；他們都在經濟上享有特權，但都強烈認同國家的成功取決於確保廣泛地分享機會。兩人都曾在危機時刻傾力協助經濟，而且都讚揚充分就業的好處，但隨著二〇二二年的到來，他們都重新調整方向以應對高通膨。

簡而言之，這些聯準會高階官員知道他們周圍世界的善變，而良好的政策需要思想上的靈活性，即使僵化的想法支配了媒體和輿論版面也必須如此。

他們在其他方面與埃克爾斯有明顯的不同。鮑爾和布雷納德是相對圓滑的運籌者，而埃克爾斯則拙於社交（埃克爾斯的傳記作者兼朋友西德尼・海曼〔Sidney Hyman〕曾說：「作為一個生來就不知和平為何物的人，他不是一個好相處的人。」[3]）。更重要的是，埃克爾斯認為失業、通貨膨脹和銀行監管應該是央行狹隘的職權範圍。歷史迫使聯準會在現代扮演更廣泛的角色：由於影子銀行和廣泛金融化的興起、氣候災難的展開，以及新技術的誕生，聯準會領導人必須面對的問題與大蕭條後掌握大權的主席所面對的截然不同。

鮑爾、布雷納德和他們的同事在二〇二〇年和二〇二一年，證明了聯準會的權力可以用來解決比過去沒有人想像到的更多社會挑戰，在災難來臨時，聯準會的雨露將均沾大多數的族群。

但疫情的時代也凸顯出，央行政策並不是解決所有社會問題的理想方法。主街中型企業計畫一直難以協助廣泛種類的借款人，聯準會嘗試藉由刺激經濟來協助勞動力市場迅速且廣泛的回升，它的大規模購債和長期維持超低利率，至少可能助長了通貨膨脹的上揚，這個錯誤迫使官員們更迅速、甚至可能破壞性地採取行動以遏制物價進一步上漲。正如二〇二一年所顯示的，聯準會維持充分就業和物價穩定的傳統職責，仍然不是一個可以輕忽的挑戰。

鮑爾和布雷納德在疫情危機後如何重新建立聯準會的界線，將塑造聯準會的未來並進而塑造美國的未來。他們如何詮釋和重新詮釋他們的新框架，將決定通膨何時能獲得控制，以及勞動力市場在過程中遭受多大傷害。鮑爾曾推動聯準會重新思考低利率、低通膨時代的政策，結果卻換來那些條件的迅速改變。現在央行需要確定高通膨是一個暫時階段，還是一個需要聯準會進行另一次演變的新環境。

埃克爾斯在一九七七年去世，但他的聲音藉由他的演講和著作流傳到二十一世紀。當他的繼任者展望不確定的未來時，他回憶錄的後記也許是他留給他們的重要建議。埃克爾斯曾希望美國央行能在艱困時期刺激需求，但也準備在必要時抑制經濟。他希望聯準會了解自己的權力，但也了解它的限制。

埃克爾斯寫道，央行的「行動很少受到歡迎」。「如果它要成功地完成使命，它的組成需要強大的內部力量，它的行動需要巨大的勇氣，還有公眾和國會對央行在我們民主資本主義社會中應扮演的角色有足夠的了解。」

致謝

感謝你閱讀我的書。我希望你在了解鮑爾和他的團隊的冒險經歷時，得到與我觀察和撰寫他們經歷時一樣的樂趣。

我將永遠感謝Steve Merelman，他閱讀並評論《透視聯準會》的幾乎每一行。我的經紀人David Black從一開始就提供我卓越的指導和寫作的回饋。Andrew Miller、Todd Portnowitz以及Knopf的整個團隊都是一流的編輯。Jim Tankersley、Ben Casselman、Jason Furman、Deborah Solomon、Kaleb Nygaard、Peter Conti-Brown、George Selgin、Tori McClemens、Tim Teresczuk、Jeremy Kress、Lev Menand以及許多其他不願透露姓名者閱讀了部分內容，或協助查核內文並給我有用和需要的回饋。在研究和寫作過程中，Neil Irwin扮演孜孜不倦的導師並指引我。Matt Boesler針對偶見的深澀主題提供了有價值的閱讀建議。Victoria Guida和Brian Cheung提供了持續的道德支持。

如果沒有聯邦準備系統、學術機構和智庫的許多政府官員和歷史學家提供的資訊和回饋，本書不可能完成。

《透視聯準會》是我擔任聯準會記者期間的產物，雖然我感謝眾多導師使這些年的報導成為可能，但我只舉出其中幾位。Chris Roush幫助我進入了商業新聞領域；Tom Keene指引我走向經濟學；Craig Torres帶著一位對聯準會一無所知的二十三歲記者與鮑爾和布雷納德會談。Deborah Solomon、Elisabeth Bumiller Ellen Pollock帶我進入《紐約時報》，並讓我相信沒有所謂太深入的報導以及讓人卻步的專案。

我感謝許多朋友和家人（媽、爸、Salina、Liz、我的Steamboat夥伴），他們在過去幾年裡聽了無數有關寫書的軼聞。最重要的是，我要感謝我丈夫Peter Newland，在我寫這本書的幾個月他一直是我的顧問和啦啦隊長。我很幸運能有他作為夥伴。

4. Network of Central Banks and Supervisors for Greening the Financial System 2017.
5. J. Carney 2019.
6. Jeffrey Leonard Obituary 2018.
7. Dmitrieva 2019.
8. Brainard 2019.
9. C-Span 2019b.
10. Roche 2020.
11. Federal Reserve 2020i.
12. Smialek 2020p.
13. Kuttner 2020.
14. Iwayemi et al. 2020.
15. Quarles 2021.
16. Brainard 2021.
17. Schroeder and Hunnicutt 2019.
18. Brainard 2020.
19. Smialek 2020d.
20. Smialek 2020c.
21. Long 2019.

第十五章 令人不安的一年

1. Blanchard 2019。當時是Peterson Institute for International Economics經濟學家的Olivier Blanchard曾引人注目地提出這個論點（理論上與拜登的方案無關）。它的一個更極端的版本出現在現代貨幣理論，主張真正有意義的支出限制是實質的限制：經濟可以在不造成通貨膨脹的情況下生產多少。Stephanie Kelton討論該主題的書《The Deficit Myth》在二〇二〇年出版時出人意料地成為暢銷書。
2. Summers 2021.
3. The White House 2021a.
4. The White House 2021b.
5. The White House 2021c.
6. Powell 2021a.
7. Smialek 2021c.
8. Cheung 2021.
9. Powell 2021b.
10. 到二〇二二年七月，地方媒體報導美國各地許多城市的施粥所使用人數增加。
11. FSC Majority Staff 2021.
12. Smialek 2021d.
13. Smialek 2021e.
14. Stiglitz 2021.

後記

1. Kelly 2021.
2. Kuttner 2021.
3. Hyman 1976.

銀行監管人員應該如何考慮貸款（九月）。

4. Federal Reserve 2020h.
5. Smialek 2020k.
6. Timiraos and Davidson 2020.
7. Rosalsky 2020.
8. Smialek 2020l.
9. Scigliuzzo and Johnsson 2020.
10. Campbell and Wessel 2021。布魯金斯學會的研究人員後來針對該計畫寫道：「儘管市政債券流動性機制（Municipal Liquidity Facility）的使用率較低，但研究顯示提供該計畫對緩解投資人憂慮和穩定市政債券殖利率上非常有效。」。
11. Pressley and Ramamurti 2020.
12. Itkowitz and *Call* Washington Bureau 2010.
13. McConnell 2020.
14. Cohen and Hsu 2020.
15. Casselman 2020.
16. Barro 2020.
17. Jones 2020.
18. Biden 2020.
19. Guida 2020.
20. Smialek and Rappeport 2020b.
21. Timiraos 2020d.
22. Mnuchin 2020c.
23. Swagel 2020.
24. Mohsin 2020b.
25. Rappeport and Smialek 2020b.
26. Rappeport and Smialek 2020b.
27. "Katie Porter Criticizes Mnuchin for 'Play- acting' as a Lawyer" 2020.
28. Sykes 2020.
29. Ramamurti 2020.
30. Fed Up Campaign 2020.
31. 負責市政債券計畫的Kent Hiteshew在九月的國會聽證會上表示：「我們的任務是扮演實現這些目標的後盾貸款人，而不是取代私人資本的第一站。」
32. Rappeport and Smialek 2020a.
33. Cochrane and Smialek 2020a.
34. Cochrane and Smialek 2020b.
35. Mnuchin 2020d.
36. Cochrane and Smialek 2020b.
37. Federal Reserve 2020c.
38. Powell 2020b.

第十四章 危機悄然接近

1. McKie 2012.
2. M. Carney 2015.
3. European Commission n.d.

19. Semega and Kollar 2022。例如，請參考人口普查局制訂的吉尼指數衡量標準。吉尼係數是所得不均的統計指標：「零」代表完全平等，「一」代表完全不平等。多年來它持續升高。
20. Federal Reserve 2021a.
21. "Distributional Financial Accounts" 2021。聯準會的分配金融帳戶顯示，到二〇二〇年底，財富頂層一%的人持有十八兆六千億美元的公司股票和共同基金，約佔總財富的一半。相較之下，底層五〇%的財富擁有者持有二兆二千億美元的這類證券，約佔總財富的六%。
22. FSC Majority Staff 2022。雖然住房業團體經常指出，機構投資人仍然只擁有單戶住房市場相對較小的比率，但它們的足跡在二〇〇八年危機之後一直在擴大，特別是在美國的陽光帶。二〇二二年國會對這個現象做的調查提供了很好的背景資料。
23. Rennison 2021.
24. Smialek 2021a.
25. Federal Reserve 2011.
26. Fisher 2014.
27. Smialek and Laya 2017.
28. Fed Listens Panel 2019.

第十二章 轉向關注充分就業

1. Riley et al. 2002.
2. Smialek 2019a.
3. C-Span 2020a.
4. Markets Desk 2020.
5. Carney and Brufke 2020.
6. Timiraos 2020c.
7. Siegel 2020.
8. Smialek 2020m.
9. Beckworth et al. 2020.
10. Federal Open Market Committee 2020.
11. Derby 2020。卡普蘭也擔心多年的零利率會導致金融泡沫爆破。在他看來，二〇二〇年三月的經濟危機已經證明，低利率會助長冒險行為，而且他認為即使是聯邦資金利率略高於零，就可能有助於預防這種情況發生。
12. Smialek 2020n.
13. Kashkari 2020c.

第十三章 聯準會橫遭阻礙

1. Federal Reserve 2021b.
2. Federal Reserve 2020j.
3. 在整個春季和夏季，波士頓聯準銀行幕僚和聯準會理事會官員都定期通電話（通常從上午七點就開始），尋求改進的方法。最低貸款金額定期調整：到二〇二〇年十月底，主街計畫的最低貸款金額調降至十萬美元，這對一些小型企業來說更容易接受。剛開始它是五十萬美元，在二〇二〇年六月的較早調整中已降至二十五萬美元。其他重大調整也包括使非營利組織得以申請（發生在九月）、把貸款期限從四年延長至五年（六月）、本金開始支付從一年延長到兩年（六月），以及說明有指定全部資金：財政部指定了一千九百五十億美元給這些計畫。

11. B. Warner 2020; Domm 2020.
12. Brookings 2020.
13. Dangremond 2017b.
14. Smialek and Rappeport 2020a.
15. Hirsch 2020.
16. Smialek 2020h.
17. Smialek 2020h.
18. Kashkari 2020a.
19. University of Utah 2020; Smialek, Kelly, and Eavis 2020.
20. Financial Stability Board 2020a。夸利斯先前曾認為，非銀行風險應該受到比實際情況更密切的監管，這也是危機爆發前監管界的普遍看法。但在二〇二〇年經濟崩潰後，他的語氣有了大改變，變得更大聲。例如當金融穩定委員會公布二〇一九年的非銀行機構交互關聯和風險的報告時，夸利斯在報告中評論說，「對許多企業和家庭來說，非銀行融資是銀行融資的有價值的替代」，而且它們「可能」給金融體系帶來風險，他同時強調金融穩定委員會監視和資訊共享的好處。他在一年內從強調好處和只暗示可能有危險，轉變到直言應該考慮加強監管。

第十一章 文化戰爭和資本

1. Weissert and Lemire 2020.
2. Bradner 2020.
3. “READ: White House Guidelines for ‘Opening Up America Again’” 2020.
4. Warekar 2020.
5. “Coronavirus: Armed Protesters Enter Michigan Statehouse” 2020.
6. Marshall 2020.
7. Sprunt 2020。川普總統後來說他不知道這個短句的由來。這句話最初是由一位有種族主義和歧視行為紀錄的邁阿密警察局長在一九六七年說的。
8. Wines 2020.
9. Kashkari 2020b.
10. Appelbaum 2015b.
11. Bostic 2020.
12. Smialek 2020j.
13. 雖然我選擇在本章中以黑人與白人之間的分歧為焦點，但許多居於劣勢的情況也適用於各種少數群體，包括西班牙裔。
14. Daly, Hobijn, and Pedtke 2017。此處引用的是二〇二〇年第一季的數據，根據的是勞工統計局的數據，而且沒有控制勞工特性因素。舊金山聯準銀行總裁Mary Daly和她的同事二〇一七年的研究發現，就男性來說，產業、工作類型、地理位置、年齡和職業解釋了大約一半的收入差距。另一半無法用任何容易衡量的經濟差異來解釋，這意味「歧視、學校品質差異，或職涯機會差異」等因素可能造成了這種差距。
15. Bhutta et al. 2020.
16. Mervosh 2019; Jencks and Phillips 1998.
17. Kahn, Huelsman, and Mishory 2019.
18. Bertrand and Mullainathan 2003.

第九章 聯準會改變的那一天

1. Timiraos 2020b.
2. Smialek 2020f.
3. 聯準會在一九三二到一九三五年間援引第一三（三）條款向企業提供貸款，事實上，這是該法規最早被援用的例子，但在那些年裡很少使用。聯準會還根據一三一B條款提供商業和工業貸款，但該條款在一九五八年被廢除。
4. Brown 2020.
5. Powell 2020a.
6. CNBC Squawk Box 2020.
7. Werner, DeBonis, and Kane 2020.
8. 這些額外的資金並沒有以增加國家預算赤字來獲得：國會預算辦公室將繼續認列聯準會的計畫為零成本。聯準會提供的任何貸款最終都會得到償還，因此只有在救援計畫遭受巨大的意外損失時，這筆錢才會被動用。
9. Woellert 2017.
10. Mohsin 2020a.
11. Dexheimer and Hamilton 2015.
12. C-Span 2017.
13. C-Span 2020b.
14. Georgieva and Kganyago 2020.
15. M. Carney 2019.
16. Gopinath 2015.
17. Gopinath and Stein 2018.
18. M. Carney 2019.
19. Federal Reserve Bank of New York 2020c.
20. Domm 2020.
21. Federal Reserve 2020d.
22. Choi et al. 2021.
23. Cohn and Hutchins 2020.
24. Smialek 2021e.
25. Cox 2020.

第十章 加速跨越紅線

1. Flitter, McCabe, and Cowley 2020.
2. Smialek and Flitter 2020.
3. Mnuchin 2020b.
4. Federal Reserve 2020e.
5. CNBC 2020.
6. Smialek 2020g.
7. Timiraos and Gillers 2020.
8. C-Span 2019a.
9. 與我交談的人都不能確定鮑爾是否真的在這一天自己開車，所以我在這裡做了一些自由發揮。這段期間的大部分時間他確實是自己開車，因此四月九日很可能也是如此。
10. Smialek 2020o。雖然梅努欽有四千五百四十億美元可用於聯準會的計畫，但他並沒

2. Crowley 2020; M. Smith 2020.
3. 作為一個整體，這些公司的發行利率高於次級市場上交易的同等債券。
4. Moran 2020.
5. Chappatta 2020.
6. Chappatta 2020.
7. 這個表可以在二〇二〇年稍晚出版的Decker et al. 2020上看到。
8. Financial Stability Board 2020b.
9. Tarullo 2021.
10. Clements 2020.
11. Open Secrets 2019。例如，BlackRock頗具影響力的遊說者Barbara Novick，在二〇一九年捐款給民主黨眾議院金融服務委員會主席Maxine Waters、著名的民主黨參議院銀行委員會成員Mark Warner、眾議院金融服務委員會的共和黨人Kevin Brady，以及多年來捐款給共和黨人Mike Crapo和Paul Ryan。她也透過BlackRock的政治行動委員會和Investment Company Institute進行捐贈，後者再把資金輸送給其他政治行動委員會以及共和黨和民主黨候選人。
12. Barth and Kahn 2020。這篇論文對基差交易的機制進行了絕佳的描述。它還發現它們在二〇二〇年三月時可能不是決定性的因素，這項發現在其他方面仍存在爭議。
13. Crane 2016.
14. Spratt 2020.
15. Board of Governors of the Federal Reserve System 2021。這不包括金融公司。
16. Vazza, Kraemer, and Gunter 2019.
17. Martin-Buck 2019.
18. Liedtke 2007.
19. Financial Stability Board 2019.
20. Federal Reserve 2020a.
21. Powell 2019b.
22. Leicht and Wall 2017.
23. Powell 2019b。在二〇一八年，約七〇%的槓桿貸款為所謂的抵押貸款債券，另外有二〇%為共同基金持有。
24. Bernanke and Yellen 2020.
25. 值得注意的是，這些計畫在實務中通常沒有達到十比一的槓桿比率。
26. Shalal 2020.
27. Stewart and Rappeport 2020.
28. Caygle, Desiderio, and Bresnahan 2020.
29. Treasury Department 2020.
30. Reuters Staff 2020a.
31. Hunt et al. 2020.
32. M. Warner 2020.
33. Novet 2020.
34. Trump 2020.
35. Newman 2020.
36. Mnuchin 2020a.
37. Warren 2020b.

23. Baklanova, Kuznits, and Tatum 2021.
24. Smialek 2020e.
25. Investment Company Institute 2020. See Figure 3.6.
26. Breckenfelder and Ivashina 2021.
27. Financial Stability Board 2020a。該報告在談到公債基差交易時寫道：「三月期間這些交易的大規模平倉接近九百億美元，可能是政府債券市場短期出現極度缺乏流動性的原因之一。」
28. Federal Reserve Bank of New York 2020a.
29. Federal Reserve Bank of New York 2020b.
30. Ferré-Sadurn? 2020.
31. De Blasio 2020.
32. Harrington and Torres 2020.
33. Li 2020.
34. Baier 2020。Baier指出，三月十七日瑞銀集團（UBS Group AG）關閉了兩檔與抵押貸款房地產投資信託相關的指數股票型債券，幾天後，一家避險基金管理的抵押貸款信託警告其銀行，將無法滿足未來的追加保證金要求。
35. Novick 2020。請參閱圖表二。三月中旬時市政債券發行陷入停頓。
36. "Financial Services Forum Statement on Share Buybacks" 2020.
37. JPMorgan Chase 2020.
38. Kelly, Ross Sorkin, and Smialek 2020.
39. Kelly, Ross Sorkin, and Smialek 2020.
40. Smialek, Kelly, and Eavis 2020.
41. *Congressional Record* 1922.
42. "War Finance Corporation Act" 1918。例如，從一九一八年運作到一九三九年的War Finance Corporation，目的在於為第一次世界大戰需要的工業提供信貸支持，當時的政府借款正逐漸吸走私人資本。
43. Sastry 2018.
44. Sastry 2018.
45. Boeis 2015.
46. Federal Reserve Bank of St. Louis FRASER 1966.
47. Sastry 2018。參議員Chris Dodd在介紹該條款時談到所做的修改：「我的條款允許聯準會有更大的提供流動性權力，使其能夠在類似一九八七年股市崩盤的情況下向證券公司提供有完全擔保的貸款。」
48. Labonte 2020.
49. Sastry 2018.
50. Smialek, Kelly, and Eavis 2020.
51. Hirsch and Breuninger 2020.
52. See Furman 2020 and Burr 2020.
53. Rappeport, Cochrane, and Fandos 2020.
54. See Harker in Smialek, Eavis, and Kelly 2020.

第八章 公司版紙牌屋

1. B. Smith 2020.

專注於幫助企業抓住印太地區的機會和克服挑戰」。

29. Foreign Policy Staff 2012.

30. Lowery 2013.

31. Torres 2016。正如Torres在他的報導中所述，這些捐款是合法的，符合聯準會的規定，但這些捐款製造出一個收受的問題。

32. Brainard 2016.

33. Cox 2016.

34. Board Meeting 2019.

35. Liesman and Imbert 2018.

36. Federal Reserve 2019.

37. 二〇〇〇年代中期的紐約聯準銀行總裁（後來的財政部長）Tim Geithner深諳市場，但他並不是大多數人所說的「市場人」，他在進入聯準會之前曾從事外交與公共政策工作。他的繼任者William Dudley曾經是高盛經濟學家，但紐約聯準銀行在他從二〇〇九到二〇一八年的任期內逐漸被剝奪權力。在二〇〇九到二〇一八年葉倫掌權期間非正式擔任銀行監管副主席的塔魯羅，把重要的銀行監管權力轉移到聯準會理事會。

38. Robb 2019.

第七章 狂亂的三月

1. Cook and Choi 2020。「民主黨正在把新冠病毒政治化。」川普說：「我的手下來找我並說：『總統先生，他們想在俄羅斯、俄羅斯、俄羅斯問題上擊敗你。』但效果也不太好。他們做不到。他們嘗試過那場彈劾騙局。」然後他把新冠病毒稱為「他們的新騙局」。

2. “Coronavirus, a Pavia 8 pazienti ricoverati al San Matteo: anche una cop-pia di medici” 2020.

3. Thanks to Alan Rappeport for this detail.

4. CDC COVID-19 Response Team 2020.

5. Belvedere 2020.

6. Weiland, Cochrane, and Haberman 2020.

7. Wallach and Myers 2020.

8. Schumer 2020.

9. Warren 2020a.

10. Phillips 2020.

11. Goley 2002.

12. New York Athletic Club 2021; U.S. Government Printing Office 1990.

13. Stewart and Rappeport 2020.

14. Dangremond 2017a; McClintock 2017.

15. Haberman and Bouchard 2017.

16. Federal Reserve 2020g.

17. Bloomberg News 2020

18. Trump 2020.

19. Phillips, Eavis, and Enrich 2020.

20. McNeil, Jr., 2020.

21. Imbert and Franck 2020.

22. SIFMA 2020, 2021.

37. Condon 2012.
38. Quarles 2017.

第六章 兩極分化的聯準會

1. Page, Fan, and Khan 2020.
2. Rucker, Dawsey, and Paletta 2018.
3. Fox 2018. The DoubleLine executive was Jeffrey Sherman.
4. Niquette 2018.
5. Tankersley and Irwin 2019。「鮑爾在南佛羅里達的家庭聚會上度過了假期，一面觀察金融市場波動、負面的企業消息和搖搖欲墜的經濟數據，並制訂了糾正錯誤的方法。他在記事本上寫下要點，然後等待公開轉向的機會。」《紐約時報》報導說。
6. Smialek 2020b.
7. Kiley and Roberts 2017.
8. Federal Reserve 2012.
9. Summers 2013。這場演講的節錄值得一讀：「但想像一下自然利率和均衡利率已大幅降至零以下的情況。然後，主流的總體經濟思維給我們留下一個非常嚴重的問題，因為我們似乎都同意，雖然你可以永久維持聯邦資金利率在較低的水準，但要永久採取超出這種作法的非常規措施將困難得多；但根本問題可能永遠存在……這聽起來可能都很瘋狂，但可能是我沒搞懂這件事。」
10. Holston, Laubach, and Williams 2017.
11. Dodd 2010.
12. Schmidt 2017.
13. Schmidt 2017.
14. White and Weaver 2017.
15. Costa 2020.
16. Quarles 2010.
17. Quarles 2005.
18. Quarles 2006.
19. Smialek 2019c.
20. Lane 2017.
21. Federal Reserve 2019。請參考通篇報告中所繪製的普通股一級資本的趨勢。這些改變相對較小但很明顯。
22. Quarles and Goodman 2016。兩人寫道，聯準會應該「採用一種貨幣政策規則，例如泰勒法則（Taylor rule），讓利率正常化，並減少大銀行甚至小型機構承擔高度風險的誘因」。標準的泰勒法則將根據成長低於或超過其潛力的程度，以及當前的通貨膨脹率來設定政策利率，而這將要求二〇一〇到二〇二〇年期間有明顯更高的利率。
23. Brainard 2018.
24. Brainard 2009.
25. Vogel 2009.
26. Washingtonian Staff 2008.
27. Kornblut 2008.
28. The Asia Group 2021。根據坎貝爾加入拜登政府時的新聞稿，「Kurt Campbell是亞洲集團的共同創辦人，也是管理該公司的六位合夥人之一。在過去的八年裡，亞洲集團由近五十名專業人士組成的團隊成功建立了這家首屈一指的戰略諮詢公司，

33. Thornton 2004.
34. Greenspan 2001.

第五章 神殿的新管理體制

1. U.S. Government Printing Office 1993.
2. 我今日對這兩個人的描述來自C-Span的影片，可以在https://www.c-span.org/video/?51415-1/us-federal-reserve-policy上觀看。
3. Greenhouse 1993a.
4. Smialek 2021a.
5. Lindsey 2003.
6. Greenhouse 1993b.
7. Todd 2016.
8. Auerbach 2006; Government Printing Office 1994.
9. Lindsey 2003.
10. "Transcript, Federal Open Market Committee Conference Call" 1993.
11. Todd 2016, 36.
12. "Press Release" 1994。有關剝奪地區銀行權力的爭論，請參見page 34 in the February 1994 transcript。
13. Wessel and Raghavan 1994.
14. Federal Reserve 2005.
15. Andrews 2008.
16. Bernanke 2022, 136.
17. Anson et al. 2017.
18. Andalfatto and Li 2014.
19. Arnall 2011; Appelbaum 2011.
20. Levy 2018.
21. Powell 2019a.
22. Ydstie 2012.
23. Federal Reserve 1996.
24. Hale Shapiro and Wilson 2021.
25. Bernanke 2015, 77. 柏南克解釋說，該聲明「雖然令人費解，但把注意力放在過低的通膨上，和最重要的它傳達了過低的通膨將『不受歡迎』，與過去四十年通膨下降總是被視為好事恰成鮮明對照」。
26. Federal Reserve Z.1 n.d.
27. Censky 2011.
28. Lawder 2014.
29. Bloomberg View 2013.
30. Reuters 2014.
31. Cox 2015.
32. Appelbaum 2013.
33. Yellen 2016.
34. Flaherty and Stephenson 2014.
35. Sanders 2016.
36. Matthews, Hopkins, and Kearns 2015.

88. Eccles 1933.
89. Conti- Brown 2016, 144.
90. 聯準會歷史學家Peter Conti-Brown特別指出這一點（Richardson, Komai, and Gou 2013a）。埃克爾斯在一九三四年成為聯準會官員，並監督幕僚起草立法。
91. Conti- Brown 2016, 157.
92. Bentz 2019.

第四章 聯準會的第二幕

1. *New York Times* 1953。有關這一點的跡象是，搜尋當時《紐約時報》的檔案顯示，大多數提到聯準會的文章都報告其資產持有情況，追蹤其地區分支機構的人員流動，或談論新的地區辦事處空間。央行並不像現在這樣成為每日頭條新聞中備受關注的來源。
2. Eccles 1966, 422.
3. Hetzel and Leach 2001.
4. *Congressional Record* 1953.
5. Federal Reserve Bank of St. Louis FRASER n.d.
6. Eccles 1966, notes.
7. Timberlake 1999.
8. Truman 1951.
9. Eccles 1966。這是根據埃克爾斯自己對此事的描述。他把《紐約時報》的Felix Belair召喚到他下榻的Shoreham Hotel，並安排他分發一份聲明。
10. Steelman 2013a.
11. Elwell 2011.
12. Richardson, Komai, and Gou 2013b, 2013c.
13. Zumbrun 2013.
14. Hetzel 2013.
15. Hetzel 2013.
16. Volcker and Harper 2018, 38.
17. Orphanides and Williams 2011.
18. Orphanides and Williams 2011.
19. Bordo 2018.
20. Federal Reserve 1965.
21. Meltzer 2003, 760.
22. Abrams 2006, 180.
23. Whiteman 1978.
24. Mehrling 2000.
25. Steelman 2013a.
26. Steelman 2013b.
27. C-Span 1983.
28. Greider 1987, 181.
29. Volcker and Harper 2018, 138.
30. Krugman 2001.
31. Powell 2018.
32. Thornton 2006.

51. Glass 1927, 67.
52. 例如，請參閱Ho 2016，其中引用Glass支持投票法的觀點，理由是它將助長「白人種族在政府事務中完全的優勢地位」。
53. Chernow 1990, 157.
54. Glass 1927, 112– 16.
55. Wheelock 2013.
56. Iden 1914.
57. Sastry 2018, 5.
58. Meltzer 2003, 65.
59. Wheelock 2013.
60. Conti- Brown 2016, 93.
61. Glass 1927, 31.
62. New York Times Editorial Board 1913.
63. *New York Times* 2013.
64. Wheelock 2013.
65. Kansas City Public Library 2018.
66. Binder and Spindel 2017.
67. Ghizoni 2013.
68. Committee, Federal Reserve Bank Organization 1914.
69. Board of Governors n.d.
70. *New York Times* 1938.
71. Davies 2013.
72. Meltzer 2003, 105.
73. Ahamed 2009.
74. Frost 1964.
75. Wheelock 2013.
76. Burgess 1964, 220.
77. Eccles 1966, 188.
78. *New York Times* 1921.
79. Burgess 1964, 220.
80. Richardson, Park et al. 2013.
81. Eccles 1966。這並不完全正確，但它反映了對美國央行的有關感受。
82. Wheelock 2013.
83. Richardson 2013.
84. Bernanke and James 1991.
85. 柏南克在一次著名的演講中提到：「漢彌爾頓表示聯準會希望減緩美國的黃金流往法國，進一步緊縮了美國的貨幣政策。當時法國在Henri Poincaré的領導下才剛穩定了經濟，因而吸引了大量來自國外的黃金流入。Friedman和Schwartz研究的下一次緊縮發生在一九三一年九月的英鎊危機後。在那個月的一波針對英鎊的投機攻擊迫使英國放棄金本位。」（Bernanke 2002）
86. Ecenbarger 1991。根據《巴爾的摩太陽報》的回顧，「紐約市福利委員會報告一九三三年有二十九件這類死亡案例；另有一百人死於營養不良，其中大多數是兒童。」
87. Jensen 1977.

沒有「一個好的來源可以尋求快速貸款」，而且「在該銀行已經有可能成立分支機構的時候，它已無法在需要資金的地方獲得資金，而是必須透過可以找到的這類手段來運輸它們」。Hammond把這件事歸因於當時的一位立法者，並且指出在「大約五年的時間裡」，流通的紙幣數量從約九千萬美元增加到二億美元，而且「銀行在業務上過於揮霍，發行的票據超出它們可能贖回的數量」。政府失去了貨幣的掌控權，而國會把它原本應控制的貨幣交給了國家銀行體系。

17. Hill 2015b.

18. Editors of *Encyclopaedia Britannica* 2021.

19. Freidel and Sidey 2006.

20. Freidel and Sidey 2006.

21. Editors of *Encyclopaedia Britannica* 2017.

22. OCC 2022.

23. Hilt and Liang n.d.

24. Anderson n.d.。諷刺的是，這場危機的復甦很早就遭到英格蘭銀行的打擊，當時英格蘭銀行對相互關聯的全球經濟極其重要，以至於倫敦升息的決定導致美國銀行提高利率以保持競爭力，進而打擊了大西洋對岸美國的貸款，並減緩了需求。

25. Silbey n.d.

26. Lowenstein 2015, 3.

27. Editors of *Encyclopaedia Britannica* 2013.

28. OCC 2022.

29. "SPECIE PAYMENTS" 1874.

30. "Financial Panic of 1873" n.d.

31. Labor Reformer 1873.

32. Elwell 2011.

33. For more detail, please see Lowenstein 2015, 18– 19.

34. Sastry 2018.

35. Hammond 1957, 705. The New York Clearing House was put into place in 1853.

36. Richardson and Sablik 2015.

37. Bagehot's Lombard Street was originally published in periodical form in the 1860s (Bagehot 1873).

38. Lowenstein 2015, 51.

39. Lowenstein 2015, 57.

40. Feuer 2009; Irwin 2013.

41. Sveriges Riksbank n.d.

42. Bagehot 1873.

43. Lowenstein 2015, 88.

44. See additional discussion of this point in Lowenstein 2015, 108 and 109.

45. Lowenstein 2015, 110.

46. Richardson and Romero 2015.

47. Lowenstein 2015, 119.

48. Lowenstein 2015, 117 and 122.

49. Podleski and Wheelock 2021.

50. Cooper 2021.

名頭銜為Head of the Markets Group的人。

5. Volcker and Harper 2018, 34.
6. Logan 2020.「交易商指出風險指標急劇上升，許多人認為為確保遵循法規而制訂的內部風險管理流程，限制了他們因應快速變化情況的靈活性。」羅根後來在一場演講中解釋崩潰的過程。U.S. Department of the Treasury 2021。同樣的，後來的財政部工作報告指出有一項重要的槓桿率「被認為是促使銀行機構把資本投入到利潤率較高的業務，因而限制了銀行與銀行相關經紀商的資產負債表從事低利潤業務的數量和靈活性（例如許多類型的公債市場媒介）的因素之一。」
7. Federal Reserve 2008。聯準會在二〇〇八年金融危機中首次實施量化寬鬆計畫，通常稱為QE1，其明確目的是「促進金融市場狀況的改善」。
8. World Health Organization 2020.
9. Blumenfeld 2009.
10. Cowley and Das 2020。在美國銀行的一家分行，「有太多人尋求大額現金，以至於位於五十二街和公園大道的銀行分行一時沒有足夠的一百美元鈔票來滿足大額提款」。
11. Pelley 2020.

第三章 一個信奉銀行的國家

1. Eccles 1966, 6.
2. Eccles 1966, 29.
3. Hyman 1976, 43.
4. Eccles 1966, 37.
5. The British Museum and BBC 2014.
6. Graeber 2011, 39.
7. Collins and Walsh 2014.
8. Soto 2002（Spanish）and 2006（English）.
9. Selgin 2017。值得注意的是，這未必是銀行家偷偷摸摸的決定：銀行家和存戶之間通常在法律上有存款可能被貸出的默契。例如，Cato Institute的George Selgin寫道，在英國，黃金全部存放在金庫中的「封存」很常見。其他未封存的現金可被用於放貸。
10. 銀行擠兌當時在英國是一個問題。第一家真正的銀行直到一七八二年才在美國成立（Hammond 1957, 10）。一七七二到一七七三年英國發生了一場慘痛的銀行擠兌。
11. Hammond 1957, 11。「一旦收到硬幣，它就被立即出口以支付國內無法生產的商品。」Hammond在談到殖民時期時寫道。貿易有時會因為缺少金錢來支付而陷入停滯。他寫道：「一七八六年因為作為唯一法定貨幣的硬幣極其缺乏，迫使Shays叛亂分子進入麻薩諸塞，要求有一種媒介來保護他們的農場免於無法納稅而遭拍賣。」
12. Massachusetts Historical Society 2008。從一七七五到一七七九年，大陸會議發行了所謂的「大陸鈔」（continentals），但由於英國人偽造了部分鈔票導致貨幣開始貶值，迫使各州發行自己的鈔票和債券來資助戰爭。
13. Hill 2015a.
14. Ferguson 2008, 46–48.
15. Hill 2015a.
16. Hammond 1957, 229。Hammond在他關於美國銀行業的書中談到這種情況，說財政部

註解

第一章 之前的時代

1. 這是根據鮑爾從開始擔任聯準會理事以來的行事曆，其中顯示他在二〇一七年一月至九月期間十次造訪大都會俱樂部。在他加入聯準會並擁有公開行事曆之前就很難知道他與誰會面了。
2. Powell 2011。鮑爾在二〇一一年寫給《華爾街日報》編輯的一封信中表示「任何可信的違約威脅都會對市場、經濟和我們所在世界的地位帶來不可接受的風險」。
3. Barro 2020; the Economic Club of Washington, D.C., 2021。雖然鮑爾在這次露面中沒有談論他的父親或職業軌跡，但他確實談到他的家庭人數：四個姐妹和一個兄弟。六個兄弟姊妹成年後都還很親近。「幸好他們不會嘲笑我說的笑話，但其他人會。鮑爾談到他的兄弟姐妹時說。
4. Greenhouse 1992.
5. *New York Times* 1985.
6. George Leonard Obituary 2018.
7. Powell 2017.
8. Greenhouse 1992.
9. Burkeman and Borger 2001。「過去十四年來，在幾乎沒有任何宣傳的情況下，這家公司已簽下了一連串令人矚目的前政治人物，其中包括老布希總統和他的國務卿James Baker、John Major、前世界銀行財務長Afsaneh Masheyekhi 和幾位東南亞的權力掮客，並利用他們的人脈和影響力來推廣這個團體。」《Guardian》在二〇〇一年報導凱雷時說，當時鮑爾還在該公司。該公司的地址位於國會山莊和白宮之間，「反映了凱雷在華盛頓當權派間的核心地位。」
10. Carlyle 2002.
11. 例如，Chris Leonard詳細報導了鮑爾在二〇〇二年進行的一項巨額交易（收購威斯康辛州的工業集團Rexnord）為鮑爾和凱雷帶來「巨大」回報，但讓Rexnord「負債累累」。他宣稱該公司的目標是要變得對外部買家更具吸引力並減輕債務負擔，或至少擴大利潤，但最後拆解了工廠，並把生產和工作轉移到墨西哥。他暗示，從聯準會的債券購買計畫和低利率政策以後，類似Rexnord承擔的沉重債務和讓公司得以繼續獲得回報的金融工程手法已變得益加普遍。Leonard 2022, 161– 200。
12. Smialek 2020a.
13. Federal Reserve Bank of St. Louis FRED 2021.
14. Federal Reserve 2014.
15. Federal Reserve 2015.
16. Nicholas 2017.
17. Flowers and Enten 2015.
18. Bureau of Labor Statistics 2021.

第二章 市場崩潰的那個月

1. Imbert 2020; Basak 2020.
2. Federal Reserve 2021a.
3. Federal Reserve Bank of New York 2021.
4. Greider 1987。值得注意的是，羅根只負責這份早期被貼上這個標籤的工作的一半。到了二〇一九年，這個職位被拆分給一名System Open Market Account經理人，和一

形塑現代世界的矽谷風雲錄

沿著矽谷帕羅奧圖的沙丘路前進，周邊林立著許多世界知名企業的總部，是什麼條件讓矽谷成為眾多新創公司的濫觴？這些充滿創意與狂想的頂尖人才，如何利用矽谷的優勢展翅翱翔？且看產業先驅與科技巨擘如何從矽谷開始，進而改變世界。

➔ 矽谷創投啟示錄

一場由離經叛道的金融家所發起的瘋狂投資遊戲，如何徹底顛覆你我的生活、工作與娛樂方式

—— 塞巴斯蒂安・馬拉比

創業投資對於巨大成功的渴望，催生了對天才企業家的癡迷，其不看過去、只看未來的投資法則，也讓矽谷成為商業創新的頂級育成地，孕育出眾多改變世界的公司。

← 加密風雲

那些不為人知的貪婪與謊言，和啟動新世界的推手與反派

—— 蘿拉・辛

幣圈一天，人間十年。加密貨幣風潮迅速崛起，攀至頂峰後又快速殞落。這場由個人鬥爭而起的金錢、文化與權力革命，將如何影響我們的生活？

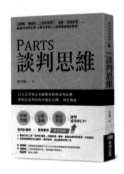

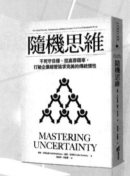

國家圖書館出版品預行編目（CIP）資料

透視聯準會：憑空創造貨幣、操控利率、危機救世主，聯準會如何牽動世界經濟與你我的資產 / 珍娜 ‧ 斯米亞萊克（Jeanna Smialek）著 . -- 初版 . -- 臺北市 : 商周出版 : 英屬蓋曼群島商家庭傳媒股份有限公司城邦分公司發行 , 民 113.6
面；　公分 . --（莫若以明；BA8046）
譯自 : Limitless: The Federal Reserve takes on a new age of crisis
ISBN　978-626-390-164-3（平裝）

1. CST: 聯邦準備理事會　2.CST：中央銀行　3.CST：貨幣政策
4.CST：金融市場 5.CST：美國

562.4521　　113007163

莫若以明　BA8046

透視聯準會

憑空創造貨幣、操控利率、危機救世主，聯準會如何牽動世界經濟與你我的資產

作　　　者／珍娜・斯米亞萊克（Jeanna Smialek）
譯　　　者／吳國卿
責 任 編 輯／陳冠豪
版　　　權／吳亭儀、江欣瑜、顏慧儀
行 銷 業 務／周佑潔、華華、林詩富、吳淑華、吳藝佳

總　編　輯／陳美靜
總　經　理／彭之琬
事業群總經理／黃淑貞
發　行　人／何飛鵬
法 律 顧 問／元禾法律事務所 王子文律師
出　　　版／商周出版　台北市南港區昆陽街 16 號 4 樓
電話：(02)2500-7008　傳真：(02)2500-7579
E-mail：bwp.service@cite.com.tw
Blog：http://bwp25007008.pixnet.net/blog
發　　　行／英屬蓋曼群島商家庭傳媒股份有限公司城邦分公司
台北市南港區昆陽街 16 號 8 樓
書虫客服服務專線：(02)2500-7718・(02)2500-7719
24 小時傳真服務：(02)2500-1990・(02)2500-1991
服務時間：週一至週五 09:30-12:00・13:30-17L00
郵撥帳號：19863813　戶名：書虫股份有限公司
讀者服務信箱：service@readingclub.com.tw
歡迎光臨城邦讀書花園　網址：www.cite.com.tw
香港發行所／城邦（香港）出版集團有限公司
香港九龍九龍城土瓜灣道 86 號順聯工業大廈 6 樓 A 室
電話：(825)2508-6231　傳真：(852)2578-9337
E-mail：hkcite@biznetvigator.com
馬新發行所／城邦（馬新）出版集團【Cite (M) Sdn. Bhd.】
41, Jalan Radin Anum, Bandar Baru Sri Petaling,
57000 Kuala Lumpur, Malaysia.
電話：(603)9056-3833　傳真：(603)9057-6622
E-mail: services@cite.my

封 面 設 計／FE 設計　　內文設計排版／林婕瀅
印　　　刷／韋懋實業有限公司
經　銷　商／聯合發行股份有限公司　電話：(02)2917-8022　傳真：(02) 2911-0053
地址：新北市新店區寶橋路 235 巷 6 弄 6 號 2 樓

■ 2024 年（民 113 年）6 月初版
■ 2024 年（民 113 年）8 月初版 1.7 刷

Printed in Taiwan
城邦讀書花園
www.cite.com.tw

定價／ 500 元（紙本）　350 元（EPUB）
ISBN：978-626-390-164-3（紙本）
ISBN：978-626-390-170-4（EPUB）